MORGEN
IST EIN ANDERES LAND

ALLISTER SPARKS

MORGEN
IST EIN
ANDERES LAND

Südafrikas
geheime Revolution

Aus dem Englischen
von Malte Friedrich

Berlin Verlag

Die Originalausgabe erschien 1995
unter dem Titel
Tomorrow is Another Country
bei Heinemann, London
© 1995 Heinemann, London
Für die deutsche Ausgabe
© 1995 Berlin Verlag
Verlagsbeteiligungsgesellschaft mbH & Co KG
Berlin
Alle Rechte vorbehalten
Umschlaggestaltung: Nina Rothfos, Hamburg
Satz: IBV Satz- und Datentechnik GmbH, Berlin
Druck & Bindung: Franz Spiegel Buch GmbH, Ulm
Printed in Germany 1995
ISBN 3-8270-0151-X

Gedruckt auf chlor- und säurefreiem Papier

INHALT

PROLOG

Die Geschichte
mit dem Forellenhaken

An einem sonnigen Augusttag im Frühling der südlichen Hemisphäre des Jahres 1991 stieg ein gemieteter Hubschrauber von der Waterkloof-Luftwaffenbasis in der Nähe von Pretoria auf. An Bord befand sich Roelf Meyer, Vizeminister für Verfassungsentwicklung und ein Schlüsselunterhändler in den zu der Zeit laufenden schwierigen Gesprächen um die Beendigung der Apartheid. Seine beiden kleinen Söhne waren bei ihm. Meyer flog auf Einladung eines Freundes, des Börsenmaklers Sidney Frankel, ins Transvaal Lowveld, um dort ein Angelwochenende auf der Havelock Trout Farm zu verbringen, einer luxuriösen Ferienlodge, die Frankel zusammen mit einer Gruppe ähnlich betuchter Freunde besaß.

In der Lodge eingetroffen waren bereits Frankel mit Frau und Tochter, die die 280 Kilometer von Johannesburg mit dem Wagen zurückgelegt hatten, und ein weiterer Gast Frankels, ein begeisterter Forellenangler, Cyril Ramaphosa, Generalsekretär und Hauptunterhändler des Afrikanischen Nationalkongresses. »Ich kannte Roelf und Cyril gut, und ich dachte, daß sie sich auf diese Weise mal kennenlernen konnten«, sagt Frankel heute. Aber er hatte Ramaphosa, der mit seiner Frau Nomazizi gekommen war, nicht gesagt, daß Meyer sich ihnen anschließen würde. Als Frankel es am Freitagabend beiläufig erwähnte, war der ANC-Mann verärgert. Er hatte das Gefühl, gegen seinen Willen in etwas hereingezogen zu werden, und wartete einigermaßen gequält auf die Landung des Helikopters am nächsten Morgen.

Als der Hubschrauber landete, machte Frankels zehnjährige Tochter Susan mit einer Freundin Überschläge auf dem Rasen, stürzte und brach sich den Arm. Es war ein schlimmer, komplizierter Bruch, und ihre erschrockenen und zutiefst besorgten Eltern bestiegen sofort den Hubschrauber, um sie so schnell wie möglich ins Krankenhaus in Johannesburg zu fliegen. Meyer und Ramaphosa blieben daher mit ihren Familien allein in der Lodge zurück.

Sie gingen ins Haus und tauschten ein paar nichtssagende Bemerkungen aus. Wenig später begannen Meyers Söhne zu quengeln, sie wollten, daß ihr Vater mit ihnen Forellenfischen ging. Roelf Meyer sagte, daß er nichts vom Fischen verstand, und Ramaphosa, der ein erfahrener Forellenangler war, bot sich an, es den Jungen beizubringen. Die Gruppe ging zu einem Damm unterhalb der Lodge, und dort schlug sich Roelf Meyer, als er ungeschickt auszuwerfen versuchte, einen Haken tief in einen Finger der linken Hand.

Sie kehrten in die Lodge zurück. Nomazizi Ramaphosa, die Krankenschwester war, versuchte vergeblich, den Haken herauszumanövrieren. Nach einer Stunde war Meyer fast ohnmächtig vor Schmerz. Da griff Cyril Ramaphosa ein. »Roelf«, sagte er, »es gibt nur eine Art, das zu machen.« Er goß Meyer ein halbes Glas puren Whisky ein, holte eine Flachzange aus dem Werkzeugkasten seines Wagens und packte damit das obere Ende des Hakens. »Vielleicht haben Sie noch nie jemandem vom ANC getraut«, sagte er zu dem Vizeminister, »aber jetzt müssen Sie's.« Ramaphosa drückte den Haken mit aller Kraft nach unten, um Platz für den Widerhaken zu schaffen und riß ihn dann mit einem mächtigen Zug heraus.

Während Nomazizi das Blut, das aus der Wunde stürzte, zu stillen versuchte, murmelte Meyer: »Sagen Sie nicht, daß ich Ihnen nicht getraut hab, Cyril.«

Zehn Monate später wurde Meyer zum Minister für Verfassungsentwicklung ernannt und trat an die Spitze der Verhandlungsmannschaft der Regierung – als direktes Gegenüber von Ramaphosa. Die beiden Männer wurden die zentralen Gestalten des Verhandlungsprozesses, der drei Jahre später in der Geburt eines neuen Landes gipfelte.

DER PRÄSIDENT UND DER GEFANGENE

Das einzig existierende Bild von Mandelas Geheimtreffen mit
Präsident P. W. Botha am 5. Juli 1989. Aufgenommen vom
Privatsekretär des Präsidenten, Ters Ehlers.
Von links nach rechts: General Johan Willemse; Nelson
Mandela; Niel Barnard, Chef des Geheimdienstes; Präsident
Botha; und Kobie Coetsee, Justizminister.

1. KAPITEL

Am Ufer
des Rubikon

Als Frederik Willem de Klerk am Morgen des 2. Februar 1990 um 11.15 auf das Rednerpult in Südafrikas holzgetäfelter Parlamentskammer zustrebte, um seine erste parlamentarische Sitzungsperiode als Präsident zu eröffnen, erwartete man allgemein die Ankündigung neuer Reformschritte. Gerüchte um eine Reform des Apartheid-Systems lagen seit Monaten in der Luft. Nach sieben Jahren Rassenunruhen gab es eine weitverbreitete Sehnsucht nach politischer Veränderung: der internationale Druck hatte sich verstärkt, das Land befand sich in einem wirtschaftlichen und diplomatischen Belagerungszustand, die schwarzen Townships kochten, der Lebensstandard der weißen Minderheit sank, und der Notstand war ausgerufen.

Der vorherige Präsident, P. W. Botha, hatte in den frühen Achtzigern für kurze Zeit Hoffnungen auf Reformen geweckt, hatte sich aber dann in wieder in seine alte reizbare Schale zurückgezogen, bevor er einen Schlaganfall erlitt und von seiner Nationalpartei aus dem Amt geholt werden mußte. Jetzt grollte das »alte Krokodil«, wie er genannt wurde, pensioniert in einem Kurort namens »The Wilderness«, und dieser neue Mann hatte die Macht übernommen. FW war an die Stelle von PW getreten: die von den Holländern abstammenden Afrikaaner Südafrikas haben eine starke Neigung zu Spitznamen. Mit 53 Jahren war de Klerk der jüngste Regierungchef in der Geschichte Südafrikas, und er hatte gerade einen Wahlsieg errungen, der ihm ein sicheres Mandat für fünf Amtsjahre gab. Gewiß würde er etwas substantiell Neues tun.

Aber in die Erwartungen mischte sich auch Skepsis. Es hatte in der Vergangenheit zuviele Enttäuschungen gegeben.

Jeder erinnerte sich noch an das große »Rubikon-Fiasko« von
vor fünf Jahren, als Präsident Botha angeblich einen »Riesenschritt« fort von der Apartheid verkünden sollte – »die wichtigste Aussage, seit holländische Siedler vor dreihundert Jahren am Kap der Guten Hoffnung gelandet sind«, wie *Time
Magazine* es ausdrückte. Der Riesenschritt erwies sich als ein
staubiges Auf-der-Stelle-Treten. Wenn es um die Reform der
Apartheid ging, hatte die Nationalpartei schon immer viel
versprochen und nichts gehalten. Wieder und wieder erwiesen sich Reformversprechen als Luftblasen, verliefen sich in
der Rhetorik bloßer Umformulierung des Bestehenden. Der
frühere Oppositionsführer Frederik van Zyl Slabbert nannte
das ein Verrücken der Liegestühle an Deck der Titanic. Also
hatte man sich daran gewöhnt, auch die verheißungsvollsten
Anzeichen und die sie begleitenden Sprüche zu ignorieren
und auf das Kleingedruckte zu warten.

Außerdem war die Lage, der sich die Regierung gegenüber-
sah, schwierig aber nicht unmöglich. Ein unmittelbarer
Umsturz des Regimes war undenkbar. Armee und Polizei
kontrollierten das Land: wenn sie den schwarzen Widerstand
auch nicht zerbrechen konnten, so waren sie doch in der
Lage, ihn zu unterdrücken und einzudämmen. Und wenn die
internationalen Sanktionen auch schmerzlich waren, ein
Überleben des Landes stellten sie nicht in Frage, und niemand
konnte sich eine militärische Intervention von außen vorstellen. Ein entschlossener politischer Führer konnte wahrscheinlich noch eine ganze Reihe von Jahren durchhalten,
und die zähen Afrikaaner, die seit den Pioniertagen der weißen Besiedlung in der Mitte des siebzehnten Jahrhunderts
praktisch alle südafrikanischen Führer gestellt hatten, waren
wahrlich entschlossene Leute.

Außerdem war die Reform der Apartheid für Südafrikas
weiße Minderheit extrem schwer zu schlucken. Es ging nicht
einfach nur darum, die Rassentrennung abzuschaffen und
eine unterdrückte Minderheit in das gesellschaftliche Leben

zu integrieren, wie die Vereinigten Staaten es getan hatten. Wenn man in Südafrika die schwarze Mehrheit »ermächtigte«, hieß dies, daß sie die Kontrolle über das Land übernehmen würde. Das war die bedrohliche Aussicht, die bisher noch jeden Reformversuch in ein Potemkinsches Dorf verwandelt hatte.

Aber dieses Mal sollte es anders sein. Dieses Mal gab es eine Überraschung, die weit über jede Erwartung hinausging. Nicht einmal de Klerks eröffnender Satz – »die Wahl vom 6. September 1989 hat unser Land unwiderruflich auf den Weg zu drastischer Veränderung gebracht« – bereitete seine Zuhörer auf das vor, was noch kommen sollte. Diese Meister der Doppelzüngigkeit hatten sich schon oft so scheinradikal ausgedrückt. Aber 35 Minuten später war tatsächlich alles drastisch verändert. In diesen Minuten stellte der neue Präsident, ein kleiner, rundlicher, glatzköpfiger Mann, glatt, aber ohne viel Charisma, den Kopf wie ein Spatz zur Seite geneigt und auf dem rechten Fuß auf und nieder federnd, während er sprach, drei Jahrhunderte der Geschichte seines Landes auf den Kopf.

Er veränderte das Land nicht nur, er verwandelte es. In diesen 35 Minuten entfesselte de Klerk Kräfte, die innerhalb von vier Jahren das alte Südafrika wegfegen und ein vollständig neues und anderes Land an seine Stelle setzen sollten. Ein anderes Land mit einer anderen Verfassung und einer anderen Fahne und einer anderen Nationalhymne. Und vor allem mit einem anderen Ethos.

In dieser halben Stunde zerstörte de Klerk die alte Afrikaaner-Vision eines weißen Südafrika, eines *volkstaat*, der ihnen, wie sie glaubten, von Gott gegeben worden war und ohne den sie als nationale Einheit nicht überleben konnten. Und de Klerk erklärte, daß sich an seiner Stelle ein neues von Schwarzen geführtes Südafrika erheben würde, das dem traditionellen Denken der Afrikaaner so fremd war wie den Israelis eine Mehrheitsregierung der Palästinenser.

Vor allem in den letzten fünfzig Jahren schien dieser
»weiße Stamm Afrikas«, wie die etwa drei Millionen Afrikaaner manchmal genannt werden, im Griff einer ethnischen
Paranoia gelebt zu haben. Seit dreieinhalb Jahrhunderten sie-
delten sie an der Südspitze Afrikas und betrachteten sich nun
als Eingeborene.

Während ihres langen Aufenthaltes an diesem fernen Ort
waren ihre Bindungen an Holland, woher die meisten
ursprünglich gekommen waren, fast ganz eingeschlafen: ihr
Holländisch war zu einer neuen Sprache mutiert, die sie *afrikaans* nannten, und ihre Form der Niederländisch Reformierten Kirche hatte sich auf dem trockenen afrikanischen
veld in etwas Erdgebundeneres und Fundamentalistischeres
verwandelt: in einen kriegerischen Glauben, der sich mit dem
Gewehr in der einen und der Bibel in der anderen Hand mit
den harten Bedingungen auseinandersetzte, unter denen die
Afrikaaner um das Überleben kämpften.

Diese Faktoren verbanden sich miteinander und erzeugten
in den Afrikaanern ein Gefühl der Einzigartigkeit und
zugleich der Verwundbarkeit. Im Unterschied zu anderen
Siedlern hatten sie das Gefühl, keine Heimat zu haben, in die
sie zurückkehren konnten. Sie waren Afrikaaner, ihre Heimat
war Afrika, und wenn sie gezwungen wurden, dieses Land zu
verlassen und auf einen anderen Kontinent überzusiedeln,
würden sie – da es für sie kein weiteres Zurückweichen nach
Süden gab wie für die weißen Kenianer, Rhodesier, Kongole-
sen und Mosambikaner, die in aufeinanderfolgenden Wellen
nach Südafrika gewandert waren – ihre nationale Identität
verlieren und kulturell untergehen.

So wuchs neben ihrem ethnischen Nationalismus ein
Gefühl von sich selbst als einer gefährdeten Spezies heran,
und je mehr die Grundströmung der Dekolonisierung um die
Welt ging und auch Afrika erfaßte, desto stärker wurde diese
Paranoia. Südafrika war ihr von Gott gegebenes Heimatland,
das Land, das ihnen ihre nationale Identität gab, und wenn sie

es jemals mit der schwarzen Mehrheit teilen mußten, würde es aufhören, das ihre zu sein, und das wäre ihr Ende, denn sie konnten sich keine Nation vorstellen, die ohne ein Heimatland überlebte. Die rassische Integration wurde daher mit dem »nationalen Selbstmord« gleichgesetzt.

Die Afrikaaner sind nicht die einzigen Weißen in Südafrika. Im Ganzen gibt es etwa fünf Millionen Weiße (in einer Gesamtbevölkerung von 41 Millionen), und ungefähr vierzig Prozent von ihnen bilden eine Kategorie, die diffus als »englischsprechende Südafrikaner« bekannt sind. Diese schließen die Nachkommen britischer Siedler ein, die ins Land kamen, nachdem Großbritannien die holländische Kapkolonie 1795 an sich gebracht hatte. Weit mehr Menschen kamen, nachdem gegen Ende des 19. Jahrhunderts Diamanten und Gold im Inneren des Landes gefunden worden waren. Dazu tritt noch ein Gemisch aus Einwanderern aus anderen Teilen Europas. Aber es sind die Afrikaaner – aufgrund ihrer Zahl und der aus dem Überlebensimperativ abgeleiteten Energie –, die immer die treibende Kraft in der weißen Politik gewesen sind und die ihr Ethos geschaffen haben.

Sie sind es, die das Konzept der Apartheid entwickelten. Es begann als eine einfache Politik rassischer Unterdrückung, aber als sich der Ruf schwarzer Befreiung erhob, wurde es zu einer Ideologie nationalen Überlebens hochstilisiert. Südafrika mußte ethnisch getrennt sein, die Schwarzen mußten in zerstückelten Stammes-Ministaaten leben, die euphemistisch Homelands genannt wurden, damit die Afrikaaner weiterhin die Kontrolle über ihr Land und damit über ihr Schicksal in der Hand behielten. Dies wurde zum Credo des Afrikaaner-Nationalismus, eine weltliche Religion, die von ihrer Kirche theologisch sanktioniert und von ihrer politischen Bewegung, der Nationalpartei, durchgesetzt wurde. Jeder Afrikaaner, der sie kritisierte, war ein Ketzer, wer sie aktiv bekämpfte, ein ethnischer Verräter.

Unter den Architekten dieser Politik befand sich auch ein

Mann namens Jan de Klerk, Minister in der Regierung der
Nationalpartei, die 1948 an die Macht kam, und später Senats-
präsident. Aufgrund seiner politischen Arbeit wurde Oom
Jan (Onkel Jan), wie er genannt wurde, zu einer verehrten
Gestalt in der enggeknüpften Afrikaaner-Gemeinde. Auch
Oom Jans Vater war schon ein prominenter Politiker der
Nationalisten gewesen und ein Freund des alten Paul Kruger,
des patriarchalischen Führers der Afrikaaner während der
bewegten Jahre des Burenkrieges um die Jahrhundertwende.
Jans Schwester hatte Hans Strijdom geheiratet, den »Löwen
des Nordens«, der von 1953 bis zu seinem Tod im Jahre 1958
Premierminister von Südafrika gewesen war.

Und hier am 2. Februar 1990 stand nun Jans Sohn, Frederick Willem, vor dem Parlament und zerstörte anscheinend
alles, wofür Vater, Familie und Volk je gestanden hatten.
Und auch er selbst, denn seine ganze politische Karriere hindurch hatte FW allen Anzeichen nach dem konservativen
Flügel der Nationalpartei angehört. Dennoch, hier stand er
und legalisierte mit einem einzigen Federstrich das ganze
Spektrum der schwarzen Befreiungsbewegungen und ihrer
Sympathisanten. Sie alle waren seit dreißig Jahren oder länger verboten gewesen: der African National Congress; sein
Guerilla-Flügel, der »Speer der Nation« hieß; der Pan-Africanist Congress; und die Südafrikanische Kommunistische
Partei. Zugleich kündigte er die bevorstehende Freilassung
von Nelson Mandela und Hunderten anderer politischer
Gefangener an, und er erklärte seine Bereitschaft, mit ihnen
allen in Verhandlungen einzutreten, um eine neue Verfassung zu entwerfen, unter der alle die gleichen Rechte genie-
ßen sollten. In anderen Worten: er trat für den »nationalen
Selbstmord« ein.

Die Wirkung war enorm. Im Lande gab es eine Mischung
aus Trauma, Begeisterung und Ungläubigkeit, während verschiedene Gruppen darum rangen, mit einer so einschneiden-
den Wandlung zurechtzukommen. Im Ausland herrschte ein

Gefühl der Verblüffung und der Erleichterung vor. Hier gab
es, so bald nach Michail Gorbatschows Perestroika, ein weiteres Reformwunder. Mit einem Schlag war Südafrika und
alles, was es symbolisierte, verwandelt. Die Rede vom
2. Februar war für die Beziehungen zwischen den Rassen in
aller Welt, was der Zusammenbruch der Berliner Mauer für
den Kommunismus war. Sie zeigte das Ende der letzten rassischen Oligarchie auf der Welt an.

Als die Implikationen der Rede langsam ins Bewußtsein
drangen, dämmerte es zuerst den Nachbarstaaten Südafrikas
und dann der weiteren Weltgemeinschaft, daß dieser Wandel
von Afrikas höchstentwickeltem Industriestaat mehr als nur
symbolische Bedeutung hatte. Nicht nur würde ein destruktiver Faktor, der seit Jahrzehnten die ganze Region des südlichen Afrika destabilisiert und verelendet hatte, beseitigt werden und Millionen von Menschen die Aussicht auf Frieden
und wirtschaftliche Erholung bringen, sondern ein verwan-
deltes Südafrika hatte auch das Potential, ein wichtiger neuer
Einfluß in der gesamten politischen Welt Afrikas zu werden.

Südafrika ist bei weitem die bedeutendste militärische und
wirtschaftliche Macht auf dem Kontinent. Sein Bruttoin-
landsprodukt liegt bei 104 Milliarden Dollar und erreicht
60% des BIP aller anderen 45 Länder von Subsahara-Afrika
zusammengenommen. Es ist beinahe viermal so hoch wie die
28 Milliarden des nächsthöchstentwickelten Landes, Nigeria.
Es hat ein Pro-Kopf-BIP von 2.600 Dollar, gegenüber Nige-
rias 230. Südafrika ist eine regionale Supermacht auf dem
wirtschaftlich schwächsten und politisch am wenigsten
beachteten Kontinent. Es ist das eine Land, welches vielleicht
den Motor abgeben könnte, um Afrika aus seinem Sumpf von
Armut und Verzweiflung herauszuziehen.

Das neue Südafrika konnte auch in der internationalen
Politik eine wichtige Rolle spielen. Wie Erzbischof Tutu, der
Nobelpreisträger von 1984, an dem Abend bemerkte, als der
Friedensnobelpreis von 1993 Mandela und de Klerk verlie-

hen wurde, ist Südafrika ein Mikrokosmos der Welt, es verkörpert all die globalen Probleme von Weiß und Schwarz, Reich und Arm, von entwickelten und unterentwickelten Völkern. »Wenn wir es hingekriegt haben«, sagte Tutu, »wird Südafrika das Paradigma für den Rest der Welt sein.«

In einem vor kurzem erschienenen Buch *The Opening of the Apartheid Mind**, kommen zwei erfahrene Kenner der südafrikanischen Politik auf dasselbe Thema: für sie stellt Südafrika einen Laborversuch für einen neuen globalen Kompromiß zwischen Nord und Süd dar – ein Kompromiß, der auch unbedingt nötig ist, wenn der ständig weiter zurückfallende Süden nicht zu einem destabilisierenden Faktor für die ganze Welt werden soll.

Die Nord-Süd-Trennung ist möglicherweise das schwierigste Problem, dem sich die Welt nach dem Kalten Krieg gegenübersieht. Die entwickelte Welt scheint das noch nicht begriffen zu haben. Nach der selbstsüchtigen Reagan-Thatcher-Ära und dem Zusammenbruch des Kommunismus stekken die Industriestaaten des Nordens noch immer zu tief in dem, was John Kenneth Galbraith die »Kultur der Zufriedenheit« genannt hat, um sich mit dem steigenden Elend der Armen dieser Welt ernsthaft zu beschäftigen. Sie sehen sie nach wie vor als lästige Bettlernationen.

Mit dem Ende des Kalten Krieges haben die entwickelten Nationen aufgehört, über Hilfsprojekte um die Blockzugehörigkeit der Dritten Welt zu werben. Die armen Nationen des Südens sind seitdem praktisch vergessen, als unrettbar und unbedeutend aufgegeben, ihrer eigenen Hoffnungslosigkeit überlassen. Selbst die Anpassungsprogramme der Weltbank scheinen nicht in der Lage zu sein, das Abgleiten in Instabilität, Korruption und Verfall zu verhindern, daher wenden sich die Länder der wohlhabenden Welt schulterzuckend ab.

---

* Heribert Adam und Kogila Moodley: *The Opening of the Apartheid Mind: Options for the New South Africa*, Berkeley, 1993, S. 12.

Aber wie Adam und Moodley warnend ausführen, vernachlässigt der mächtige Norden den ohnmächtigen Süden auf eigene Gefahr. In dieser schnell zusammenwachsenden Welt ist kein Land eine Insel, immun gegen die Auswirkungen anderer Weltgegenden. Die Bedeutung des Südens liegt gerade in seiner Schwäche, in dem was die Autoren seine »Chaosmacht« nennen oder die Fähigkeit, die ganze Weltkugel mit ihrer Labilität zu destabilisieren – durch Umweltschäden, durch die Verbreitung solcher Krankheiten wie AIDS, durch den Strom von Wirtschaftsflüchtlingen auf die Inseln der Wohlhabenden in der Ersten Welt und durch die Auswirkungen des nationalen oder religiösen Fundamentalismus.

Am gefährlichsten von allem ist das, was ich die Politik der Verzweiflung nenne. Wenn Menschen die Hoffnung verlieren und wenn sie das Gefühl haben, daß ihre Verzweiflung ignoriert wird, neigen sie dazu, verzweifelte Dinge zu tun, um auf ihr Elend aufmerksam zu machen. Sie nehmen Geiseln, entführen Flugzeuge, legen Bomben im World Trade Centre in New York. Oder sie entwickeln apokalyptische Visionen und wenden sich dem religiösen Fanatismus zu, manchmal mit mörderischen Konsequenzen.

Verzweifelte Nationen bringen fanatische Führer hervor, welche die Verzweiflung auf eine nationale Ebene heben. Das plötzliche, verwirrende Auftauchen solcher Gestalten – ein Ajatolla Khomeini, ein Saddam Hussein, ein Idi Amin oder ein Mohammed Aidid – ist zu einem Phänomen unserer Zeit geworden. In einer Welt stark gelockerter nuklearer Kontrollen wird die wachsende Bedrohung durch die Politik der Verzweiflung aus einer vernachlässigten Dritten Welt sicher das kritischste Problem des 21. Jahrhunderts sein.

Die sich weitende Kluft zwischen der Ersten und der Dritten Welt kann nicht weiterhin ignoriert werden – und hier liegt Südafrikas zukünftige Rolle in der internationalen Arena. Da es alle Elemente der großen globalen Trennung aufweist und nun darum ringt, sie zu überwinden, könnte

sich ein erfolgreiches neues Südafrika in ein Modell für die all-
mähliche Lösung der Nord-Süd-Problematik entwickeln.
Mit einem Politiker von Mandelas internationaler Statur
könnte es zum Vermittler zwischen der entwickelten Welt
und den Entwicklungsländern werden.

Nichts davon, das kann man sicher annehmen, schwebte de
Klerk vor, als er seine Rede vom 2. Februar hielt. Er war von
ganz anderen Motiven getrieben, und er hatte, wie Gorbatschow, ein ganz anderes Ende seines Weges im Kopf. So wie
Gorbatschow sich kaum vorstellen konnte, daß sein Umbau
des Sowjetsystems zum Verlust des osteuropäischen Impe-
riums führen würde, zum Zusammenbruch des Kommunismus und zum Zerfall der Sowjetunion selbst, so erwartete de
Klerk nicht, daß seine Reformen zu einer schwarzen Mehrheitsregierung und zum Ende des Afrikaaner-Nationalismus
führen würde, bevor das Jahrzehnt vorüber war.

In Reden, die er nach dem 2. Februar hielt, machte de Klerk
klar, daß er ebenso entschieden wie eh und je gegen eine
Mehrheitsregierung war. Es konnte nicht sein, daß die ganze
Macht dem Sieger zufiel, sagte er, da dies gleichbedeutend mit
schwarzer Vorherrschaft war. »Erwarten Sie nicht von mir,
daß ich mich selbst aus der Macht herausverhandle«, sagte er
westlichen Diplomaten. Stattdessen mußte es ein System der
»Machtteilung« geben, ein Konzept, das de Klerk als »Regierung durch Konsens« unter den Führern der verschiedenen
Rassen umschrieb. Südafrika war, was er »eine Nation von
Minderheiten« nannte: jeder seiner zehn schwarzen Stämme
war eine ethnische Einheit, was bedeutete, daß keine ethnische Gruppe eine dominierende Mehrheit beanspruchen
konnte. Alle sollten daher zusammen durch eine auf Konsens
aufbauende Willensbildung regieren. Auf den darauf folgenden Parteikongressen wurden diese Ideen zu politischen Pro-
grammen ausgebaut. Das Resultat war ein detaillierter konsti-
tutioneller Plan, der eine aus freien und gleichen Wahlen her-
vorgegangene Nationalversammlung und einen Senat vorsah,

in dem alle Parteien über einer gewissen Schwelle öffentlicher Unterstützung in gleicher Stärke vertreten waren und in dem Entscheidungen nur durch Konsens getroffen werden konnten.

Die Exekutive sollte aus einem Allparteien-Kabinett bestehen, das »kollegial« arbeitete, und aus einer Präsidentschaft, die jährlich unter den Führern der drei oder fünf nach den Wahlen stärksten Parteien rotierte. Auch das Kabinett wäre bei Entscheidungen auf Konsens angewiesen. Im Effekt hätte dies bedeutet, daß die schwarze Mehrheit in der Nationalversammlung Gesetze vorbereiten und verabschieden konnte, diese aber von der weißen Minderheit im Senat und in der Exekutive durch ein Veto gestoppt werden konnten.

Die weiße Minderheits-Herrschaft mochte damit ihr Ende gefunden haben, aber die schwarze Macht wäre an Ketten gelegt, nicht in der Lage, die groben Ungleichheiten, die im Laufe der Apartheidjahre aufgebaut worden waren, zu beseitigen.

Aber durch die Freilassung der schwarzen Führer und die Legalisierung ihrer politischen Organisationen hatte de Klerk den Geist aus der Flasche gelassen. Die riesige schwarze Wählerschaft konnte nun mobilisiert werden und durch Massendemonstrationen und Streiks Druck erzeugen. Plötzlich begriff die weiße Regierung, daß sie die Zukunft nicht mehr allein bestimmen konnte. De Klerks Entscheidung, sich auf Verhandlungen einzulassen, bedeutete zugleich, daß er anfangen mußte, Kompromisse zu machen.

Die schwarzen Führer griffen den Machtteilungs-Plan als ein Täuschungsmanöver an, das die Illusion einer Mehrheitsherrschaft erzeugte, im Grunde aber die Ungleichheiten der Apartheid festschrieb. Politische Analytiker machten sich über den Plan lustig: »Der Verlierer behält alles!« Allmählich wurde der Plan durchlöchert. Zuerst verschwand die Idee, jeder der verschiedenen rassischen Gruppen des Landes eine gleichgewichtige Vertretung zu geben: politische Parteien

mußten diese Vertretung aufgrund von Wahlen übernehmen.
Dann kam die Konsens-Idee und die rotierende Präsident-
schaft dran. Schließlich wurde der Gedanke der permanenten
Machtteilung abgelegt.

Die endgültige Einigung, auf die man sich im November
1993 verständigte, sah vor, zunächst eine zeitlich begrenzte
»Regierung der nationalen Einheit« zu etablieren: eine Koalition aller Parteien, die mehr als fünf Prozent der Stimmen in
der ersten freien und gleichen Wahl des Landes im April 1994
erzielten. Jede dieser Parteien sollte entsprechend ihrer Stärke
im Kabinett berücksichtigt werden. Der Führer der Mehrheitspartei sollte Präsident werden, dazu kämen zwei Vizepräsidenten – einer von der Partei, die zweitstärkste geworden war, und der andere von jeder anderen Partei, die mehr als
20 Prozent der Stimmen bekommen hatte. Sollte keine Partei
diese 20 Prozent erreichen (was dann auch der Fall war),
würde der zweite Vizepräsident wiederum von der Mehrheitspartei gestellt. Das Kabinett sollte mit einfacher Mehrheit entscheiden, aber erst nach einer Bemühung um Konsens.

Die Regierung der nationalen Einheit, die im Mai 1994
gebildet wurde, wird bis zur nächsten Wahl – im Jahre 1999 –
im Amt bleiben. Während dieser fünf Jahre wird de Klerk
einer der beiden Vizepräsidenten sein, aber nach 1999 wird
die erzwungene Koalition aller großen Parteien wegfallen,
und es wird nur noch eine Mehrheitsregierung geben. De
Klerk wird dann als einer der wenigen politischen Führer in
die Geschichte eingehen, die sich in der Tat aus der Macht
herausverhandelt haben.

2. KAPITEL
Tennisplatzdiplomatie

Mit leichten Anklängen an die Rue du Vieux Versailles könnte man sagen, daß Südafrikas ausgehandelte Revolution auf einer Ebene auf einem Tennisplatz des Campus der Orange Free State-Universität begonnen hat. Denn dort entwickelte sich in den 50er Jahren eine fruchtbare Freundschaft zwischen Jacobus Coetsee, der später Minister für Justiz, Polizei und Gefängnisse wurde, und einem etwas älteren Studenten namens Pieter de Waal.

Der hochgewachsene, schlanke de Waal war ein starker Serve-and-Volley-Spieler; der kleinere, schnellere Coetsee war eine dieser unermüdlichen »Gummiwände«, ein Mann, der auf dem Platz hin- und herschoß, alle Bälle zurückbrachte und auf einen Fehler seines Gegners wartete. Gewöhnlich gewann de Waal, er spielte später sogar für die Provinzauswahl. »Aber ich hab immer mal wieder einen Satz gewonnen«, sagt Coetsee heute.

Die beiden wohnten zusammen im Abraham Fischer Hostel, genannt nach einem Präsidenten der alten Burenrepublik des Orange-Freistaates. Die Studenten nannten das Heim spöttisch *Vishuis*, Fischhaus.* Sie wurden enge Freunde, und de Waal überredete Coetsee, seinen Plan, Lehrer zu werden, aufzugeben und lieber Jura zu studieren. Und als Coetsee 1954 sein Examen gemacht hatte, war es wiederum de Waal, der ihm seine erste Stelle verschaffte – in der jüdischen Anwaltssozietät Louis Medaillie in der Provinzhauptstadt Blomfontein. »Medaillie fragte mich, ob ich

---

* In einer der vielen Ironien südafrikanischer Geschichte wurde der Enkel von Präsident Fischer, ein bekannter Menschenrechtsanwalt, zum Vorsitzenden der verbotenen Kommunistischen Partei Südafrikas. 1966 wurde er wegen seiner Untergrundaktivitäten zu lebenslangem Zuchthaus verurteilt und starb neun Jahre später an Krebs. Der neuen südafrikanischen Regierung gilt er als einer der Helden des Befreiungskampfes.

wüßte, wo er einen guten Burenjungen finden könnte, den er als Gehilfen anstellen wollte, und ich stellte ihm Kobie vor«, erinnert sich de Waal – »Kobie« ist der übliche Spitznahme von Coetsee.

De Waal hatte sich unterdessen entschlossen, Anwalt in einer Kleinstadt zu werden und war in das kleine *Dorp* Brandfort gezogen, das in den weiten Ebenen des Orange-Freistaates etwa fünfzig Kilometer von Bloemfontein entfernt lag. Einige Jahre später kaufte Coetsee eine Farm im Brandfort-Distrikt, und als er für die Nationalpartei als Abgeordneter für Bloemfontein West ins Parlament gewählt wurde, rief er de Waal von Zeit zu Zeit an, um ihn darum zu bitten, Futter und anderen Farmbedarf einzukaufen. Die alte Tennisfreundschaft blieb erhalten.

Zufälligerweise wurde die eigenwillige Winnie Mandela 1977 vom damaligen Justizminister James Kruger nach Brandfort verbannt, als sie in den Nachbeben der Soweto-Aufstände von 1976 zu schwierig für die Behörden wurde. Brandfort war einerseits isoliert, andererseits lag es in annehmbarer Entfernung vom regionalen Sicherheitshauptquartier in Bloemfontein, so daß Mrs. Mandela ohne allzu großen Aufwand rund um die Uhr bewacht werden konnte.

Ebenso zufällig war es, daß Winnie Mandela sich mit de Waals Frau, Adele, und ihrer Tochter Sonja anfreundete. Sie begegneten einander kurz nachdem die Frau des gefangenen ANC-Führers im Ort ankam und ein wenig Farbe in die öde Kleinstadt brachte. Und ein weiterer Zufall war es, daß Coetsee 1980 Kruger als Justizminister ablöste. So ergab sich – über das Hinterwäldlerstädtchen Brandfort und seinen Anwalt – eine wenn auch dünne Verbindung zwischen dem berühmtesten politischen Gefangenen der Welt und seinem höchsten Wärter.

Winnie Mandela sollte später in Ungnade fallen, weil ihr impulsives Temperament und ihre hochfahrende Art sie in Konflikt mit dem Gesetz, mit dem ANC und mit ihrem Mann brachte. Das alles lag indessen noch in ferner Zukunft. In den turbulenten 80er Jahren aber war Winnie eine Heldin, eine lebende Märtyrerin der schwarzen Befreiungsbewegung, und trotz der Unannehmlichkeiten, die ihre Verfolger ihr bereiteten, genoß sie die Rolle in vollen Zügen.

Ihre lebenssprühende Persönlichkeit beherrschte die kleine Stadt. Sie schockierte die konservativen Afrikaaner des Städtchens, die an servile Schwarze gewöhnt waren, die die Augen niederschlugen und sie *Baas* nannten, indem sie wie eine Königin in blendende afrikanische Gewänder gekleidet durch die Straßen schritt. Sie ließ sie warten, wenn sie das »weiße« öffentliche Telefon im Postamt benutzte. Sie marschierte in den Alkoholladen des Ortes und bestellte exotische Dinge wie Champagner und Cinzano. Sie ignorierte nachdrücklich getrennte Eingänge und Schilder, die auf die Rassentrennung hinwiesen, und sie liebte es, im einzigen Bekleidungsgeschäft des Städtchens neue Dinge anzuprobieren.

Und sie eroberte die de Waals. Piet de Waal zögerte zunächst, irgend etwas mit dem gefährlichen Neuankömmling zu tun zu haben. Aber dann rief ihn Winnies Anwalt aus Johannesburg, Ismail Ayob, an und informierte ihn darüber, daß er Winnie aus ethischen Gründen vertreten müsse, da er der einzige Anwalt der Stadt sei und sie Brandfort wegen der Bannorder nicht verlassen könne. Sollte er ablehnen, warnte ihn Ayob, würde er den Fall vor die Anwaltsvereinigung bringen.

Das war eine ernstzunehmende Drohung, also eilte de Waal prompt zur Polizeistation in die Voortrekker Street, um den Sicherheitsbeamten dort zu erklären, daß seine Besuche bei Mrs. Mandela in dem kleinen schwarzen Township Phathakahle (was »mit Vorsicht zu behandeln« bedeutet) reine Pflichtbesuche seien. »Ich machte mir Sorgen, daß ich die Sicherheitspolizei auf den Hals kriegen würde«, gesteht de Waal heute. In ziemlicher Panik schrieb er sowohl Kruger als auch seinem alten Freund Kobie Coetsee. Der Brief an Kru-

ger war ein Appell, zum Teil für Mrs. Mandela, zum Teil für
de Waal selbst und seine weißen Mitbewohner von Brandfort,
den Bann noch einmal zu überprüfen und Mrs. Mandela
woandershin zu bringen. Das Haus, das ihr in Phathakahle
zugewiesen worden war, sei unangemessen, schrieb er. Es
war zu klein und hatte kein fließend Wasser. Überdies rührte
Mrs. Mandelas Anwesenheit in dem Städtchen die örtlichen
Schwarzen auf. »Als sie letzten Freitag in mein Büro kam,
sammelte sich draußen eine riesige Menge Schwarzer, als
wäre Weihnachten oder Sylvester«, klagte de Waal. Er sagte,
er verstehe, wie delikat die Sache sei, aber würde der Minister
bitte noch einmal prüfen, ob Brandfort wirklich der richtige
Ort für Mrs. Mandela sei? Dann fügte de Waal, um sich zu
schützen, noch einen Absatz an, in dem er darauf hinwies,
daß er Mrs. Mandela nur vertrat, weil er der einzige Anwalt
vor Ort sei. »Es ist eine unglückliche Situation, die ich gerne
umgangen hätte«, schrieb er. »Ich erwähne dies, damit Sie
nicht zu falschen Schlüssen kommen.«

Der Brief an Coetsee war klagender und direkter. »Mein
guter alter Freund«, schrieb er auf afrikaans. »Ich bin der einzige Anwalt hier. Was soll ich tun?« Coetsee antwortete mit
Wärme, erinnerte an ihre Tennisspiele im *Vishuis* und riet de
Waal, Mrs. Mandelas juristische Angelegenheiten zu übernehmen. »Lieber das, als die Auslandspresse sagen lassen, daß
sie keinen Anwalt kriegen konnte«, schrieb er. Um seinem
Freund Mißhelligkeiten zu ersparen, schrieb Coetsee auch an
Kruger, um ihm mitzuteilen, daß er de Waal »schon sein ganzes Leben kenne« und daß seine Integrität »über jeden Verdacht erhaben« sei. Kein Grund, sich über seine Verbindung
zu Winnie Mandela Sorgen zu machen.

Wie sich herausstellte, war es meist Mrs. Mandela, die in de
Waals Haus in der Duke Street 44 kam. Sie suchte juristische
Beratung, und sie kam um der Gesellschaft willen. Nach ihrer
»Restriction Order« durfte sie immer nur mit einer Person
gleichzeitig zusammen sein, und da die Polizei ihr Haus in

Phathakahle von einem nahegelegenen Hügel mit Ferngläsern ständig beobachtete, war das Haus des Anwalts der einzige Ort, an dem sie sich mit einer Gruppe von Menschen unterhalten konnte. Sie traf dort oft ausländische Besucher. Im Januar 1985 nahm ich Katharine Graham, damals Herausgeberin der *Washington Post*, und eine Gruppe von Redakteuren der Zeitung mit in de Waals Haus, wo sie ein langes Gespräch mit Mrs. Mandela führten.

Mehr und mehr aber kam Winnie in die Duke Street 44, um Adele zu besuchen. Die beiden wurden enge Freundinnen, sie verbrachten Stunden damit, über ihre Familien und andere intime Dinge zu sprechen, und sie entwickelten, was Piet heute »eine bemerkenswerte Beziehung« nennt. Sie war um so bemerkenswerter, wenn man Adeles Familienhintergrund betrachtete: Sie wurde als Adele Retief geboren, in die Familie des Voortrekker-Märtyrers Piet Retief, der vom Zulu-König Dingaan ermordet wurde, als er 1838 versuchte, einen Teil des Zulu-Landes für die Buren zu erobern. Die Freundschaft der beiden Frauen überwand alle Unterschiede zwischen ihnen. Winnie nannte Adele de Waal »meine weiße Schwester« und trauerte sehr, als sie 1990 bei einem Autounfall ums Leben kam.

»Sie wurde auch zu meiner Freundin«, sagte Piet de Waal. »Es begann auf einer berufsmäßigen Ebene, aber ich kam ihr bald auch menschlich näher. Ich lernte eine Menge durch die Bekanntschaft mit ihr, und allmählich begann ich, ihren Standpunkt zu verstehen.« De Waals Haltung ihrer Verbannung gegenüber wurde kritischer, als er Anfang der 80er Jahre erlebte, wie sehr Winnie verfolgt wurde. Sie hatte in seinem Haus auf einen Telefonanruf gewartet, und als der Anruf bis 19 Uhr 20 nicht gekommen war – zehn Minuten, bevor sie aufgrund ihrer »Restriction Order« wieder in ihrem winzigen Drei-Zimmer-Häuschen in Phathakahle sein mußte – bot Adele de Waal ihr an, sie ins Township zurückzufahren. Der zwölfjährige Sohn der de Waals, Werner, begleitete sie. Die

Fahrt beanspruchte weniger als zehn Minuten, aber als sie vor
Nr. 802 hielten, trat Sergeant Gert Prinsloo, Mrs. Mandelas
besonderer Quälgeist, hinter einer Mauer hervor und nahm
sie fest, weil sie angeblich zu spät nach Hause gekommen war.
Adele de Waal stritt mit ihm, deutete auf ihre Uhr, um ihm zu
zeigen, daß Mrs. Mandela innerhalb der auferlegten Zeit
zurückgekommen sei, aber der Polizist weigerte sich, sie
anzuhören – und nahm auch sie fest, weil sie ohne einen
Erlaubnisschein in ein schwarzes Township gekommen war.
Er drohte, auch den Jungen zu verhaften.

Als Sergeant Prinsloo am nächsten Tag erschien, um Mrs.
de Waal die Vorladung zu übergeben, begegnete er ihrem
wütenden Mann. »Sie gottverdammter Feigling, geben Sie
mir die Vorladung, ich ruf sofort den Minister an«, schäumte
Piet de Waal. Dem Sergeanten kamen Bedenken, daß er vielleicht doch zu weit gegangen war, und er wich zurück und
ließ die Sache fallen, aber für de Waal war es eine einschnei-
dende Lektion. Er hatte begriffen, welchen willkürlichen
Quälereien die Gegner der Apartheid ausgesetzt waren.

Als Coetsee im Oktober desselben Jahres Justizminister
wurde, begann de Waal vorsichtig auf ihn einzuwirken,
zuerst um Winnies Verbannung aufheben zu lassen, dann um
Mandela selbst freizubekommen. Dies war der erste Versuch
aus dem Inneren der Nationalpartei, von einem Afrikaaner,
einen Kabinettsminister in diesem Sinne zu bearbeiten, und
Coetsee gibt heute zu, daß es beträchtlichen Einfluß auf ihn
hatte. »Man könnte sagen, daß der ganze Prozeß da begann«,
sagt er. »Ich vertraute Piet.«

»Was mich besonders beeindruckte«, fügt Coetsee hinzu,
»war die Tatsache, daß Piet de Waal und seine Familie die
Schranken des Vorurteils und der Voreingenommenheit in
einem so kleinen Nest wie Brandfort durchbrechen konnten.
Das sagte mir wirklich etwas.«

»Wann immer Kobie mich wegen irgendwelcher Farm-
dinge anrief, fragte er: ›Wie geht's mit deiner Klientin?‹« erin-

nert sich de Waal. »Ich berichtete ihm, was sie machte, aber dann nutzte ich jede Möglichkeit, um ihm zu sagen, daß die Regierung ihre Haltung zu den Mandelas überprüfen sollte.« De Waal war sich der Empfindlichkeit des Themas sehr bewußt, und er drückte sich mit großer Sorgfalt aus. »Ich sagte dann: ›Sieh mal, Mann, diese Verbannung bringt doch gar nichts. Wenn sie aufrührerische Sachen sagen will, kann sie's, und sie werden doch immer in der ausländischen Presse gedruckt, also was soll's?«

Geduldig, hartnäckig ermutigte er seinen Freund, Kontakt mit Nelson Mandela aufzunehmen.

3. KAPITEL

Vier Jahre
Geheimgespräche

Der Tennispartner bekam seine Gelegenheit, als bei Mandela eine Schwellung der Prostatadrüse festgestellt wurde und er im November 1985 ins Volkshospital in Kapstadt eingeliefert wurde, um operiert zu werden. Am Tag vor der Operation bestiegen Coetsee und Winnie Mandela zufällig denselben South African Airways-Flug nach Kapstadt. Coetsee blieb an ihrem Sitz in der Economy-Klasse stehen und sprach sie an, versicherte sie, daß die Regierung in Sorge um Nelsons Gesundheit sei. Mit typischer Unverfrorenheit ging sie daraufhin zur Ersten Klasse des Flugzeugs durch und setzte sich neben den Minister. Sie unterhielten sich fast den ganzen Zwei-Stunden-Flug hindurch. Als das Flugzeug landete, hatte Coetsee sich entschlossen, Mandela im Krankenhaus zu besuchen.

In den fünf Jahren, seit er Kruger ins Amt gefolgt war, hatte der neue Minister in aller Stille an einer Gefängnisreform gearbeitet. Die harten Haftbedingungen der frühen Jahre waren gelockert worden. Mandela erinnert sich, daß die politischen Gefangenen, als er 1963 zum ersten Mal nach Robben Island, Südafrikas Alcatraz zehn Kilometer vor Kapstadt, geschickt wurde, als die Niedrigsten der Niedrigen behandelt wurden.*

Bei ihrer Ankunft wurden sie als D-Gruppe klassifiziert – gewöhnliche Kriminelle gehörten zur C-Gruppe. Das bedeu-

---

* Mandela kam ein Jahr vor den anderen ANC-Führern ins Gefängnis. Nachdem der African National Congress 1962 verboten worden war, ging er ins Ausland, um den bewaffneten Arm der Bewegung, Umkhonto we Sizwe (Speer der Nation), aufzubauen, kehrte dann zurück und verbrachte ein Jahr im Untergrund in Südafrika. 1963 wurde er gefaßt und zu fünf Jahren Gefängnis verurteilt, weil er das Land illegal verlassen hatte. Mandela befand sich im Gefängnis, als die anderen ANC-Führer bei der Rivonia-Razzia verhaftet wurden. Er wurde für den »Rivonia-Prozeß« 1964 von Robben Island zurückgebracht, um zusammen mit anderen Mitgliedern des ANC-Oberkommandos zu lebenslänglicher Haft verurteilt zu werden.

tete, daß die politischen Gefangenen die geringsten Privilegien hatten, keine Zeitungen, kein Radio (Südafrika bekam erst 1972 Fernsehen) und keine Besuche, und sie konnten erst in die nächsthöhere Gruppe aufrücken, wenn sie ein Drittel ihrer Zeit verbüßt hatten.

Sie mußten aneinandergekettet auf der windumtosten Insel arbeiten, sie brachen Granit und gruben Kalk. Mißhandlungen durch die rassistischen Wärter waren Routine. Mandela selbst wurde nie gequält – seine starke Persönlichkeit schien selbst die schlimmsten Wärter zu zügeln –, aber er erinnert sich daran, daß seine Kameraden oft mit Peitschen und Stökken geschlagen wurden und daß ein Gefangener an einem brütend heißen Tag bis zum Hals in Sand eingegraben wurde. Als er nach Wasser schrie, urinierte ein Wärter ihm in den Mund.

Wachen brachen spät nachts in die Zellen, zwangen die Gefangenen im kalten, nassen Kapwinter alle Kleidung auszuziehen und breitbeinig an der Wand zu stehen, oft länger als eine Stunde, auf dem nackten Zementfußboden, während sie die Zellen durchsuchten. James Gregory, der im Ganzen 24 Jahre in drei unterschiedlichen Gefängnissen Mandelas Wärter war, erinnert sich daran, daß ihm, als er 1966 zuerst auf Robben Island eintraf, eingeschärft wurde, es sei Teil seines Jobs, die politischen Gefangenen in jeder Weise zu demoralisieren.

Einige der »Politischen« waren schon 17 Jahre auf der Insel, als Coetsee Minister wurde und ihnen zum ersten Mal Zeitungen und Radio und Fernsehen zugestand. Bis dahin hatten politische Gefangene keine Aussicht auf Begnadigung oder eine Herabsetzung ihres Urteils gehabt: Lebenslänglich, das Urteil, das Mandela und andere Mitglieder der ANC-Führung bekommen hatten, bedeutete buchstäblich ein Leben hinter Gittern. Nachdem er seine Kabinettskollegen bearbeitet hatte, erreichte Coetsee schließlich eine kleine politische Entspannung, die einen gewissen Spielraum für

Strafminderungen schuf. »Ich war überzeugt, daß Mandela und seine Kollegen irgendwann freigelassen werden mußten und daß man sie darauf vorbereiten sollte«, sagte Coetsee in einem Interview.

Im März 1982, als der Druck des Auslands für ihre Freilassung stieg, wurden Mandela und vier andere ANC-Führer der obersten Ebene – Walter Sisulu, Ahmed Kathrada, Raymond Mhlaba und Andrew Mlangeli – plötzlich ins Pollsmoor-Gefängnis, eine Hochsicherheitsanstalt auf dem Festland, verlegt. Sie ist ein weitausgreifender Komplex aus rotem Backstein in einem Vorort von Kapstadt, und man legte die Gefangenen in eine große Gemeinschaftszelle auf dem Dach, getrennt von den anderen 4.000 Insassen des Gefängnisses. Sie waren nun auch von den anderen Hunderten von »Politischen« abgeschnitten, die noch auf der Insel waren. Die Verlegung war ein Rätsel und führte zu Spekulationen, daß die Behörden den enormen Einfluß brechen wollten, den ihr berühmtester Gefangener auf einen Strom junger schwarzer Aktivisten hatte, die kontinuierlich das durchliefen, was sie die »Mandela-Universität« nannten. Coetsee streitet das ab. Er sagt heute, daß die Verlegung diskrete Kontakte der Regierung mit den gefangenen Führern ermöglichen sollte – auf der Insel hätten solche Gespräche einen Sturm von Spekulationen ausgelöst.

Auch Mandela selbst hatte während dieser Zeit Fühler ausgestreckt, um mit der Regierung ins Gespräch zu kommen. In der Mitte der achtziger Jahre wurde das Land wieder von Unruhen erschüttert, und er glaubte, die Zeit sei gekommen, einen Dialog zwischen ANC und der Regierung zu suchen, der vielleicht zu Verhandlungen führen konnte. Er wollte ein Treffen mit Präsident Botha erreichen, und er hatte Coetsee geschrieben und ihn gebeten, ihn im Gefängnis zu besuchen. Coetsee hatte nicht geantwortet, aber dann ergab sich die Gelegenheit, Mandela im Krankenhaus zu treffen. »Irgendeine Intuition sagte mir, daß ich Mr. Mandela nicht hinter

Gittern treffen sollte«, erklärt er – wie immer sehr darauf ach-
tend, seinem früheren Gefangenen das »Mr.« zuzubilligen.
»Ich weiß nicht warum, ich hatte einfach das Gefühl, so
müßte ich's machen. Auf die Weise habe ich ihn nur als freien
Mann kennengelernt, nicht als Häftling, und ich wollte auch,
daß das für ihn so war.«

An die Begegnung selbst erinnert sich Coetsee sehr lebhaft.
»Wenn ich die Augen schließe, kann ich es alles heute noch
sehen«, sagt er. Der ganze dritte Stock des großen Hospitals
war aus Sicherheitsgründen gesperrt worden. Mandela war
dort der einzige Patient, nur die beiden Krankenschwestern
und der Chirurg, die ihn betreuten, waren zugelassen. Als
Coetsee die Station mit dem Commissioner of Prisons, General Johan Willemse, betrat, erhob sich der in einen blaukarier-
ten Bademantel gekleidete Häftling Nr. 466/64 von seinem
Stuhl und begrüßte seine obersten Aufseher wie alte Freunde.

»Es war schlicht unglaublich«, erinnert sich Coetsee. »Er
tat, als wären wir alte Bekannte und hätten uns schon viele
Male getroffen. Er stellte General Willemse und mich den beiden Schwestern vor und schalt mich scherzhaft, weil ich nicht
früher zu ihm gekommen war. Ich errinnere mich, daß er
einen kleinen Witz machte, dies sei seine Zelle und ich sein
Wärter. Er beherrschte die Situation völlig. Er war wie ein
Gastgeber. Er bat uns, uns zu setzen. General Willemse, sitzen Sie bequem, kann ich Ihnen irgendwas bringen lassen?
Ich hatte viel über ihn gelesen – all seine Reden und all die
Berichte, die jeden Tag auf meinen Schreibtisch flatterten –,
und ich war fasziniert. Ich fragte mich immer, was für ein
Mann das sein mußte, der all diese internationale Aufmerksamkeit auf sich zog und alle diese Ehrentitel und Preise ver-
liehen bekam. Aber als ich ihn traf, verstand ich sofort,
warum das so war. Er wirkte wie ein Mann einer vergangenen
Welt, mit den Werten dieser alten Welt. Ich habe Latein studiert und mich mit der römischen Kultur beschäftigt, und ich
weiß noch, daß ich dachte, dies ist ein Mann, auf den ich das

anwenden kann, er ist wie ein alter Römischer Bürger, einer mit *dignitas, gravitas, honestas, simplicitas.*«

Obwohl die beiden Männer gut miteinander auskamen, war es ein Gespräch voller Wachsamkeit – mit mehr Andeutungen als substantiellen Äußerungen. Mandela spürte einen Wandel der Atmosphäre gegenüber früheren Treffen mit Regierungsleuten und dem arroganten Kruger. Später sagte er mir in einem Interview: »Coetsee ist ein anderer Typ. Er war sehr höflich, und obwohl wir nicht über Politik redeten, war es klar, daß er die Fühler ausstreckte. Aber es war sehr subtil. An einem Punkt sagte er: ›Ich wäre daran interessiert, Sie in eine Situation zu bringen, die zwischen Gefängnis und Freiheit liegt‹. Ich fragte ihn, ob er damit meine ganze Gruppe meine, und er sagte nein, nur mich. Ich war sofort in Sorge, daß das so aussehen könnte, als hätte ich mich auf einen Handel eingelassen, aber ich sagte nichts dazu. Ich sagte nur: ›Also, schon die Tatsache, daß Sie hergekommen sind, vermindert unsere Probleme um 25 Prozent.‹«

Das Eis war gebrochen, und ein neuer Prozeß war eingeleitet, ein langsamer und ungewisser, aber einer, der letzlich den Boden für de Klerk bereitete.

Als Mandela am 23. Dezember das Volks-Hospital verließ, teilte ihm der Kommandierende Offizier des Pollsmoor-Gefängnisses, Brigadegeneral Fred Munro, mit, daß er nicht wieder zu seinen Kameraden auf dem Dach kommen würde. Er sollte statt dessen eine Zelle im untersten Geschoß des Gefängnishospitals beziehen. Wieder war er besorgt, daß die anderen denken könnten, er habe einen persönlichen Handel abgeschlossen. Mandela fragte Munro, warum er von seinen Kameraden getrennt würde, aber der Gefängnisleiter sagte, er wisse das nicht – er habe den Befehl aus dem Hauptquartier.

Mandela bat darum, seine Kollegen sprechen zu dürfen. Das wurde ihm erlaubt. »Seht mal, Jungs«, sagte er ihnen, »ich glaub nicht, daß wir dagegen kämpfen sollten. Ob sie's nun beabsichtigen oder nicht, es wird die Möglichkeit eröff-

nen, der Regierung ein Treffen zwischen ihnen und dem
ANC vorzuschlagen.«

Ein solches Treffen hatte Mandela schon immer angestrebt.
1961, ein Jahr, nachdem der Afrikanische Nationalkongreß
verboten worden war, hatte er Hendrik Verwoerd geschrieben, dem Hauptarchitekten der Apartheid, der Premierminister war, bevor Südafrika sich ein Präsidialsystem zulegte.
Mandela appellierte an ihn, eine nationale Konvention einzuberufen, auf der alle Südafrikaner repräsentiert sein würden.
Zweck der Konferenz sollte es sein, »eine neue, nicht-rassische und demokratische Verfassung« zu entwerfen. Erst als
Verwoerd diesen Brief nicht beantwortete, beschloß der
ANC, den Kampf mit friedlichen Mitteln aufzugeben und
einen militärischen Flügel aufzubauen. Aber Mandela hatte,
wie er heute zugesteht, nie die Illusion, daß die schwarzen
Südafrikaner einen militärischen Sieg errringen könnten. Das
Ziel des bewaffneten Kampfes war es, die Aufmerksamkeit
der Welt auf die Widerstandsbewegung zu ziehen, aber Mandela war realistisch genug, um zu wissen, daß die Befreiung
der Schwarzen nur durch Verhandlung erreicht werden
konnte. Sein primäres Ziel war es deshalb immer gewesen, mit
der Regierung ins Gespräch zu kommen.

Natürlich war ihm klar, daß die Haltung beider Seiten dies
sehr schwierig machen würde. »Ich wußte, daß es von unseren Leuten ebenso abgelehnt werden würde wie von denen
auf der Regierungsseite«, sagte er mir. »Ich mußte eine Strategie anwenden, die mich in die Lage versetzte, den Leuten
mit einem *fait accompli* gegenüberzutreten. Ich war überzeugt, daß dies der einzige Weg war.« Vertraulichkeit war
also von zentraler Bedeutung, für Mandela ebenso wie für
Coetsee. »Ich hoffe, Sie verstehen jetzt, was damals lief«,
sagt Coetsee heute. »In gewissem Sinn war das wie bei Le
Carré.«

Mandela überließ nie etwas dem Zufall. Ein paar Tage nach
dem Treffen mit Coetsee bat Mandela um einen Besuch seines

wichtigsten juristischen Beraters. George Bizos, ein Anwalt
von großem Leibesumfang und noch größerem Herzen, war
sehr viel mehr als nur der Rechtsberater des Gefangenen. Er
hatte der Verteidigermannschaft beim Rivonia-Prozeß von
1964 angehört, bei dem das Oberkommando des ANC zu
lebenslangem Zuchthaus verurteilt worden war, und er war
auch ein Freund und Vertrauter, auf den Mandela sich absolut
verließ.* Im Laufe der Jahre zählte Bizos zusammen mit
Ismail Ayob zu den wenigen Menschen, die Zugang zu Mandela hatten – eine Tatsache, die er mit Zähigkeit geheimzuhalten trachtete, um diesen kostbaren Kommunikationsweg
nicht zu gefährden. Jetzt ließ Mandela ihn kommen, und so
stattete auch Bizos der Station im dritten Stock des Volks-
Hospitals einen Besuch ab. Die beiden Männer sprachen fast
drei Stunden miteinander – der längste Besuch, der Bizos je
zugestanden worden war –, während eine Gefängniswache an
der Tür wartete, diskret außer Hörweite. Der Anwalt erinnert sich, daß Mandela selbst das Gespräch aus Rücksicht auf
die jungen weißen Schwestern beendete, die darauf warteten,
seine Verbände zu wechseln, bevor sie Feierabend machen
konnten. »Für ihn war es ein seltene Gelegenheit, ein so langes Gespräch zu führen, trotzdem sagte er, wir sollten Schluß
machen, damit die Schwestern zu ihren Familien nach Hause
konnten«, erinnert sich Bizos, noch immer erstaunt über die
Fürsorge des schwarzen Häftlings für die Frauen, die Afrikaaner waren, also Angehörige der Rasse, die ihn und seine
Leute so lange verfolgt hatten.

»Nelson machte sich Sorgen, daß die Nachricht von seinem
Treffen mit Kobie Coetsee rauskommen und die ANC-Führung im Exil erreichen könnte, daß sie glauben könnten, er
ließe sich ohne ihre Zustimmung auf einen Handel ein«, erinnert sich Bizos. »Er bat mich, Oliver Tambo (den ANC-Prä-

---

* Bizos ist jetzt Mitglied der Judicial Services Commission, die unter der neuen südafrikanischen Verfassung gebildet wurde, um der Justiz Neubesetzungen zu empfehlen. Er wurde
  von Präsident Mandela selbst ernannt.

sidenten) in Lusaka zu verständigen und ihn zu versichern, daß nichts ohne ihre Zustimmung geschehen werde.«

Glücklicherweise war Bizos in der Lage, den Auftrag auszuführen. Für den Großteil seines Lebens waren ihm aufgrund seiner Freundschaft mit den ANC-Führern die bürgerlichen Rechte und der Paß aberkannt worden, was bedeutete, daß er das Land nicht verlassen konnte, jetzt aber, als anerkannter und erfahrener Anwalt, hatte er einen solchen Status, daß man ihm diese »Privilegien« nicht mehr verweigern konnte. Im mittleren Alter hatte man ihm schließlich einen Paß zugestanden. Seine Geschichte ist selbst eine Parabel der Verfolgung und der Unbeugsamkeit des Geistes.

Als die deutsche Armee im Mai 1941 in Griechenland einmarschierte, kletterten der zwölfjährige Bizos und sein Vater, Antonios Bizos, mit sieben neuseeländischen britischen Soldaten, denen der Vater zur Flucht verhelfen wollte, und vier Griechen in einem Fischerdorf im Süden des Peloponnes in ein Ruderboot. Mit vier Rudern und einem Segel nahmen sie Kurs auf Kreta, 150 Meilen über das Meer. Als sie drei Tage unterwegs waren, fiel auch Kreta der Wehrmacht in die Hände, die erschöpften Flüchtlinge wurden von einem britischen Zerstörer, *HMS Kimberley*, entdeckt und aufgenommen, und George erinnert sich daran, daß er an Bord gehievt wurde, während Stukas das Schiff bombardierten und die Flugabwehrkanonen donnernd zurückschossen. Sie wurden nach Ägypten mitgenommen, wo Antonios Bizos in einem Flüchtlingslager untergebracht und der junge George in ein Waisenhaus in Alexandria gesteckt wurde. Zwei Monate später fuhren sie an Bord der *Isle de France* nach Südafrika, wo Antonios Bizos in einem Café im Zentrum Johannesburgs eine Anstellung fand. Das Café lag gegenüber den Redaktionsräumen der Zeitung *Die Vaderland*, von deren Balkon Mitglieder der Pro-Nazi-Bewegung Ossewa-Brandwag feurige Reden hielten. Von demselben Balkon proklamierten

Sprecher der Nationalpartei im Wahlkampf von 1948 die
Doktrin der Apartheid, die sie für 46 Jahre an die Macht bringen sollte. Aufgrund seiner frühen Begegnung mit ihrer Vor-
läuferideologie, dem Nationalsozialismus, wurde der junge
Bizos zu einem lebenslangen Gegner der Apartheid.

Später, als er an der Universität des Witwatersrand in
Johannesburg Jura studierte, wurde Bizos aktives Mitglied
der radikalen Nationalen Union Südafrikanischer Studenten.
1950 half er Südafrikas ersten Studentenstreik zu organisieren, der gegen ein Quotensystem für Schwarze protestierte,
die zum Medizinstudium zugelassen werden sollten. Das
reichte aus, ihn als Staatsfeind zu etikettieren, und seine
Anträge auf Einbürgerung wurden wiederholt abgelehnt,
auch noch lange, nachdem er die fünf Jahre im Land verbracht
hatte, die Voraussetzung für die Einbürgerung waren. Einmal, erinnert er sich, kam die Ablehnung aus dem Büro des
Innenministers Jan de Klerk – von FWs Vater –, mit der kurz-
angebundenen Antwort, es sei »nicht im öffentlichen Interesse«, ihm die Bürgerrechte zu geben. Also blieb er mit einer
Aufenthaltsberechtigung als Flüchtling im Lande, konnte
nicht ins Ausland – nicht einmal, um seine alternde Mutter zu
besuchen, die im Dorf Vasilitsi zurückgeblieben war.

Und nun, 57 Jahre alt und grauhaarig, bereitete er sich darauf vor, im Auftrag von Mandela nach Lusaka zu fliegen. Er
beschloß, mit Kobie Coetsee zu sprechen, bevor er aufbrach.
»Ich hatte zwei Gründe«, sagt Bizos dazu. »Zunächst einmal
war das eine Art persönlicher Rückversicherung: ich wußte,
daß die Behörden schnell hinter meine Reise kommen würden, und ich wollte nicht, daß sie dachten, ich führte einen
Auftrag im Rahmen einer ANC-Verschwörung aus. Aber ich
wollte auch selbst einen Versuch machen, die Lage einzu-
schätzen. Nelson war über sein Treffen mit Coetsee sehr
begeistert gewesen und hatte mit Wärme von dem Minister
gesprochen, aber ich wurde den Verdacht nicht los, daß sie
versuchen könnten, ihn zu benutzen, um einen Keil zwischen

den ANC im Land und den draußen zu treiben und ihn den
Flügel im Land führen zu lassen. Ich glaube immer noch, daß
dies zu der Zeit ihr Plan war, aber sie hatten Nelsons Intelligenz unterschätzt und seine Integrität. Ich glaubte nicht, daß
Nelson darauf reinfallen würde, aber er konnte in der Öffentlichkeit nicht für sich selbst sprechen, und ich machte mir
Sorgen, daß sie Dinge tun könnten, die ihn kompromittieren
und Verwirrung schaffen würden.«

Bizos rief Coetsees Privatsekretär an, um ein Treffen zu
arrangieren. Weitere verdeckte Schritte folgten, die in einem
weiteren Treffen an Bord eines Flugzeugs kulminierten, das
von Kapstadt nach Johannesburg flog. Dieses Mal griff die
Natur ein, um das Treffen zu verlängern: Nebel verhinderte
die Landung in Johannesburg, und das Flugzeug wurde nach
Durban umgeleitet, wo es auftankte und nach Johannesburg
zurückkehrte, als der Nebel sich gelichtet hatte. Infolgedessen hatten die beiden Männer insgesamt vier Stunden Zeit für
ihr Gespräch. Für den Verlauf der Ereignisse, die ihm folgten,
mag es durchaus bestimmend gewesen sein.

»Coetsee wollte viel über Mandela wissen, und ich redete
davon, was für ein Mensch er war«, erinnert sich Bizos. »Ich
betonte seine absolute Integrität und seine Loyalität dem
ANC gegenüber und sagte ihm, ich sei ganz sicher, daß er
seine Freilassung nicht akzeptieren würde, bevor nicht auch
die anderen politischen Gefangenen entlassen würden. In
einer Phase des Gesprächs trat ich so heftig für die Sache ein,
daß er mir sagte, ich solle ihm keine Predigt halten. Aber er
war sehr interessiert, und die ganze Diskussion schien für ihn
eine Art Erweckung zu sein.«

Bizos flog ein paar Tage später nach Lusaka und ging ins
Pamodzi Hotel. Um halb elf Uhr abends brachten Sicher-
heitsleute Oliver Tambo in sein Zimmer. Es war ein sehr
emotionales Wiedersehen: die beiden hatten sich nicht mehr
getroffen, seit Tambo 1961 ins Exil entkam, zwei Jahre bevor
seine Kameraden bei der Rivonia-Razzia verhaftet wurden.

Sie unterhielten sich lebhaft bis 3.30 Uhr am Morgen, als die verzweifelnden Wachen sie ermahnten, nun Schluß zu machen. »Tambo war über die Neuigkeiten, die ich mitbrachte, sehr erregt«, erinnert sich Bizos. »Er sagte mir, daß sie tatsächlich sehr in Sorge gewesen waren; sie wußten nicht, wie krank Mandela war, und sie machten sich Sorgen, daß er zu einem Handel überredet worden war, aber ich versicherte ihn, daß es Nelson gut ging und daß er die Situation kontrollierte. Seine Botschaft an sie lautete, daß sie sich keine Sorgen machen sollten, daß er nichts ohne ihre Zustimmung tun würde.«

Tambo wollte wissen, inwieweit er eine solch empfindliche Frage mit den anderen Mitgliedern der ANC-Führung diskutieren konnte. »Ich sagte ihm, daß Mandela meinte, er solle es mit jedem besprechen, bei dem er dies für notwendig halte, solle den Kreis aber angesichts der vorläufigen Natur der Gespräche klein halten.«

Bizos flog am 28. Februar 1986 noch einmal nach Lusaka, und dieses Mal traf er Tambo in Kenneth Kaundas Gästehaus, wo der exilierte ANC-Führer sich zu der Zeit aufhielt. »Bis dahin hatte Tambo die Sache mit einem inneren Kreis anderer Köpfe des ANC diskutieren können«, sagt Bizos, »und er teilte mir mit, daß sie volles Vertrauen in Mandelas Fähigkeit hätten, die Situation zu kontrollieren. Ich sollte Mandela sagen, daß er die Sache weitertreiben solle, er habe ihre volle Unterstützung.«

Für den besorgten Gefangenen in Pollsmoor war das eine wichtige Botschaft, und nachdem er sie überbracht hatte, entschloß sich der ermutigte Bizos, um ein weiteres Treffen mit Coetsee zu bitten – er etablierte damit den ersten indirekten Kontakt zwischen der Regierung und dem ANC im Exil. Dieses Mal suchte Bizos die Hilfe eines Richters und langjährigen beruflichen Kollegen, Johan Kriegler. »Bei einer so sensiblen Sache traute ich dem Telefon nicht, also ging ich selbst zum Minister«, berichtet Kriegler. Ein Datum wurde festgesetzt, und der Richter begleitete Bizos zur offiziellen Residenz des Ministers in Pretoria.

Das Personal war weggeschickt worden, und Coetsee war allein im Haus, als die beiden Juristen eintrafen. Bizos erinnert sich, daß der Minister ihnen persönlich Lunch und etwas zu trinken servierte. Kriegler weiß noch, daß das Treffen »von großer Behutsamkeit und Vorsicht« geprägt war. Aber die entscheidenden Botschaften wurden ausgetauscht. »Ich berichtete ihm, was zwischen Tambo und mir und zwischen Mandela und mir besprochen worden war, und ich versicherte ihn, daß es auf unserer Seite den ernsthaften Wunsch gab, Gespräche mit der Regierung zu beginnen«, berichtet Bizos.

»Ich sagte ihm auch – und ich weiß nicht, ob es ihn freute, das zu hören –, daß es keine Differenzen zwischen Mandela und denen draußen gab und daß der ANC im Exil Mandela unterstützen würde, was immer an Einigung erreicht würde.« Es war ein entscheidender Durchbruch, und es bereitete die Bühne für die substantielleren Gespräche, die folgten.

Mandela zog in das unterste Stockwerk des Gefängniskrankenhauses von Pollsmoor, in eine blaßgrüne, gutmöblierte Zelle von etwa sechs mal vier Metern. Er hatte nebenan ein eigenes Bad, und eine weitere Zelle auf der anderen Seite des Flurs diente dem fitnessbesessenen 65jährigen als Übungsraum, in dem ein feststehendes Fahrrad installiert wurde. Nach dem Standard südafrikanischer Gefängnisse war dies unerhörter Luxus. »Mir war klar, daß sie reden wollten«, sagt Mandela heute. »Ich glaubte nicht daran, daß sie mich freilassen wollten. Ich glaubte, sie wollten mich nur an einem Ort haben, wo sie ohne Umstände mit mir sprechen konnten.«

Das war in der Tat der Grund. Coetsee hatte Präsident Botha von seinem Besuch an Mandelas Krankenbett berichtet, und Botha hatte ihn beauftragt, mit dem Gefangenen in Kontakt zu bleiben. Nach Coetsees Darstellung suchte der alte Präsident einen Weg, Mandela freizulassen, aber er befand sich in einer Zwangslage: einerseits wollte er den Politikern der westlichen Welt, die ihn unter Druck setzten, zeigen, daß er nicht starrsinnig war, andererseits wollte er nicht schwach erscheinen. Das Alte Krokodil war besessen davon, immer hart und überlegen zu erscheinen. »PW war kein Mann der Konzessionen«, berichtet Coetsee. »Er wollte nie irgendein Anzeichen von Schwäche verraten. Er wollte ihn eigentlich freilassen, er wollte es tun. Er wußte, daß es getan werden mußte. Aber er wollte nicht schwach erscheinen.«

Die Folge war, daß sich die Gespräche in die Länge zogen. Nach seiner Begegnung mit Winnie im Flugzeug lud Coetsee sie in seine offizielle Residenz, »Savernake«, ein. Als sie sich dort trafen, erklärte er ihr, daß er ihr erlauben wollte, nach Johannesburg zurückzukehren. Aber er bat sie, ihn nicht in Verlegenheit zu bringen und sich in Johannesburg zurückzuhalten. Für die kämpferische Winnie war das zuviel verlangt. Sie versprach nichts, und als sie fast ein Jahr später tatsächlich nach Johannesburg zurückziehen durfte, begann sie die auftrumpfendste Phase ihres Lebens. Sie umgab sich mit einer Gruppe junger Schläger, die sich als eine Fußballmannschaft ausgab, aber in Wirklichkeit eine Bande war, die sie bewachte und tat, was sie sagte. Als die Bande zunehmend gewalttätig wurde, sank Mrs. Mandelas Stern in der schwarzen Gemeinde. 1988 entführte die Bande eine Gruppe von Jungen im Teenageralter, schlug sie und ermordete einen Vierzehnjährigen namens Stompie Moeketsi Seipci. Der Anführer der Bande, Jerry Richardson, wurde wegen des Mordes zum Tode verurteilt, Mrs. Mandela bekam aufgrund ihrer Verwicklung in die Entführung sechs Jahre Gefängnis, nach einer Berufung wurde das Urteil in eine Geldbuße von 14.000 Dollar umgewandelt. Dieser Vorfall und ihr undiszipliniertes Verhalten im allgemeinen belastete ihre Ehe, nachdem ihr Mann aus dem Gefängnis entlassen worden war, und 1992 wurde offiziell die Trennung erklärt. Seitdem hat Winnie eine Art Comeback gemacht, sie hat ihre Position als Vorsitzende der Frauenliga des ANC wiedergewonnen, sitzt als Abgeordnete in der Nationalversammlung und zwang die Regierung durch die schiere Macht ihrer Unterstützung im Volk, sie zu einer Vizeministerin im neuen Kabinett zu ernennen. Aber all das lag noch in der Zukunft.

Es gab ebenfalls weitere Treffen mit Nelson – und wieder achtete Coetsee darauf, daß sie nicht im Gefängnis stattfanden. Fred Munro fuhr ihn in seinem grauen Audi durch Kapstadts Eichenalleen nach Savernake, einem glanzvollen alten kapholländischen Anwesen, nur zwölf Kilometer von Pollsmoor, aber in Begriffen der Ausstattung Lichtjahre entfernt. Dort, im Wohnraum mit seinen tiefgepolsterten Sesseln, redeten sie, und der Herr der Gefängnisse bot seinem Gefangenen Kanapees und den ersten Drink seit 22 Jahren an, einen Sherry, Medium-Cream, einen Tropfen Nektar, den Mandela, wie er sagt, bis heute auf der Zunge nachschmeckt.

Sie trafen sich auch in einem »Gästehaus« auf dem ausgedehnten Gelände des Gefängnisses, etwa anderthalb Kilometer von den Hauptzellenblöcken entfernt. Ein Wagen fuhr beim Gefängnishospital vor, um Mandela abends dorthin zu bringen, und die Diskussionen dauerten immer zwei bis drei Stunden. Manchmal trafen sie sich auch im Haus General Willemses, das in der Nähe des Gästehauses stand, es war ein großes Gebäude mit einer Säulenfassade, ein wenig im Stil des amerikanischen Südens vor dem Bürgerkrieg. Das Haus hieß ironischerweise *Kommaweer* (Komm wieder). Aber wie Mandela vorausgesehen hatte, schleppte sich ein Jahr dahin, und die Gespräche näherten sich weder einer Begegnung mit Botha noch einer Freilassung der Gefangenen.

Dann geschah etwas, das Mandela als Schlüsselereignis betrachtet. Ein Gipfeltreffen des Commonwealth in Nassau auf den Bahamas konnte sich nicht einigen, ob diese Vereinigung früherer britischer Kolonien sich den internationalen Sanktionen gegen Südafrika anschließen sollte. Es war ein Patt. Südafrika war Mitglied des Commonwealth gewesen,

1961 aber aufgrund der Apartheid ausgeschlossen worden.
Die Mitglieder aus der Dritten Welt waren einmütig dafür,
aber die formidable Margaret Thatcher war entschlossen
dagegen, und ohne Großbritannien, Südafrikas Haupthan-
delspartner, würden die Commonwealth-Sanktionen wenig
Bedeutung haben. Schließlich einigte man sich auf einen
Kompromiß: eine Gruppe von »eminenten Persönlichkeiten« sollte Südafrika besuchen, die Aussichten auf einen
Wandel im Lande analysieren und dann dem nächsten Commonwealth-Gipfel berichten.

Die Gruppe der »eminenten Persönlichkeiten« bestand aus
sieben Mitgliedern. Sie kam Anfang 1986 in Südafrika an, geleitet von Malcolm Fraser, einem früheren australischen Premierminister, und General Olusegun Obasanjo, dem früheren
Militärherrscher von Nigeria, der sich dadurch ausgezeichnet
hatte, daß er 1979 die Macht in zivile Hände übergeben hatte.
Zwischen Lusaka und Pretoria hin- und herpendelnd begann
die Gruppe eine Serie von »Stellvertreter«-Gesprächen zwischen dem weißen Regime und der verbotenen schwarzen
Befreiungsbewegung. Nach einigem Zögern gab die Botha-
Regierung Obasanjo die Erlaubnis, Mandela am 21. Februar
zu treffen – zur selben Zeit, als Bizos nach Lusaka flog, um
Tambo zu sprechen –, und schließlich gestattete sie der ganzen
Gruppe, ihn im März und dann wieder im Mai zu sehen.

Die Treffen mit Mandela fanden im Gästehaus statt, einem
runden Gebäude mit Schlafzimmer-Suiten, die sternförmig
von einem zentralen Wohnzimmer abgingen, das in Lindgrün
gehalten war. Die Regierung gab sich einige Mühe, Eindruck
zu machen: der Gefängnisschneider wurde gerufen, um Mandelas Maße zu nehmen, und dann kaufte man ihm einen neuen
Nadelstreifenanzug – »paßte wie angegossen« –, dazu ein
Hemd, eine Krawatte, Schuhe, Unterwäsche. Coetsee war am
Beginn des zweiten Treffens anwesend, blieb aber nicht,
obwohl Mandela ihn dazu einlud. »Ich wollte, daß er das
Gefühl hatte, das Gespräch zu leiten, der Gastgeber zu sein«,

erklärt Coetsee heute. »Ich war so beeindruckt von seiner Präsenz. Es war absolut bemerkenswert: seine Wachheit, seine Gelassenheit, seine Haltung, die Art, wie er diesen Leuten begegnete, als wäre er sein ganzes Leben ein führender Politiker in Nadelstreifen gewesen. Für mich war das ein entscheidender Eindruck. Ich glaube, das war der Tag, an dem ich begriff, daß er *der* Mann werden konnte.«

Die »Gruppe Eminenter Persönlichkeiten« berichtete später, daß sie Mandela »vernünftig und versöhnlich« gefunden habe. Er hatte betont, daß er sich einer »Versöhnung zwischen den Rassen« verpflichtet fühle, und »versprach erneut, daß er für eine Gesellschaft vieler Rassen arbeiten wolle, in der jeder einen sicheren Platz haben werde«. Ermutigt von dem, was sie auf beiden Seiten der politischen Wasserscheide gehört hatte, entwarf die GEP ein »mögliches Verhandlungskonzept«, das die Freilassung politischer Gefangener vorsah, die Aufhebung des Verbots des ANC und anderer schwarzer Organisationen, die Suspendierung des bewaffneten Kampfes auf seiten des ANC, das Ende der Gewalt von Regierungsseite und den Beginn von Allparteien-Verhandlungen – fast exakt das, was de Klerk vier Jahre später verkündigen sollte.

Aber für die Falken im Militär- und Sicherheitskomplex war das zuviel. Die Gruppe traf zu einem Zeitpunkt im Lande ein, als Südafrika sich mitten in den breitesten und bestorganisierten Unruhen in der Geschichte der schwarzen Befreiungsbewegung befand, auf die die Regierung mit harten Polizei- und Sicherheitsmaßnahmen reagierte. Wie Chester Crocker, der zu der Zeit Assistant Secretary of State für Afrika in den USA war, geschrieben hat, war die Botha-Regierung tief gespalten: einige sahen die Commonwealth GEP als ideales Instrument an, den ANC und seine Verbündeten zu harten Entscheidungen zu zwingen; andere wollten Verhandlungen verhindern, bis die Regierung die schwarze Widerstandsbewegung zerschlagen hatte.[*]

---

[*] Chester A. Crocker: *High Noon in Southern Africa*, Johannesburg 1993, S. 315.

Das Militär- und Sicherheits-Establishment, das Botha
nahestand, weil er zwölf Jahre Verteidigungsminister gewesen war, bevor er Präsident wurde, setzte sich durch. Nach
Crocker gab Bothas Ärger über die Westmächte den Ausschlag. Sie waren auf einen Appell Südafrikas, die Frage der
Gewalttätigkeit im Lande auf dem nächsten Wirtschaftsgipfel
der Sieben in Tokio zu diskutieren, nicht eingegangen. Botha
wollte, daß sie die schwierige Situation, mit der er zu kämpfen
hatte, in irgendeiner Weise anerkannten, aber sie verweiger-
ten sich. »In dem Mann zerbrach etwas«, schreibt Crocker.
»Ein xenophober Ärger überwältigte seinen gesunden Men-
schenverstand.«[*]

Am Morgen des 19. Mai, an dem Tag, als die GEP mit einem
besonderen Verfassungskomitee des Kabinetts sprechen
sollte, ordnete Bothas Verteidigungsminister, Magnus Malan,
eine Serie von Kommandounternehmen und Luftangriffen
gegen angebliche ANC-Basen in Sambia, Simbabwe und
Botswana an. Am selben Tag machte Botha eine Kehrtwendung, widerrief frühere Lockerungen von Sicherheitsmaßnahmen und rief den nationalen Notstand aus. Empört über
solch eine bewußte Provokation, brach die GEP ihre Mission
ab und verließ noch am selben Tag das Land, um zu umfassenden und verpflichtenden Sanktionen gegen Südafrika auf-
zurufen.
Es gab einen internationalen Aufschrei über diese willkür-
liche Zerstörung einer Verhandlungsinitiative, und die
reformwilligen Geister in Südafrika waren aufs neue tief verzweifelt. Mandela indessen nicht. Er blieb hoffnungsvoll,
weil die Commonwealth-Gruppe festgestellt hatte, daß es in
der Bevölkerung Südafrikas einen weitverbreiteten Wunsch
nach einer Verhandlungslösung gab und ausreichend gemeinsamen Boden, um diese Verhandlungen in Gang zu bringen.
Das spornte den ANC-Führer an, selbst die Initiative zu

[*] A.a.O., S. 316.

ergreifen. Er schrieb an den Kommandeur von Pollsmoor und bat um ein Treffen mit Commissioner Willemse.

»Ich schrieb den Brief Mittwoch, und am Sonntag flog Willemse aus Pretoria nach Kapstadt, um mich zu sehen«, erinnert sich Mandela. »Ich sagte: ›Hören Sie, ich will P.W. Botha sprechen. Ich will ein Treffen zwischen dem ANC und der Regierung.‹ Und natürlich war Coetsee das Tor zu P.W. Botha. ›Gut‹, sagte Willemse, ›Minister Coetsee ist zufällig in der Stadt. Ich ruf ihn an und frag ihn, ob Sie ihn sprechen können.‹«

Daraus ergab sich eine weitere Fahrt nach Savernake. Coetsee versprach, mit dem Präsidenten zu reden. Botha antwortete nicht direkt, aber sein Interesse war geweckt. Er instruierte Coetsee, Mandelas Ansichten genauer zu prüfen und ihm zu berichten, anderen Kabinettsmitgliedern aber keine Silbe zu verraten. Der Gedanke, daß etwas von den Gesprächen zwischen der Regierung und dem ANC durchsickern könnte, war für Botha tief erschreckend. Coetsee traf sich immer öfter mit Mandela und bildete im Mai 1988 ein besonderes Komitee, um die Diskussionen zu erweitern. Dieses Komitee bestand aus dem Chef des Nationalen Geheimdienstes, Niel Barnard, seinem Stellvertreter, Mike Louw, Commissioner Willemse, dem Generaldirektor der Landesstrafanstalten, Fanus van der Merwe, und Coetsee selbst. Sie trafen sich häufig zu langen, detaillierten Diskussionen mit Mandela, die bis zu sieben Stunden dauerten. Mandela hat in seinen Tagebuchaufzeichnungen im ganzen 47 Treffen festgehalten.

So wurde Südafrikas Zukunft vier Jahre, bevor die Welt davon erfuhr, in einer Serie von geheimen Treffen zwischen Regierungsbeamten und ihrem wichtigsten politischen Gefangenen diskutiert, Treffen, die in Krankenhäusern, Gefängnissen und im Haus eines Kabinettsministers stattfanden.

Gleichzeitig begannen die Offiziellen Mandela langsam

und sorgfältig auf seine mögliche Freilassung vorzubereiten. Sie machten mit ihrem Top-Secret-Gefangenen insgeheim sogar Autofahrten über Land, um ihn an eine Welt zu gewöhnen, von der er seit einem Vierteljahrhundert abgeschnitten gewesen war.

4. KAPITEL

Ein umherschweifender
Gefangener

Beim ersten dieser Ausflüge, der kurz nach seiner Rückkehr aus dem Krankenhaus stattfand, erlebte Mandela einen der bizarrsten Momente seiner langen Gefängnishaft. Der stellvertretende Kommandeur des Gefängnisses, Oberstleutnant Gawie Marx, hatte ihn in Kapstadt herumgefahren, ihm die Sehenswürdigkeiten der Stadt gezeigt, und als sie auf dem Heimweg waren, hielt Marx vor einem Einkaufszentrum an. Er fragte Mandela, ob er eine Coke wollte, sprang aus dem Wagen und verschwand in einem Café.

»Er ließ mich da sitzen, allein im Wagen, die Schlüssel in der Zündung«, erinnert sich Mandela. »Es war für mich sehr verstörend. Da saß ich, ich war seit 22 Jahren im Gefängnis gewesen, und ich wußte nicht, ob ich mich daran hindern konnte, einfach wegzulaufen. Es war so neu, so unerwartet. Ich wußte wirklich nicht, was ich tun würde.« Er tat natürlich nichts. Was immer Mandela sein mag, unbesonnen ist er nicht. Aber der Vorfall zeigt, wie emotional aufwühlend es für einen Langzeitgefangenen ist, von einem plötzlichen kurzen Ausblick auf die Freiheit gequält zu werden.

Die Ausflüge waren anfangs bescheiden, Spaziergänge auf einigen bestellten Feldern, die neben dem Gefängnisgelände lagen. Dort konnte Mandela im Gras neben einem Damm entlangschlendern und Enten und andere Vögel beobachten. Es war wundervoll, der öden Umgebung zu entkommen, in der er sein halbes Erwachsenenleben verbracht hatte. Dann wurden die Ausflüge unternehmender, die Gefängnisoffiziellen fuhren ihn fast jedes Wochenende irgendwohin, zuerst durch die Straßen und Vororte von Kapstadt, dann weiter hinaus auf die landschaftlich schöne Halbinsel, die sich bis zum Kap erstreckt, wo der Atlantische und der Indische

Ozean an der Südwestspitze von Afrika aufeinandertreffen. »Was wir beabsichtigten, war, ihn den Realitäten der Welt draußen auszusetzen, ihn auf die Freilassung vorzubereiten«, sagt Coetsee.

Auch für seine Bewacher waren die Ausflüge eine angenehme Flucht vor der Monotonie des Gefängnisses. Mehrere von ihnen entwickelten ein warmes Verhältnis zu der väterlichen Gestalt, die sie da herumchauffierten, und sie wurden manchmal ein wenig übermütig bei dem, was sie mit ihm unternahmen. Christo Brand, der zu der Zeit erst 25 Jahre alt war, erinnert sich, daß er Mandela zum Spaziergehen mit zum Sea Point-Strand von Kapstadt nahm und ihn danach sogar in seine Wohnung brachte, damit seine Familie ihn kennenlernte – wonach Mandela Brands kleinen Kindern Weihnachtskarten schickte. »Es ist nicht mehr dasselbe hier, seit die politischen Gefangenen weg sind«, sagt Brand heute. »Die gewöhnlichen Kriminellen sind nicht halb so interessant.«

Während dieser ganzen Zeit gingen die Diskussionen mit Coetsees Komitee weiter, und Mandela drängte den Minister, ein Treffen mit Präsident Botha zustandezubringen. Er hatte Botha geschrieben, und Anfang August 1988 bekam er die Nachricht, daß der Präsident ihn vielleicht noch im selben Monat sehen würde. Dann wurde Mandela krank. Am 12. August lieferte man ihn in Kapstadts Tygerberg Hospital ein, wo die Ärzte Tuberkulose feststellten. Er mußte operiert werden, damit die Flüssigkeit aus seinen Lungen entfernt werden konnte, und dann würde er eine lange Rekonvaleszenz benötigen.

»Mann! Weißt du, das traf mich schwer, weil meine ganze Konzentration inzwischen auf diese Gespräche gerichtet war«, sagt Mandela. Die Jahre der Gefängnisdisziplin und der Arbeit im Steinbruch hatten ihn indessen hart gemacht, und er erholte sich schneller, als die Ärzte erwartet hatten. Schon Ende September war er in der Lage, das Krankenhaus zu verlassen. Er wurde in eine Privatklinik in Kapstadt verlegt, wo die Gespräche wieder aufgenommen wurden. Dann, im Dezember, kam er ins Victor Verster-Gefängnis, in der Nähe des Weinstädtchens Paarl, etwa fünfzig Kilometer von Kapstadt entfernt. Dort bezog er das komfortable Haus des stellvertretenden Direktors auf dem Gelände des Gefängnisses.

Die Ausflüge über Land wurden nun noch ausgedehnter. Mandela besuchte Paarl und die benachbarten Städte Stellenbosch und Wellington, dann machte er eine Tagesfahrt hinaus an die Westküste nach Saldanah Bay und in das malerische Fischerdorf Paternoster. Ein anderes Mal fuhr er 250 Kilometer weiter ins Landesinnere nach Laingsburg an den Rand des Steppengebietes Great Karoo.

Man ließ ihn auch auf den Straßen von Paarl spazierengehen, begleitet von Gefängniswärtern und Sicherheitsbeamten in Zivil. Obwohl er der berühmteste politische Gefangene der Welt und für sein Volk ein lebendes Denkmal war, hatte man ihn so lange nicht mehr in der Öffentlichkeit gesehen, daß niemand mehr wußte, wie er aussah. Südafrikas Gefängnisgesetz verbot die Veröffentlichung irgendwelcher Bilder von Häftlingen, und die einzigen Fotos von Mandela, die in ausländischen Zeitungen und Zeitschriften erschienen, zeigten einen untersetzten Mann mittleren Alters, nicht die schlanke, grauhaarige Gestalt, die jetzt in einer Posse von weißen Männern durch die Straßen schlenderte. Er und seine Aufpasser gingen in Läden und Fast-food-Restaurants, und niemand erkannte ihn.

»Einmal hielten wir an einer Tankstelle, um zu tanken, unten an der Küste in Kapstadt, und ich stieg aus und sprach mit den Tankwarten«, erinnert sich Mandela. »Ich machte einen Fehler, ich grüßte sie auf die afrikanische Weise, und das löste eine ziemliche Aufregung aus. Sie schienen zu begreifen, daß ich irgendjemand war. Vielleicht haben sie mich sogar erkannt.«

Die Verlegung ins Victor Verster-Gefängnis stieß auf eine
anfängliche Schwierigkeit, die ein bezeichnendes Licht darauf
wirft, wie besessen die Apartheid-Regierung von ihrer
Geheimhaltungspolitik war. Die Entscheidung, Mandela
dorthin zu schicken, wurde von dem Komitee der Offiziellen
getroffen, die sich noch immer häufig mit ihm zusammen-
setzten. »Wir wollten, daß er in einem anständigen Haus
wohnte, wo er Leute empfangen und beginnen konnte, die
politische Rolle zu spielen, die wir für ihn vorgesehen hatten«, sagt Niel Barnard, der Geheimdienstchef, der die
Schlüsselfigur des Komitees war.

Womit sie nicht gerechnet hatten, war die Tatsache, daß der
stellvertretende Direktor, der aus dem Haus zog, sein ganzes
privates Mobiliar mitnahm. Wenige Tage, bevor Mandela
verlegt werden sollte, stellten die Offiziellen fest, daß das
Haus leer war. Wie es zu möblieren war, wuchs sich zu einem
unerwarteten Problem aus. Mit ihrer neurotischen Sensibilität in solchen Dingen fürchteten die Komiteemitglieder, daß
eine große Ausgabe für Möbel für ihren Gefangenen zu einem
politischen Aufschrei führen könnte, wenn sie in den norma-
len Aufwandslisten auftauchte, die dem Parlament vorgelegt
werden mußten. Aber der National Intelligence Service, der
im Rahmen des Budgets des Staatspräsidentenamtes arbeitete,
verfügte über einen Krokodilfonds für Geheimprojekte, der
dem Parlament nicht offengelegt wurde, also arrangierte Barnard den Kauf von Möbeln über dieses Geld. In einer der
unkonventionelleren Geheimdienstoperationen flogen zwei
Agenten nach Kapstadt und möblierten das ganze Haus in
zwei Tagen. »Bis heute hab ich nicht die geringste Ahnung,
was aus diesem Mobiliar geworden ist«, gesteht Barnard.

Die Möbelgeschichte war ein Hinweis auf den neuen
Lebensstil, den die Regierenden für Mandela vorgesehen hatten. Das Leben im Victor Verster-Gefängnis wurde unendlich viel entspannter als alles, was der Gefangene zuvor
gekannt hatte. Er hatte praktisch einen Haushaltsstab, der ihn

bediente. James Gregory, ein ruhiger Wärter mit leiser Stimme, der Mandela seit 22 Jahren auf Robben Island und in Pollsmoor bewacht hatte und der zu einem Freund und Bewunderer geworden war – er wählte sogar den ANC bei Südafrikas ersten demokratischen Wahlen im April 1994 –, führte eine Mannschaft von vier Leuten an, die für den Gefangenen da war. Das waren Major Charl Marais, Leutnant Jack Swart, der Chef des Küchenpersonals, Gregory und sein zwanzigjähriger Sohn Brent, der damals eine Ausbildung im Gefängnisdienst durchlief. Weitere Angehörige des Gefängnispersonals durften sich dem Haus, das etwa drei Kilometer vom Hauptkomplex der Anstalt entfernt lag, nicht nähern.

»Wenn man dahin fuhr, um Nelson zu sehen, kam man gewöhnlich morgens an und blieb bis zum Lunch da«, erinnert sich Bizos, der Mandela in den letzten Jahren seiner Gefängnishaft mehrfach besuchte. »Das Essen wurde von Swart gekocht, der Mandelas persönlicher *chef* war, und Gregory und sein Sohn bedienten uns bei Tisch wie ein Butler und sein Gehilfe.«

Die Aufsicht war sehr locker. »Ich machte gegen 16 Uhr Feierabend«, sagt Gregory. »Ich wußte, welche Räume Mr. Mandela nutzte (wieder der sorgsame Gebrauch des »Mr.«), und ich ging in alle anderen Zimmer und schloß die Fenster. Dann schloß ich die Haustür ab, ging durch die Hintertür hinaus und schloß sie hinter mir ab. Aber er hatte einen Schlüssel für die hintere Tür, wenn er also auf die Terrasse hinausgehen und am Swimming Pool sitzen wollte, konnte er das tun, so lange er wollte.«

Ein Häftling mit eigenem Schlüssel! Natürlich war eine Flucht vom Gefängnisgelände nicht möglich, aber trotzdem war dies ein beispielloses Statussymbol für einen Gefangenen. Verglichen mit dem harschen Regiment der früheren Jahre und der schweren Verantwortung, die vor ihm lag, stellen die vierzehn Monate, die Mandela im Victor Verster-Gefängnis verbrachte, ein entspanntes und relativ angenehmes Interreg-

num in seinem Leben dar. Er mochte seine Bewacher, und als
er fünf Jahre später Präsident wurde, lud er sie alle zu seiner
Amtseinführung ein (Gregorys Sohn war inzwischen
unglücklicherweise bei einem Autounfall umgekommen).
Auch das Haus wuchs ihm ans Herz. Nach seiner Freilassung
besorgte er sich die Baupläne und ließ sich in Qunu, seinem
Geburtsort in Transkei, eine exakte Wiedergabe als Ferienhaus bauen.

Unter den Bewachern stand James Gregory Mandela am
nächsten. Die beiden Männer hatten im Laufe der Jahre ein
sehr seltenes Verhältnis zueinander aufgebaut, ein Vertrauensverhältnis, das sich zu einer Freundschaft entwickelt hatte
und schließlich, auf seiten Gregorys, fast zu einer Heldenver-
ehrung wurde. Der Wärter war erst 23, als er nach Robben
Island kam, und er erinnert sich, daß er zuerst von Feindseligkeit erfüllt war, als er die imponierende Gestalt in Gefängnis-
overalls dort stehen sah, hochgewachsen und distanziert, ein
machtvoll gebauter Mann, der früher Schwergewichtsboxer
gewesen war. Gregory war auf einer Farm in Zululand aufge-
wachsen und fühlte sich in der Gesellschaft von Schwarzen zu
Hause, aber in dem Afrikaaner-Internat, das er besucht hatte,
war sein Kopf mit der dämonisierenden Propaganda der
Nationalpartei gegen den ANC und seine Führer gefüllt worden. »Man hatte mir diesen Unsinn eingeprügelt, daß sie die
Regierung mit Gewalt umstürzen und alle Weißen töten
wollten«, erinnert sich Gregory, »und als ich ihn ansah,
dachte ich: ›Du bist das also. Du bist der schreckliche Terro-
rist. Dich hätte man aufhängen sollen.‹«

Weil er afrikanische Sprachen beherrschte, wurde der junge
Wärter ins Zensurbüro gesteckt – ein Job, der von den Gefangenen verachtet wurde, der ihn aber ironischerweise in engen
Kontakt mit ihnen brachte. Im Grunde ein anständiger Mann,
war Gregory schockiert, daß andere Zensoren einfach Briefe
in den Akten verschwinden ließen, die gegen die Gefängnis-
vorschriften verstoßende Passagen enthielten, ohne den

Gefangenen mitzuteilen, daß sie beschlagnahmt worden waren. Gregory machte es anders: er ging zu den Gefangenen und gab ihnen die Möglichkeit, den Text ihrer Briefe zu ändern. »Ich glaube, daß sich daraus ein gewisses Vertrauen zwischen uns entwickelte«, sagt er.

Als das Vertrauen wuchs, begannen die Gefangenen in ihren Unterhaltungen mit Gregory offener zu werden – und wie es jedem gegangen ist, der jemals mit Mandela in Kontakt gekommen ist, geriet der junge weiße Wärter zunehmend unter den Einfluß der starken, aber warmen und einfühlsamen Persönlichkeit des schwarzen Führers. »Ich war verblüfft darüber, wie positiv und fröhlich sie waren«, berichtet er. »Ich mein, wenn ich lebenslänglich gekriegt hätte, würd ich mich wahrscheinlich in eine Ecke verkriechen und sterben, aber die liefen da mit einer enormen Moral herum, machten Witze und taten so, als wär das die alltäglichste Sache. Ich konnte das nicht verstehen, ich war wirklich neugierig.«

Er begann, Mandela über den ANC auszufragen, saß dann Stunden in Bibliotheken, um zu überprüfen, was er ihm erzählt hatte. »Ich begann zu begreifen, daß das, was er mir sagte, die Wahrheit war. Das hat meine Einstellung ihm gegenüber total verändert.«

Als sich das Verhältnis zwischen den beiden verbesserte, ordnete die Gefängnisleitung Gregory der Führungsgruppe direkter zu. Im Endeffekt wurde er zu Mandelas persönlichem Wärter. »Ich glaub, sie verstanden, daß ich meine Arbeit vernünftig machte, und weil ich mit den Gefangenen auskam, beseitigte das eine Menge Spannungen, also war's ihnen nützlich«, sagt er. Als Mandela nach Pollsmoor verlegt wurde, wurde Gregory mit ihm abgestellt und folgte ihm dann später auch nach Victor Verster. Er empfand das Verhältnis zu Mandela als bereichernd; es veränderte seine gesamte Lebenssicht, und heute spricht Gregory in fast verehrungsvollem Ton von seinem früheren Schützling, erinnert sich mit Stolz daran, daß Mandela seine Tochter Natasha

anrief, um ihr zu gratulieren, als sie ihr Examen an der Stellenbosch-Universität abgelegt hatte. Aber es war nicht immer
leicht oder angenehm. Seine Kollegen in den Gefängnissen
mißtrauten ihm und machten oft herabsetzende Bemerkungen hinter seinem Rücken. Gesellschaftlich wurde Gregory
gemieden. »Ich hab schließlich wie ein Eremit gelebt«, sagt er.
»Ich hatte keine Freunde, konnte zu keinen Parties gehen,
denn in dem Moment, wo ich da auftauchte, wurde ich mit
Fragen nach Mandela bombardiert, und ich konnte nicht antworten, weil ich wußte, daß sie alles verdrehen würden, also
hielt ich den Mund und blieb für mich, damit ich nicht die
ganze Zeit irgendwas erklären mußte.«

Auch war das Verhältnis nicht immer einfach. Mit seinem
eisernen Willen konnte Mandela manchmal sehr schwierig
werden. Gregory erinnert sich, daß Mandela, als sie in Pollsmoor waren, um einen Vorrat blauen Pantene-Haarwassers
bat, weil er gehört hatte, es sei gut für die Kopfhaut. Gregory
versuchte, es zu bekommen, konnte aber nichts dergleichen
finden. Wenig später besuchte Helen Suzman, die Bürger-
rechtlerin und Mitglied des Parlaments, die sich besonders für
die Haftbedingungen im Lande interessierte, Pollsmoor und
unterhielt sich auch mit Mandela. Als sie ihn in Gegenwart
des Kommandeurs und anderer Aufseher fragte, ob er etwas
brauchte, sagte er: »Ja. Ich habe um etwas blaue Pantene
gebeten, aber sie haben mir nichts gegeben.« Der Kommandeur Fred Munro starrte Gregory wütend an. »Kümmern Sie
sich darum, daß er das Zeug kriegt«, befahl er. »Jawohl Sir«,
antwortete der Wärter.

Darauf folgte eine skurrile Vorstellung. Wie Gregory
berichtet, befahl er dem jungen Christo Brand, die Drogerien
von Kapstadt nach blauer Pantene zu durchkämmen. Brand
kam mit der Nachricht zurück, daß die Marke nicht mehr
hergestelllt wurde, aber Mandela wollte das nicht glauben.
»Der Kommandeur hat mir das versprochen, als Mrs. Suzman
hier war, und jetzt, wo Mrs. Suzman weg ist, erzählt ihr mir,

daß ich es nicht kriegen kann«, mahnte er sie. »Sie müssen verstehen, wie ernst das war«, sagt Gregory, noch heute erregt, während er von der Konfrontation berichtet. »Ich mein, er dachte, wir betrügen ihn. Das hätte wirklich Ärger geben können.« Der besorgte Wärter hängte sich ans Telefon und rief Drogerien auf der ganzen Kaphalbinsel an. »Ich fragte jede Drogerie nach dem Namen von fünf anderen, rief dann die an, aber die Antwort war immer dieselbe: ›Gibt's nicht mehr‹. Ich ging zu Mandela und sagte: ›Ich kann das nicht kriegen, es wird nicht mehr gemacht‹, aber er antwortete: ›Das ist mir in Gegenwart von Mrs. Suzman versprochen worden, und jetzt, wo sie weg ist, sagen Sie mir, ich kann's nicht haben.‹ Ich sagte ihm: ›Ich kann Ihnen die gelbe Sorte besorgen, jede Menge davon‹ – aber nein, es mußte das blaue Zeug sein.« Schließlich fand der unermüdliche Brand zu Gregorys noch immer andauernder Erleichterung eine Drogerie, die noch eine vergessene Kiste blaue Pantene im Lager herumstehen hatte. Er kaufte sie auf.

Die Wärter erwiesen Mandela auch andere kleine Gefälligkeiten. Er ist ein Fitnessfanatiker, ißt wenig und versuchte auch im Gefängnis, an Gesundheitsnahrung zu kommen. Besonders mochte er ein Vollkornweizenbrot, das von einer kleinen Bäckerei in der Nähe von Pollsmoor gemacht wurde, und Christo Brand kaufte dort gewöhnlich mehrere Laibe ein, steckte sie zu Hause in die Gefriertruhe, um Mandela regelmäßig damit versorgen zu können.

Gregory war gewöhnlich der Aufpasser bei Ausflügen außerhalb des Gefängnisgeländes. Er war es, der Mandela auf die langen Autofahrten nach Paternoster, Saldanah Bay und Laingsburg mitnahm. Er erinnert sich, daß die beiden am Strand von Paternoster einen Spaziergang machten und auf eine Gruppe deutscher Touristen stießen, die Fotos von den kleinen auf den Strand gezogenen Fischerbooten machten. Wenn einer der Touristen begriffen hätte, wer der hochgewachsene schwarze Mann war, der da so gelassen unter ihnen herumspazierte, hätte er mit dem Sensationsfoto des Jahres ein Vermögen machen können, aber niemand erkannte ihn, und Mandela und Gregory kehrten über ihre Anonymität schmunzelnd zu ihrem Wagen zurück.

Bei einer anderen Exkursion, erinnert sich Gregory, waren sie auf dem Rückweg nach Victor Verster, als sie am Baines Kloof Paß zwischen Ceres und Wellington zwei Stunden lang aufgehalten wurden, da Straßenarbeiter an der Paßstraße eine Sprengung ausführten. Gregory kaufte an einem Straßenimbiß Fisch und Chips, und während sie da saßen und ihr improvisiertes Picknick genossen, stauten sich hinter ihnen etwa fünfzig Autos, und Dutzende von Leuten liefen in ihrer Nähe herum. Wieder erkannte niemand, daß sie den berühmten politischen Gefangenen in ihrer Mitte hatten.

»Wann immer er irgendwo hinwollte, fuhr ich ihn«, sagt Gregory. »Das waren meine Anweisungen. Er las etwas, das ihn interessierte – zum Beispiel über die Salzpfannen in Saldanah Bay oder die Überschwemmungen, die Laingsburg vor ein paar Jahren verwüstet hatten –, und er fragte, ob ich ihn dorthin fahren könnte. Einmal hörte er, daß Schnee auf den Matroosbergen in der Nähe von Wellington lag, und er wollte das gerne sehen. Er wollte im Schnee herumlaufen und damit rumspielen, aber als wir ankamen, war der Schnee zu weit oben auf dem Berg, wir konnten ihn nur angucken.«

Sicherheit war auf diesen Unternehmungen Gregorys Alptraum. »Die Vorkehrungen waren mir überlassen, aber meine Anweisungen sagten deutlich, daß ich für die Sicherheit des Mannes zu sorgen hatte, wir mußten sicher gehen, daß ihm nichts passieren konnte – auch wenn es unser Leben kostete.« Gregory war immer bewaffnet – er trug eine 9 mm Parabellum Pistole –, und sie fuhren im Konvoi. »Nicht, um ihn an der Flucht zu hindern«, betont Gregory. »Wir wußten, daß er das nicht versuchen würde. Aber wir mußten ihn um jeden Preis schützen, und das war oft eine Nervenprobe. Wir wußten, wie empfindlich die ganze Geschichte war.«

Gregory sagte den anderen Beamten des Konvois, der aus zwei oder drei Wagen bestand, immer erst im letzten Moment, daß es losging, und auch dann verriet er das Ziel nicht. Die Wagen fuhren nicht einfach hintereinander, sondern überholten und fielen zurück, um als Teil des Verkehrsflusses zu erscheinen. Sie hielten über Sprechfunk Kontakt miteinander. Nur einmal tauchte ein Sicherheitsproblem auf. Sie waren auf dem Rückweg nach Victor Verster, kamen von General Willemses Haus in Pollsmoor, als der letzte Wagen des Konvois Gregory über Sprechfunk mitteilte, daß ein grauer Chrysler versuchte, sich zwischen sie zu setzen. »›Was soll ich machen?‹ fragte der Mann im letzten Wagen. Ich sagte: ›Schalt ihn aus‹. Wissen Sie, ich meinte, ramm ihn von der Straße. Ich konnte nichts anderes tun. Mein Befehl war, alles zu tun, um Mr. Mandela zu schützen.« Wie sich herausstellte, war der Chrysler ein Polizeiwagen, der den Austausch über sein eigenes Sprechfunkgerät mithörte und die Konvoifahrer hastig beruhigte. Mandela blieb, wie Gregory berichtet, während des Ganzen völlig ungerührt.

Meistens indessen führte Mandela in Pollsmoor ein sehr geschäftiges Leben. Er empfing Besucher, bis zu einem Dutzend auf einmal, er las eifrig, und er arbeitete hart an der Vorbereitung auf die Gespräche mit dem Komitee und das erhoffte Treffen mit Botha. »Er verwandelte das Haus in ein Büro«, erinnert sich Bizos. Es war auch ein Verhandlungszentrum. Das Komitee traf sich dort oft mit ihm, und man gestattete ihm nicht nur Besuche von der Führung des ANC, die noch in Pollsmoor war, sondern auch von anderen politischen Gefangenen von Robben Island. Einige von ihnen waren junge Männer und Frauen, die er noch nie gesehen hatte. Sie waren aufgrund ihrer Verwicklung in den großen schwarzen Aufstand der 80er Jahre ins Gefängnis gekommen. Diese Jüngeren zu treffen, war besonders wichtig, denn sie repräsentierten ein neues, im Innern des Landes entstandenes Element des Befreiungskampfes, das Mandela nur dem

Namen nach kannte. Auch sie mußten in seine Strategie ein-
gepaßt werden, zusammen mit dem ANC im Exil, aber wiederum mußte er sehr genau kalkulieren, wieviel er ihnen
anvertrauen durfte. Er konnte ihnen von seinen Geheimgesprächen nichts erzählen, solange er seinen *fait accompli* nicht
unter Dach und Fach hatte.

Für die jungen Revolutionäre kamen die Treffen fast einer
sakralen Erfahrung gleich, da sie der messianischen Gestalt
ihrer Befreiungslieder und Träume begegneten. Ich erinnere
mich daran, daß ich den Pastor Allan Boesak traf, damals
einer der leitenden Männer der inneren Frontorganisation,
der United Democratic Front, wie er mit glühendem Gesicht
aus seinem ersten Treffen mit Mandela herauskam. »Ich habe
gerade eine der großen Erfahrungen meines Lebens hinter
mir«, sagte er mit erregtem Flüstern einer Gruppe von Reportern vor dem Tor des Victor Verster-Gefängnisses.

Popo Molefe, der Generalsekretär der UDF (United
Democratic Front), der wegen seiner Rolle bei dem Aufstand
gerade zu zwölf Jahren Gefängnis verurteilt worden war,
gehörte zu denen, die Mandela zu sehen wünschte. Die
Behörden setzten seinen Namen auf eine Liste von zehn, die
von Robben Island zu Mandela gebracht werden sollten, aber
irgendjemand machte einen Fehler und ein anderer Molefe,
nicht Popo, bekam die Nachricht, daß er den großen Mann
besuchen werde. Dieser andere Molefe, der eine Strafe für ein
Kriminalvergehen absaß, begriff, daß es sich nur um einen
Fehler handeln konnte, aber die Gelegenheit, Mandela zu
treffen, war zu verlockend, also sagte er nichts und schloß
sich der Gruppe an. Im Victor Verster Gefängnis stellten sich
die Besucher in Mandelas Haus auf, und er begrüßte sie der
Reihe nach. Als er Molefe erreichte, schüttelte er ihm warm
die Hand. »Wie geht's Pinda?« fragte er. Als der Mann mit
ausdruckslosem Gesicht zurückstarrte, verhärteten sich
Mandelas Züge. »Du bist nicht Popo«, stieß er knapp hervor
und ging zum nächsten weiter.

Die Behörden korrigierten den Fehler schnell, und Popo Molefe wurde in der folgenden Woche zu Mandela gebracht. Aber der Vorfall zeigt einen Zug an Mandela, der viele erstaunt hat, die ihn seit seiner Freilassung gesehen haben: es ist seine große Aufmerksamkeit für persönliche Details, sein Karteikartengedächtnis für Namen, das es ihm ermöglicht, Menschen wiederzuerkennen, die er seit Jahren nicht gesehen hat oder denen er nur kurz in einer Gruppe begegnet ist. Es ist ein Gefühl für Menschen, das sich in den Karten zeigte, die er Christo Brands kleinen Kindern schickte, oder in dem Telefonanruf, als Natasha Gregory ihr Examen abgelegt hatte. Er hat bei mir zu Hause angerufen und meinen kleinen Sohn Julian mit Namen begrüßt, als der den Hörer abnahm. Ich war der erste Journalist, dem Mandela nach seiner Freilassung ein Interview gab, und als wir unser Gespräch in seinem Wohnzimmer in Soweto begannen, wurden wir von einem Familienmitglied unterbrochen, das sagte, ein paar Stammesälteste aus seinem Heimatdorf in Transkei seien gekommen, um ihren Respekt zu bezeugen. Die alten Männer wurden ins Zimmer geführt, und Mandela begann, sie nach Neuigkeiten über ihre Familien auszufragen, wer wen geheiratet hatte und welche Kinder und Enkel in den 27 Jahren geboren worden waren, die er fortgewesen war, und man konnte geradezu sehen, wie er all die Namen geistig speicherte wie Karteikarten. »Das ist kein Trick eines Berufspolitikers«, hat die Nobelpreisträgerin Nadine Gordimer über den Mann geschrieben, den sie gut kennt. »Es scheint trivial, aber es ist ein Zeichen von etwas Tiefem: die Ferne von jeder Egozentrik; die Fähigkeit, für andere zu leben, die für seinen Charakter zentral ist.«[*]

In diesem Geist der Selbstlosigkeit bereitete sich Mandela auf das vor, was er immer mehr als die Mission sah, die vor ihm lag. Während sich die Gespräche mit den Offiziellen bis Ende 1988 fortsetzten, wurde wieder einmal, langsam und

[*] *Johannesburg Sunday Times*, 12. Dezember 1993.

vorsichtig, der Boden für ein Gespräch mit Botha bereitet.
Wieder hörte Mandela, daß der Präsident vielleicht bald
bereit sein würde, ihn zu sehen. Aber im Januar 1989 erlitt
Botha einen Schlaganfall.

5. KAPITEL

Die Schnürsenkel
binden

Während der Schatten einer weiteren Verzögerung sich auf Mandela und das Komitee der Offiziellen legte, führten sie ihre Treffen fort. Die Gespräche waren all die dunklen Jahre des längsten und intensivsten schwarzen Aufstands in der Geschichte Südafrikas hindurch weitergegangen. Die Unruhen begannen im September 1984 und erschütterten das Land noch immer in seinen Grundfesten, obwohl Botha vesuchte, sie mit zwei Notstandserklärungen und härtesten Gewaltmaßnahmen zu unterdrücken. Mehr als 4.000 Menschen waren getötet worden und 50.000 ohne Prozeß interniert; internationale Sanktionen waren über das Land verhängt worden, der Wert des Rand scharf gefallen. Mandela wollte verhandeln, aber er kam nicht über die Geheimgespräche hinaus.

Was all diese Jahre hindurch diskutiert wurde, war ein enges Spektrum von Streitfragen, die in einem Bruchteil der Zeit hätten gelöst werden können, wenn der politische Wille dagewesen wäre. Aber Botha zögerte, und er stand unter dem Einfluß seines Militär- und Sicherheitsestablishments. Also pflügten die Diskussionen immer noch mal denselben alten Boden um, Sitzung auf Sitzung, während die Teilnehmer auf eine Entscheidung an der Spitze warteten. Coetsee war auf der Suche nach der schwer greifbaren Formel einer »ehrenvollen Freilassung« – wie man Mandela in einer Weise befreien konnte, die Botha der westlichen Welt als flexibler, vernünftiger Politiker vorführte, ihn aber für seine Leute im Land nicht schwach erscheinen ließ. Niel Barnard, der Geheimdienstchef, den Mandela als die Schlüsselfigur in den Gesprächen betrachtete, hatte den Auftrag, den ANC-Führer auf drei Themen hin auszuforschen: War er bereit zu akzeptieren, daß Gewalt kein Weg war, Südafrikas politische Probleme zu lösen? Wie war seine Haltung zum Kommunismus, vor allem angesichts der alten Allianz des ANC mit der südafrikanischen Kommunistischen Partei? Und bestand er noch immer auf einer Mehrheitsregierung, oder war er bereit, sich mit etwas auf einer niedrigeren Stufe abzufinden?

Mandela seinerseits hatte nur ein Ziel, er wollte ein Treffen mit Botha, um mit ihm die Möglichkeit einer Verhandlungslösung zu diskutieren. Darüber hinaus wollte er Druck auf die Regierung ausüben, seine Kameraden in der Führungsgruppe, die ebenfalls lebenslänglich bekommen hatten, freizulassen – insbesondere Walter Sisulu, der inzwischen hoch in den Siebzigern war. Das Thema seiner eigenen Freilassung sprach er nicht einmal an.

Bothas Besessenheit, nicht schwach zu erscheinen, war der Hauptstolperstein. Er suchte weiter nach einer Formel für eine Freilassung unter bestimmten Bedingungen, aber Mandela mit seinem eisernen Willen blieb hart. Im Januar 1985 hatte Botha ein Angebot gemacht, das später das Problem nur komplizierter machte. Der Präsident war gerade von einer seiner seltenen Auslandsreisen nach Europa zurückgekehrt, wo ihn einige konservative Politiker – unter ihnen Franz Josef Strauß, der bayrische CSU-Chef, den Pretoria als einen seiner wenigen Freunde in der Welt betrachtete – in seiner Idee bestärkt hatten. Coetsee berichtet: »PW berief eine Sonderkonferenz ein und sagte uns: ›Ich hab jetzt die Lösung.‹«

Der Plan sah vor, Mandela die Freilassung anzubieten, wenn er »Gewalt als politisches Mittel bedingunglos ablehnte«. Er sollte in anderen Worten seine Entscheidung von 1963, nach dem Verbot des ANC zum bewaffneten Kampf überzugehen, rückgängig machen. »PW sagte uns, das sei eine glänzende Lösung«, sagt Coetsee, »denn wenn Mandela das ablehnte, würde die ganze Welt verstehen, warum die südafrikanische Regierung ihn nicht freilassen konnte.«

Aber Coetsee wandte sich gegen den Plan. »Ich hatte den

Mann studiert, und ich wußte, daß er das niemals akzeptieren würde«, sagt er. »Mandela würde den bewaffneten Kampf des ANC auf keinen Fall aufgeben, schließlich hatte er dafür all die Jahre im Gefängnis gesessen. Wir mußten das positiver formulieren, ihn auffordern, sich auf einen zukünftigen friedlichen Prozeß zu verpflichten, wir konnten nicht von ihm verlangen, die Vergangenheit zu negieren.«

Es war im übrigen ein einseitiges Geschäft. Für den ANC war dabei nichts zu gewinnen. Nach Jahren im Exil, nach dem Aufbau eines starken internationalen Profils, war es sehr unwahrscheinlich, daß der ANC sein bestes Faustpfand für nicht mehr als Mandelas persönliche Freiheit opfern würde. »Ich warnte davor, daß der ANC das Angebot ablehnen würde und wir uns in eine Ecke manövrierten«, berichtet Coetsee. Er wurde vom Minister für Gesetz und Ordnung, Louis le Grange, unterstützt. Der war zwar ein Falke, hatte aber Mandela kennengelernt und konnte den Mann einschätzen. Aber der Rest des Kabinetts stellte sich gegen sie und sprach sich für Bothas Vorschlag aus.

»Wir stritten uns bis zur letzten Minute«, erinnert sich Coetsee. »Er wollte die Ankündigung im Parlament machen, und er hatte seine Rede parat, aber Le Grange und ich arbeiteten an einem alternativen Entwurf der letzten paar Seiten. Wir folgten dem Präsidenten bis ins Parlament und standen einen Moment mit ihm hinter dem Sitz des Parlamentspräsidenten zusammen. Er hatte seinen Text in der einen Hand und unseren Text in der anderen. Er zögerte, sagte dann, auf seinen Text schlagend: ›Nein, dieser hat die Unterstützung des Kabinetts‹.«

Als Botha zur Regierungsbank ging, fluchte Le Grange leise vor sich hin. »Dann geh doch und setz es in den Sand«, murmelte er. Coetsee folgte dem Präsidenten zu seiner Bank, um einen letzten Appell loszuwerden, aber der Präsident starrte ihn wütend an und schnappte: »Ich hab entschieden, und Sie kennen mich.«

Die Reaktion war genau, wie Coetsee befürchtet hatte. Winnie flog mit dem Anwalt der Familie, Ismail Ayob, nach Kapstadt, um Mandelas Antwort einzuholen. Am folgenden Sonntag, dem 10. Februar 1985, gab es eine riesige Versammlung in Sowetos Jabulani Stadion, um Bischof Tutus Nobelpreis zu feiern. Mandelas Tochter Zindzi, 24 Jahre alt, die zu der Zeit das einzige Familienmitglied war, das nicht durch eine Bannorder zum Schweigen verurteilt war, bestieg die Rednertribüne, um die Verlautbarung ihres Vaters vorzulesen. Er lehnte glatt jeden persönlichen Kompromiß ab, bis sein Volk von der Apartheid befreit war.

»Meine eigene Freiheit ist mir kostbar, aber Eure Freiheit liegt mir noch mehr am Herzen«, lautete der Text. »Ich liebe das Leben nicht weniger als ihr. Aber ich kann das Geburtsrecht meines Volkes nicht verkaufen, um frei zu sein. Ich bin als der Repräsentant des Volkes und Eurer Organisation, des Afrikanischen Nationalkongresses, der verboten wurde, im Gefängnis. Welch eine Freiheit bietet man mir da an, solange die Organisation des Volkes verboten bleibt?« Die Verlautbarung schloß mit den Worten: »Nur freie Menschen können verhandeln. Gefangene können keine Verträge schließen.« Als die Stimme von Mandelas Tochter im Stadion verklungen war, brach die gewaltige Menge in wilden Jubel und in skandierende Rufe aus. Dies waren die ersten Worte, die man von Mandela gehört hatte, seit er seine abschließende Rede vor dem Gericht gehalten hatte, von dem er 22 Jahre zuvor verurteilt worden war, und wenn die Regierung jemals die Dauerhaftigkeit seines Rufes in der schwarzen Gemeinde bezweifelt hatte, so konnte sie dies nun nicht länger tun.

Bothas Problem war jetzt, daß er auf der Forderung festsaß, Mandela müsse der Gewalt abschwören, bevor er freigelassen werden könne. Zog er sie zurück, wirkte er schwach. Und daher schleppten sich die Gespräche im Gefängnis ohne Resultat weiter. Botha machte verschiedene halbherzige Versuche, sich aus dieser Schwierigkeit herauszuziehen. Er versuchte, Mandela mit dem Angebot zu ködern, er könne freigelassen werden, wenn er bereit wäre, in das nominell unabhängige Stammes-Homeland Transkei zu gehen, wo er geboren war und wo sein Neffe, der Oberste Häuptling Kaizer Matanzima, jetzt als Präsident unter dem Apartheidsystem fungierte. Aber Mandela warnte die Regierung in einem Brief, er werde, wenn man ihn auf das Stammesterritorium bringe, alle Restriktionen ignorieren und, wenn es sein mußte, zu Fuß nach Johannesburg zurückgehen. Noch bizarrer war Bothas Angebot, Mandela freizulassen, wenn die Sowjetunion Andrej Sacharow und Anatolij Scharanski freiließ und Angola einen südafrikanischen Soldaten zurückgab, der dort bei dem Versuch ergriffen worden war, die Ölindustrie des Landes zu sabotieren. Aber diese Versuchsballons, die Botha den Beifall des Westens eintragen sollten, verließen nie den Boden.

Das einzig Gute, das sich aus Bothas undurchdachtem Freilassungsangebot ergab, war die Tatsache, daß Coetsees Status als Berater sich stark verbessert hatte. Botha hätte nie einen Fehler zugegeben, aber es stellte sich heraus, daß er und andere Kabinettsmitglieder nun eher geneigt waren, auf das zu hören, was der Justizminister sagte. Allmählich gelang es Coetsee, sie dazu zu bringen, eine neue Formel zu akzeptieren, welche die Schwierigkeit umging, Mandela zu einem Gewaltverzicht zu bewegen. Er sollte lediglich aufgefordert werden, sich »auf eine positive Entwicklung und auf Versöhnung« zu verpflichten, ohne daß er auf irgendetwas zu verzichten hätte. Coetsee wußte aus seinen Diskussionen mit dem Gefangenen, daß Mandela darauf eingehen würde.

Inzwischen arbeitete Mandela in dem Haus im Victor Verster-Gefängnis sorgfältig an seiner Planung und versuchte, so weit es ging, seine ANC-Kameraden zu konsultieren. Er war nicht glücklich darüber, allein handeln zu müssen, aber die Umstände ließen ihm kaum eine andere Möglichkeit, und er war zunehmend besorgt über den sich verschärfenden Kon-

flikt im Lande und die daraus entstehende immer tiefer werdende rassische Polarisierung. Auch bereitete ihm der
Gedanke Sorge, daß die Behörden eine zweite Kommunika-
tionslinie eröffnen könnten, welche der ersten widersprechen
und Verwirrung stiften könnte.

Es gelang Mandela, die Gefängnisleitung zu überreden,
ihn mit Alfred Nzo, dem Generalsekretär des ANC in
Lusaka, Kontakt aufnehmen zu lassen. Zusammen mit Bizos
Fahrten nach Lusaka und den Besuchen von politischen
Aktivisten aus dem Lande und politischen Gefangenen aus
Pollsmoor und von Robben Island bedeutete dies, daß ein
rudimentäres Beratungssystem etabliert wurde. Nachdem er
sich vergewissert hatte, daß er nicht im Konflikt mit irgend-
einem anderen Teil der Befreiungsbewegung stand, schrieb
Mandela ein Elf-Seiten-Memorandum, in dem er seine Position zu den Fragen festhielt, die Coetsee und das Komitee
aufgeworfen hatten. Dazu drang er darauf, ein Treffen zwischen der Regierung und dem ANC als ersten Schritt auf
dem Weg zu einer Verhandlungslösung für die Zukunft des
Landes einzuberufen.

Er war charakteristisch direkt. Der ANC hatte, schrieb er,
eine lange Geschichte friedlichen Kampfes für politische
Rechte, aber als die Regierung diesen Kampf für illegal
erklärte, hatte die schwarze Organisation das Recht, gegen
ein unterdrückerisches und abstoßendes Regierungssystem
zu den Waffen zu greifen. Durch alle Zeitalter hindurch hatten unterdrückte Menschen das getan. »Afrikaner waren
ebenso wie Afrikaaner zu dieser oder jener Zeit gezwungen,
gegen den britischen Imperialismus zu den Waffen zu greifen«, fügte er in einer bezeichnenden Passage hinzu, die ins
Herz des nationalistischen Stolzes der Afrikaaner zielte. Auf
keinen Fall würde daher der ANC den bewaffneten Kampf
aufgeben, bevor nicht die Regierung den Willen zeigte, auf ihr
politisches Machtmonopol zu verzichten und direkt mit den
wirklichen schwarzen Führern des Landes zu verhandeln.

Mandela war genauso offen, was den Kommunismus anging. Der ANC war nicht kommunistisch, erklärte er in dem Memorandum, aber die Südafrikanische Kommunistische Partei hatte seinen Kampf gegen den Rassismus seit den frühen 20er Jahren unterstützt, durch lange magere Jahre hindurch, als er keine anderen Verbündeten hatte, und der ANC war keine Organisation, die ihre Freunde über Bord warf. »Welcher Mann von Ehre wird jemals einen lebenslangen Freund auf Forderung eines gemeinsamen Gegners im Stich lassen und doch ein Maß an Glaubwürdigkeit bei seinem Volk bewahren?« fragte Mandela.

Was die Mehrheitsregierung anging, sagte er, so war sie eine Säule der Demokratie auf der ganzen Welt. Sie war angeblich das Richtige für Weiße, aber wenn schwarze Südafrikaner sie forderten, sagte man ihnen, daß daraus eine Katastrophe entstehen werde. Wenn sie politische Rechte haben wollten, müßten sie eine andere Formel finden.

»Das weiße Südafrika muß einfach verstehen, daß es in diesem Lande niemals Frieden und Stabilität geben wird, solange dieses Prinzip nicht voll anerkannt ist«, schrieb Mandela.

Aber er war auch versöhnlich. In jedem Verhandlungsprozeß, sagte er, mußten zwei fundamentale Anliegen miteinander versöhnt werden: die schwarze Forderung nach Mehrheitsregierung und die weißen Besorgnisse, die sich aus dieser Forderung ergaben. Man mußte mit großer Konzentration strukturelle Garantien finden, die sicherstellten, daß die Regierung der Mehrheit nicht eine völlige schwarze Dominanz der weißen Minderheit bedeutete. »Eine solche Versöhnung wird nur erreichbar sein, wenn beide Seiten willens sind, Kompromisse einzugehen«, fügte er hinzu.

Mandela schloß das Memorandum mit dem Vorschlag eines Zwei-Stufen-Prozesses. Zuerst sollten sich die Regierung und der ANC treffen, um sich darauf zu einigen, was man tun könne, um ein angemessenes Klima für Verhandlun-

gen zu schaffen. Und dann konnten die Verhandlungen selbst
stattfinden.

Als Botha sich von seinem Schlaganfall erholt hatte und ins
Amt zurückkehrte, schickte Mandela ihm im März 1989 das
Memorandum zu. Hier lag zum ersten Mal, seit Verwoerd
einen Brief Mandelas 28 Jahre zuvor abgewiesen hatte, in dem
er eine nationale Konferenz gefordert hatte, ein konkretes
ANC-Angebot vor, den südafrikanischen Konflikt friedlich
auf dem Verhandlungwege zu lösen. Es nahm die Verpflichtung der Organisation auf den revolutionären Umsturz der
weißen Minderheitsherrschaft zurück. Eine Woche später
bekam Mandela die Nachricht, daß Botha bereit war, ihn zu
treffen.

Es waren Coetsee und Barnard, die das Alte Krokodil dazu
gebracht hatten, der Begegnung zuzustimmen. »Ich verbrachte eine Stunde mit ihm, um ihm zu erklären, daß er
nichts zu verlieren hatte, wenn er Mandela sah«, erinnert sich
Barnard. »›Wenn das Treffen schief läuft und entgleist und all
das‹, sagte ich, ›wird man sich immer noch an Sie als den Mann
erinnern, der versucht hat, die Dinge voranzubringen, auf
eine Lösung zu. Wenn es aber gutgeht, wird es der Anfang
von Südafrikas Befriedung sein, und die Geschichte wird Ihr
Verdienst anerkennen.‹« Schließlich stimmte Botha zu, was
zu einer der ungewöhnlichsten Begegnungen der modernen
Politik führte, einem Geheimtreffen zwischen dem weißen
Staatspräsidenten und dem wichtigsten schwarzen Gefangenen des Apartheid-Staates.

Als Südafrikas Entsprechung zum Chef der CIA in den
USA, war Barnard der Organisator des Treffens, das am
Abend des 5. Juli 1989 stattfinden sollte. Gerüchte und Spekulationen durften gar nicht erst aufkommen, das war die
Hauptsorge. Botha hatte Angst vor politischen Rückwirkun-
gen in seiner Wählerschaft, sollte irgend etwas von der Begegnung durchsickern. »Ich mußte ihn an der Sicherheitspolizei
vorbei nach Tuynhuys reinschmuggeln«, sagt Barnard –

Tuynhuys war die offizielle Residenz des Präsidenten in Kapstadt.*

Das war schon in sich riskant. »Sie kamen und fragten nach meiner Blutgruppe, falls es eine Schießerei gab und ich verwundet wurde und eine Transfusion brauchte«, erinnert sich Mandela. Und wieder, wie zu der Zeit, als er vier Jahre zuvor die »Gruppe Eminenter Persönlichkeiten« getroffen hatte, gab es einige Aufregung darum, daß er elegant gekleidet war. Also rief man wieder den Gefängnisschneider, Mandelas Maße wurden genommen, und man kaufte einen neuen Anzug. Und ein neues Hemd, eine Krawatte und Schuhe.

»Sie sagten mir, ich sollte um sechs Uhr abends soweit sein«, erinnert sich Mandela. »War ich auch. Aber als sie mich anguckten, sagten sie: ›Ihr Hemd hat Falten‹. Ich sagte: ›Heh, es ist neu, es ist direkt aus dem Laden‹. Aber es hatte diese Falten, die ein neues Hemd nun mal hat, und sie sagten, das geht so nicht. Ich mußte es ausziehen, und sie bügelten es. Dann, als ich's wieder anhatte, sagte einer der Gefängnisoffiziere, mein Schlips wär schlecht gebunden, also band er ihn noch mal.«

Sie fuhren in einem Konvoi – zwei Wagen vor dem Mandelas und zwei hinter ihm – nach Tuynhuys, erzählten den Sicherheitsposten am Tor, daß dies ein Politiker aus einem afrikanischen Staat sei, der einen vertraulichen abendlichen Besuch machte, und parkten in einer Kellergarage unter der offiziellen Residenz. Ein Aufzug brachte sie ins Parterregeschoß. Sie traten heraus und gingen zur Tür des Präsidentenbüros. Als sie eintreten wollten, sah Niels Barnard hinunter und bemerkte, daß Mandelas Schnürsenkel offen waren. All die Jahre im Gefängnis hatte Mandela schnürsenkellose Slipper getragen, und er hatte vergessen, wie man sie vernünftig zuband. Also kniete sich der Chef des Nationalen Geheim-

---

* Trotz sorgfältigster Vorsichtsmaßnahmen sickerte die Nachricht von dem Treffen durch. Am folgenden Tag flog Botha in einen Kurort in Osttransvaal. In seiner Begleitung befanden sich Pik Botha, der Außenminister, und der Verwaltungschef von Transvaal, Daniel Hough. Der Präsident erwähnte das Treffen, jemand gab den Zeitungen einen Tip, und zu PW Bothas größtem Ärger war die Geschichte innerhalb einer Woche in den Schlagzeilen.

dienstes vor dem Gefangenen hin, um ihm vor der Tür des Präsidenten die Schnürsenkel zuzubinden.

»Es zeigte, wieviel Angst sie vor Präsident Botha hatten«, sagt Mandela heute. »Alles mußte genau richtig sein.«

Das Treffen zwischen diesen beiden Männern mit eisernem Willen erwies sich als überraschend heiter und gelassen. Barnard und Coetsee waren besorgt, daß Bothas berühmter Hang zu Wutanfällen, verschlimmert durch die Krankheit, durch Mandelas Geradlinigkeit wachgerufen werden könnte. Sie hatten mit beiden Männern gesprochen, hatten sie ermahnt, kontroversen Fragen aus dem Weg zu gehen und die Begegnung auf der nichtssagenden Ebene eines eisbrechenden Höflichkeitsbesuchs zu halten.

»Ich war sehr angespannt«, sagt Mandela dazu. »Ich dachte, ich würde diesen mit dem Finger wackelnden Mann, den ich im Fernsehen gesehen hatte, treffen, und ich wußte nicht, wie ich reagieren würde. Aber als ich den Raum betrat, kam er vom entgegengesetzten Ende herein und ging mit ausgestreckter Hand auf mich zu. So lief die ganze Sache. Er war nett, und die ganze Unterhaltung war sehr warm.«

Gegen Ende des Treffens sprach Mandela das Thema Walter Sisulu an. Er ergriff die Gelegenheit, mit dem Präsidenten direkt über seinen alten Freund und Kollegen zu sprechen und in ihn zu dringen, Sisulu aus humanitären Gründen zu entlassen. Der Frage ausweichend, befahl Botha Barnard, sich mit der Sache zu befassen. Auf der Fahrt zurück ins Gefängnis, erinnert sich Barnard, hatten er und Mandela einen lautstarken Streit, als er Mandela sagte, es gebe keine Chance, Sisulu zu diesem Zeitpunkt freizulassen – das politische Klima sei für solch einen Schritt nicht reif. Mandela wandte sich wütend gegen den Geheimdienstchef, belehrte ihn, daß er ein Beamter und es seine Pflicht sei, die Instruktionen des Präsidenten auszuführen, nicht sie anzuzweifeln.

Später sollte Barnard auch einen Streit mit Botha haben, nachdem der Präsident sich ins Privatleben zurückgezogen hatte. Das Alte Krokodil hatte gefordert, daß seine Unterhaltung mit Mandela insgeheim aufgenommen wurde. Barnard, der damit ethische Probleme hatte, war dem Befehl nachgekommen, aber als Botha nicht mehr Präsident war, hatte er das Band zerstört und nur seine eigenen Notizen des Treffens aufbewahrt. Botha, wutentbrannt über die Behauptung de Klerks, daß er nur eine Politik weiterführe, die Botha eingeleitet habe, forderte die Freigabe des Tonbandes, um nachzuweisen, wie er sagte, daß er Mandela vor dem Kommunismus gewarnt habe. Er weigerte sich, die Aussage zu akzeptieren, daß das Band zerstört worden sei, aber Barnard besteht darauf, daß es so war. »Ich hab es selbst zerstört«, sagt er. »Es hätte nie gemacht werden dürfen.«

Die Begegnung mit Botha, um die Mandela so lange gekämpft hatte, erwies sich als ergebnislos – ein Höflichkeitsbesuch ohne substantielle Diskussion und ohne direkte Folgen. Mandela ging wieder ins Gefängnis, und das Wartespiel setzte sich fort. Aber auf subtile Weise war eine Linie überschritten worden. Wie Coetsee sagt: danach gab es keine Möglichkeit mehr, den Prozeß aufzuhalten. Es war nur eine Frage der Zeit – und des Mannes.

6. KAPITEL

Eine Rettungsaktion
im Untergrund

Während der großen Aufstände der 80er Jahre wurde der Widerstand von einer breiten Organisation geleitet, die sich United Democratic Front nannte, einer lockeren Allianz von Hunderten von Gemeinde-, Kirchen-, Akademiker-, Sportler-, Studenten-, Frauen- und Jugendgruppen. Sie bildete eine wirkungsvolle Speerspitze, aber sie hatte wenig Kontakt mit den einsitzenden ANC-Führern oder auch dem ANC-Hauptquartier im Exil in Lusaka. Als die Neuigkeit durchsickerte, daß Mandela im Victor Verster-Gefängnis Gespräche mit der Regierung führte, daß er sogar ein Memorandum an Präsident Botha geschrieben hatte, gab es Unruhe und Sorge in den Reihen der UDF. War der alte Mann dabei, einen Handel hinter ihrem Rücken abzuschließen? Verriet er die Sache? War es der Regierung schließlich gelungen, ihn umzudrehen, nachdem sie ihn von seinen Kameraden isoliert hatten? Hatten sie sein fortgeschrittenes Alter und seine angeblich schwache Gesundheit ausgenutzt?

Schon in den Zeiten, als sie alle zusammen auf Robben Island waren, hatte es Spannungen innerhalb der ANC-Führung gegeben (die sich den etwas pompösen Titel »Higher Organ«, das Höhere Organ, gegeben hatte). Die Linie verlief zwischen denen, die sich ganz auf den revolutionären Sturz der Apartheid-Regierung festgelegt hatten, und jenen, die glaubten, daß der Guerillakampf zwar eine wirkungsvolle Art war, die Anti-Apartheid-Kampagne zu dramatisieren und den Druck auf die Regierung zu erhöhen, daß aber die eigentliche Lösung am Verhandlungstisch gefunden werden mußte.

Die radikalere Gruppe hatte ihre Wurzeln in der Kommunistischen Partei, die natürlich auf eine revolutionäre Strategie festgelegt war, und zum Teil in einer Tradition der Ver-

weigerung, die bis in die 30er Jahre zurückreichte, als eine
Organisation, die sich Non-European Unity Movement
(Nicht-Europäische Einheitsbewegung) nannte, vor allem in
der Westkapprovinz versuchte, die segregationistischen politischen Institutionen zu boykottieren. Diese Tradition hatte
an Stärke gewonnen und sich über die ganze schwarze
Gemeinde ausgebreitet, als das Regime versuchte, schwarze
Führer über die Homelands und andere Apartheid-Institu-
tionen auf seine Seite zu ziehen. Für ihre extremeren Anhänger hatte der bloße Gedanke einer Verhandlung mit der
Regierung bereits die Färbung der Kollaboration.

Diese Frage führte zu lebhaften Zusammenstößen im
Höheren Organ zwischen Mandela und Govan Mbeki, dem
ältesten der Politiker, die bei der Rivonia-Razzia verhaftet
worden waren. Mbeki war Mitglied der Kommunistischen
Partei und die führende Gestalt der radikalen Gruppe. Mitge-
fangene auf Robben Island erinnern sich an einen besonders
scharfen Wortwechsel im Jahre 1968, als Mandela im Höheren Organ eine Debatte über die Frage begann, ob der ANC
darüber nachdenken sollte, Kommunikationslinien zur
Regierung zu eröffnen. Mbeki war empört, und behielt seit
damals, wie manche seiner Kollegen sagen, ein nie ganz über-
wundenes Mißtrauen gegen Mandelas »Mäßigung«.

Mitte des Jahres 1987 geschah etwas, was die Spannung
zwischen den beiden Männern wieder aufleben ließ. Mandela,
jetzt im Krankenhausbereich von Pollsmoor von seinen Kollegen getrennt, stand in Gesprächen mit Kobie Coetsee und
dem Komitee der Offiziellen, bei denen es vor allem um die
Freilassung seiner Mitgefangenen ging – insbesondere des
78jährigen Mbeki und des zwei Jahre jüngeren Walter Sisulu.
Schließlich erklärte sich die Regierung bereit, nur Mbeki zu
entlassen, behandelte das Ganze aber mit der für sie typischen
Grobheit so ungeschickt, daß sie Mandela ernsthaft in Verlegenheit brachte und indirekt den Verhandlungsprozeß zwei
Jahre später fast entgleisen ließ.

Ohne Mbeki oder seiner Anwältin irgendetwas zu erklären, trennte der Gefängnisleiter von Robben Island ihn von den anderen Gefangenen. Als die Anwältin das erfuhr, bat sie um die Erlaubnis, ihren Mandanten zu sehen, wurde aber abgewiesen – wiederum ohne Begründung. Sie stellte einen gerichtlichen Antrag, um Zugang zu ihm zu bekommen. Das war eine Woche, bevor Mbeki entlassen werden sollte, und die Behörden waren empört. »Der Commissioner für die Gefängnisse ließ mich zu sich kommen und sagte mir, daß sie das Ganze abblasen würden«, erinnert sich Mandela. Er wies darauf hin, daß es ihr Fehler, nicht seiner, gewesen sei, und es gelang ihm, den wütenden Commissioner zu beschwichtigen. Er versprach Mandela, daß die Freilassung wie geplant vonstatten gehen werde, wenn Mandela Mbeki und seine Anwältin überreden konnte, den gerichtlichen Antrag zurückzuziehen. Dies bedeutete, daß Mbeki von Robben Island nach Pollsmoor gebracht werden mußte, damit Mandela mit ihm sprechen konnte.

Mbeki selbst erzählt die Geschichte weiter: »Der Gefängniskommandeur von Robben Island kam gegen fünf Uhr morgens in meine Zelle. Ich war dabei, mein *balie* (das Eßgeschirr) sauberzumachen, aber er sagte: ›Laß mal dein *balie*, zieh dich an und komm mit!‹ Ich folgte ihm in den Korridor, an dessen Wänden entlang fast alle Wärter aufgestellt waren. Ich ging zwischen ihnen zum Gefängnistor hinunter, in das ein Krankenwagen rückwärts hineingefahren war. Ich mußte einsteigen. Der Krankenwagen fuhr los. Zuerst dachte ich, sie führen zum Hafen, aber dann bogen sie in eine andere Richtung ab. Ich wußte nicht, wohin sie wollten oder was sie mit mir vorhatten.«

Als der Wagen hielt, stellte Mbeki fest, daß sie auf einem Pier hielten, an dem ein Schnellboot lag. Er mußte an Bord gehen. Sie donnerten davon auf das Festland zu, auf das der alternde Gefangene den Fuß seit 23 Jahren nicht mehr gesetzt hatte. Sie legten in einem Hafen der Gefängnisverwaltung an,

Mbeki wurde hastig in einen kleinen Raum gebracht, wo man ihn zunächst alleinließ.

»Ein Mann im dunklen Anzug kam herein und begrüßte mich«, sagt er. Ohne Erklärung befahl man ihm, in einen Wagen zu steigen, der wiederum rückwärts bis ans Tor des Gebäudes herangefahren worden war. Zwei kräftige Männer setzten sich rechts und links von Mbeki auf den Rücksitz, und der Wagen fuhr los. »Der Mann im dunklen Anzug stellte sich als Privatsekretär des Justizministers vor, aber er sagte noch immer nicht, worum es ging. Durchs Fenster sah ich ein Schild, auf dem Tokai stand.« Das bedeutete, daß sie nach Pollsmoor fuhren.

Sie hielten vor dem Gefängnistor, und Fred Munro, der Kommandeur von Pollsmoor, stieg zu und setzte sich auf den Vordersitz; Mbeki kannte ihn von Robben Island. Da bemerkte er plötzlich Walter Sisulu, der eine Treppe herunterkam. Er hatte seinen alten Genossen seit fünf Jahren nicht mehr gesehen und versuchte verzweifelt erst die Tür, dann das Fenster zu öffnen, aber im Inneren des Wagens gab es keine Klinken oder Kurbeln. »Ich schlug mit den Fäusten ans Fenster und rief Walter, aber er hörte mich nicht. Ich wandte mich an Munro und sagte: ›Was ist mit Walter?‹ Er antwortete: ›Oh, Walter kann kaum noch sehen.‹« Es war eine sinnlose Lüge: Sisulus Augen waren ausgezeichnet.

Von dort wurde der verwirrte Mbeki zum Gästehaus des Gefängnisses gebracht, und nach einer kurzen Wartezeit kam Mandela herein. Es wurde ein langes und schwieriges Treffen. Um Mbeki zu überreden, seine gerichtliche Beschwerde fallenzulassen, mußte Mandela ihm sagen, daß er mit der Regierung um seine Freilassung verhandelte. Aber er wollte das, worum es in der Substanz ging, nicht verraten, sowohl weil er mit Coetsee und dem Komitee der Offiziellen übereingekommen war, daß es geheimgehalten werden sollte, als auch weil er befürchtete, daß seine Kollegen und insbesondere Mbeki sich dagegen aussprechen würden. Wie er mehrfach im nachhinein gesagt hat, war in seinen Augen der einzige Weg, zu einem Erfolg zu kommen, der, sie vor vollendete Tatsachen zu stellen.

Also konnte Mandela Mbeki gegenüber nicht offen sein. »Er deutete mir an, daß er Gespräche mit der Regierung führte, aber er wollte nicht ins Detail gehen, weil er, wie er sagte, sich verpflichtet hatte, nicht darüber zu sprechen«, erinnert sich Mbeki. »Er sagte, Walter und die anderen wüßten auch nichts davon. Als ich fragte, warum sie ihn von den anderen getrennt hatten, erwiderte er, daß ihm das nichts ausmache, es sei wahrscheinlich gut so.«

Später, nach seiner Freilassung im November 1987, wurde Mbeki ein weiterer Besuch bei Mandela im Victor Verster-Gefängnis gestattet. Wieder saßen sie mehrere Stunden zusammen, und wieder fragte Mbeki ihn nach seinen Gesprächen mit der Regierung. Mandela weigerte sich noch immer, ihm detailliert Auskunft zu geben. Auch heute äußert sich Mbeki sehr vorsichtig über dieses Verhalten, das damals starke Emotionen in ihm auslöste. Aber es ist klar, daß Mandelas ungewöhnliche Zurückhaltung ihm damals verdächtig erscheinen mußte. »Ich war nicht sehr glücklich darüber, daß er entweder nicht genug Vertrauen zu mir zu haben schien, um mir die ganze Geschichte zu erzählen, oder aber daß die andere Seite irgendein Arrangement mit ihm hatte, das er nicht brechen konnte«, sagt Mbeki. »Aber es ging nicht darüber hinaus, seine Integrität habe ich nie angezweifelt.«

Vom Winter 1989 an lebte Mbeki in relativer Freiheit in seiner Heimatstadt Port Elizabeth, wo er trotz strenger polizeilicher Auflagen als Weiser der Befreiungsbewegung hof hielt und viele der führenden Gestalten der UDF traf, die kamen, um seinen Rat einzuholen. Als ihn eine verstümmelte, mündliche Version von Mandelas Elf-Seiten-Memorandum an Präsident Botha erreichte, weckte das seinen alten Verdacht – und er gab seine Zweifel sofort an die UDF weiter. Das Gerücht, daß Mandelas Verhalten verdächtig und es besser sei, Einladungen zu Besuchen im Victor Verster-Gefängnis abzulehnen, lief schnell durch alle Organisationen der UDF.

Mbeki sagt heute, daß er nichts von Befehlen weiß, die damals UDF-Mitgliedern verboten, Mandela zu besuchen, aber Allan Boesak, einer der Gründer der UDF, erinnert sich daran: »Es gab eine riesige Debatte darüber«, sagt er. »Alle waren sehr besorgt, weil sie nicht wußten, was Mandela da mit der Regierung machte.« Indem er auf eigene Faust handelte, um seine Organisation vor vollendete Tatsachen zu stellen, hatte Mandela gegen ein Grundprinzip der UDF verstoßen: man handelte nicht ohne »ein Mandat des Volkes«. Das war zu einem geradezu besessen verfolgten Prinzip der Widerstandsbewegung im Lande geworden. Wie Boesak es ausdrückt: »Er hatte niemanden konsultiert, und eine größere Sünde gab es in der UDF nicht.« Diese Schwierigkeit hätte ohne weiteres den ganzen Verhandlungsprozeß scheitern lassen können, wenn nicht eine im Schatten lebende Gestalt eingegriffen hätte, die ein paar Monate zuvor insgeheim nach Südafrika hereingeschlüpft war – paradoxerweise um den revolutionären Kampf zu intensivieren. Es war nun aber dieser Mann, der die Verhandlungen rettete.

Kurz nachdem der ANC im Juni 1985 eine »Nationale Beratungskonferenz« in Kabwe, Sambia, abgehalten hatte, war die Idee ins Gespräch gekommen, eine Führungsgruppe nach Südafrika einzuschmuggeln, die Kontakt mit den Aktivisten im Lande aufnehmen und den inneren Widerstand dirigieren sollte. Es dauerte zwei Jahre, bis der ANC an die Umsetzung ging: schließlich wurde der Plan unter größter Geheimhaltung von Oliver Tambo in Angriff genommen. Er trug den Codenamen »Operation Vula« – ein Zulu-Wort, das »öffnen« bedeutet. Der Mann, den Tambo mit der Führung von Vula beauftragte, war Mac Maharaj, ein indisches Mitglied des ANC, und ein Mann, der zwölf Jahre auf Robben Island verbracht hatte, wo er mit Mandela in engem Kontakt gewesen war. Nach seiner Freilassung im Jahre 1976 war Maharaj ins Exil gegangen. Er gehörte dem Nationalen Exekutivkomitee des ANC an und war einer der intelligentesten Leute der Befreiungsbewegung: daß Tambo ihn bei einer so gefährlichen Mission aufs Spiel setzte, zeigt, wie sehr die Bewegung nicht nur einen effektiven Aktivisten brauchte, sondern auch einen Mann, der die Lage im Lande einschätzen konnte. In den folgenden Monaten wurde Maharaj zu Tambos Augen und Ohren in Südafrika.

Als Maharaj Anfang 1988 Lusaka verließ, erzählte er Kollegen und Journalisten, darunter mir, daß er nach Moskau fahre, um sich einer Nierentransplantation zu unterziehen, deren Ausgang ungewiß sei. Seine hagere Erscheinung machte die Geschichte völlig glaubhaft, aber in Wirklichkeit war er bei bester Gesundheit. Er fuhr tatsächlich nach Moskau, aber nicht, um sich operieren zu lassen: die Sowjets, dem ANC gegenüber immer hilfsbereit, rüsteten ihn mit einem falschen indischen Paß mit dem Namen Robin Das aus und gaben ihm raffinierte Mittel, um sein Äußeres zu verändern. Von Moskau flog Maharaj nach Amsterdam, wo er Kontakt mit Siphiwe Nyanda aufnahm, einem Umkhonto we Sizwe-Guerilla-Veteranen, der den Kriegsnamen Gebhuza trug und in Brüssel lebte. Die beiden trafen sich im Transitbereich von Amsterdams Flughafen Schiphol. Dort veränderten sie ihr Aussehen entsprechend ihren neuen Pässen und buchten ihre Flüge um. »Wir gingen nur auf eine Toilette, vernichteten den alten Paß, steckten den neuen ein, veränderten unser Aussehen ein wenig und gingen dann an Bord des neuen Fluges, als wären wir weiterfliegende Transitpassagiere«, berichtet Maharaj.

Die Verkleidungen waren gut und wirkungsvoll – aber unerwartet lästig. Maharaj hatte sich den Schnurr- und für ihn typischen Spitzbart abrasiert und ein für ihn angefertigtes Gebiß über die Zähne geschoben, um die Gesichtsform zu verändern: eine Platte über den Backenzähnen machte die

Wangen voller, und eine über den Schneidezähnen ließ den
Mund weiter vorstehen. »Das Wesen der Verkleidung liegt in
winzigen Schritten, nicht darin, eine spektakuläre Veränderung zu erreichen«, sagt Maharaj.

Das Problem ergab sich nach dem Start. »Wir stellten fest,
daß wir nicht essen konnten«, sagt Maharaj. »Essensreste
setzten sich zwischen den Platten und dem Zahnfleisch fest,
man kam mit der Zunge nicht heran. Es war, als hätte man
Metallfüllungen im Mund. Schreckliches Gefühl.« Also aßen
sie nichts. Maharaj verbrachte eine Fastennacht in der Tran-
sitlounge des Flughafens von Nairobi und flog am nächsten
Tag nach Swaziland weiter. Gebhuza folgte ihm auf einem
anderen Flug dorthin, und dann lag die riskante Überquerung
der Grenze von Südafrika vor ihnen.

Weitere, ernsthaftere Probleme entstanden. Zunächst gab
es ein Mißverständnis mit der Untergrundgruppe, die sie auf
auf der anderen Seite der Grenze erwartete. Sie las eine
kodierte Botschaft falsch und glaubte, daß die beiden aus
Zimbabwe kämen. Das hieß, daß Maharaj hastige Notmaß-
nahmen ergreifen und einen Mann aus Swaziland, den sie
nicht persönlich kannten, dazu überreden mußte, sie über die
Grenze zu bringen und nach Johannesburg zu fahren. Das
war eine hochriskante Sache, und es wurde noch gefährlicher,
als Maharaj merkte, daß die Verzögerung sie zwang, die
Grenze in einer Vollmondnacht zu überqueren. Dann wurde
Maharajs Jackett mit all ihrem Geld und einem Kalender
gestohlen, in dem die Codenamen und Adressen aller seiner
Kontakte in Südafrika standen.

Unter diesem Druck entschloß sich Maharaj, vorwärtszu-
stürmen. Sie würden die Grenze an einem vielbenutzten,
geschäftigen Übergang überschreiten, der von afrikanischen
Bauern benutzt wurde, nicht an einem ruhigen Grenzort, an
dem sie auffallen konnten. Und sie würden es bei vollen
Tageslicht tun. Gebhuza und er verkleideten sich als Bauern.
»Ich mußte mein Gesicht nicht viel dunkler machen«, berich-

tet Maharaj. »Ich trug zerschlissene blaue Overalls, eine hochgerollte Wollmütze auf dem Kopf, und ich hatte einen Gehstock, wie ihn afrikanische Bauern benutzen.« Sie trugen auch einen Sack mit Waffen: Pistolen und AK-47-Gewehre. »Damit wir uns verteidigen konnten, falls man uns faßte«, sagt Maharaj. »Ich hatte dafür gesorgt, daß eine Gruppe von Männern auf der Swazi-Seite der Grenze in Stellung ging, damit sie uns Feuerschutz geben konnten, falls es schiefging. Auf die Weise hatten wir die Chance, uns wieder zurück nach Swaziland durchzuschlagen.«

Aber es ging nicht schief. Maharaj und Gebhuza gingen inmitten einer Gruppe von Bauern unbehelligt über die Grenze. Ihr Kontaktmann war zur Stelle, und sie trafen sich dann mit einer Frau aus der Untergrundbewegung des ANC, die sie an eine Stelle brachte, wo sie ihre Kleidung und ihr Aussehen noch einmal veränderten. Sie übernahm die Waffen, um sie nach Swaziland zurückzubringen, und die beiden Männer und ihr Swazi-Fahrer machten sich auf den Weg nach Johannesburg. Sie sagten dem Fahrer, er solle sie am besten Hotel Johannesburgs, dem Carlton, absetzen – »um die Verbindung zu unterbrechen, falls er begriffen hatte, wer wir waren, was wahrscheinlich der Fall war«, erklärt Maharaj. Von dort nahmen sie ein Taxi in ein bescheideneres Hotel in Hillbrow, und Maharaj begann mit dem schwierigen Geschäft, Kontakt zu den UDF-Führern aufzunehmen, deren Codenamen und Nummern er verloren hatte.

Er fuhr nach Durban und machte die Stadt zum Hauptstützpunkt eines sich ständig ausweitenden Untergrundnetzes. Im Laufe des nächsten Jahres baute Maharaj ein bemerkenswertes Kommunikationssystem mit Lusaka auf. Mit Hilfe eines kleinen Laptop-Computers, der mit einem Modem ausgerüstet war, übertrug er codierte Botschaften aus öffentlichen Telefonzellen in Durban an Kontakte in London und Amsterdam, die sie dann nach Lusaka übermittelten. Der Code war kompliziert aber leicht handhabbar – eine compu-

terisierte Version der sich selbst löschenden Schrifttafel – was
bedeutete, daß jede Botschaft ihre eigene Codierung besaß
und sofort nach Aussendung gelöscht wurde. Die nächste
Botschaft trug wieder einen anderen Code. Der Empfänger
war im Besitz eines Decodersystems, das in derselben Rei-
henfolge arbeitete. Selbst wenn die Botschaften aufgefangen
wurden, konnte die andere Seite sie nicht entziffern, indem sie
durchgehende Züge des Code festhielt: alle Codierungen
waren unterschiedlich.

»Wir nahmen unsere Botschaft auf Band auf, gingen nachts
zu einer Telefonzelle, setzten einen Akustikkoppler auf die
Sprechmuschel und spielten das Band ab«, erklärt Maharaj.
»Auf dieselbe Weise empfingen wir unsere Botschaften, über-
spielten sie dann vom Band auf den Computer, ließen sie
durch das Decodierungsprogramm laufen und druckten sie
aus. Man konnte vier bis sechs Seiten in drei Minuten verarbeiten.«

Zum ersten Mal war das ANC-Hauptquartier in Lusaka in
direkter und regelmäßiger Verbindung mit einem Unter-
grundagenten in Südafrika. Später brachte Maharaj eine
Methode zustande, mit Mandela im Gefängnis zu kommunizieren, und daraus wurde ein einzigartiger dreiseitiger Austausch, der sich in der folgenden Zeit als unendlich wertvoll
erweisen sollte. »Als ich Tambo den ersten Bericht von Mandela schickte, war er so aufgeregt, daß er mich sofort mit
einem 10seitigen Antwortmemo bombardierte«, erinnert sich
Maharaj.

»Ich hatte ihm mitgeteilt, daß Mandela eine gründliche
Instruktion brauchte, und er fragte: ›Wie lang?‹ Ich sagte: ›Ich
kann ihm 10 oder 12 Seiten zukommen lassen, kein Problem.‹
Also bereitete er diese persönliche Instruktion vor, in der er
Mandela sagte, er solle mit dem weitermachen, was er tat. Er
schrieb ihm: ›Hör zu, es gibt nur ein Problem: laß dich nicht
in eine Lage manövrieren, in der wir die Sanktionen aufgeben
müssen. Das ist das Schlüsselproblem. Uns ist vor allem wich-

tig, daß wir unsere Waffen nicht aus der Hand geben, und die Sanktionen sind unsere wichtigste Waffe. Sie sind die Trumpfkarte, mit der wir die internationale Meinung mobilisieren und Regierungen auf unsere Seite ziehen können.‹«

Mit Mandela zu kommunizieren war in der Tat sehr viel leichter als die Computerbotschaften an Tambo zu schicken. Da es Mandela im Victor Verster-Gefängnis erlaubt war, Besucher zu empfangen, war es für Maharaj nicht schwierig, Kuriere zu finden, die Botschaften überbrachten. »Ich ließ eine Botschaft mit sehr kleiner Type auf einem dünnen Papierstreifen ausdrucken, der so gefaltet wurde, daß man ihn übergeben konnte, wenn man sich die Hand schüttelte«, erklärt er. »Es war ein System, das wir auf Robben Island gebraucht hatten.« Der Kurier trug ein kleines Tonbandgerät mit einem versteckten Mikrophon bei sich, so daß Mandela seine Antwort diktieren konnte – so als unterhielte er sich mit dem Kurier. Am Abend schon hatte Tambo die Antwort in Lusaka in den Händen.

»Ich bot Mandela andere Techniken an, zum Beispiel unsichtbare Tinte«, sagt Maharaj. »Ich ließ ihm sogar sagen, daß ich irgendeinen Gegenstand, ein Portemonnaie oder etwas im Haus, nachmachen lassen könnte, so daß man sie austauschen und in ihnen Botschaften übermitteln könnte. Das würde ihm mehr Zeit geben, seine Antworten vorzubereiten. Aber er lehnte das alles als zu kompliziert ab. Ich glaube, er hatte auch Angst, daß es im Haus versteckte Kameras gab.«

Beim Diktat eines dieser »Briefe« an Tambo kam es zu den erwähnten Schwierigkeiten. Für die, die bei Mandela waren, klang es wie eine Unterhaltung, aber der Kurier hatte sein Tonbandgerät eingeschaltet, und was Mandela in Wirklichkeit tat, war, dem Präsidenten im Exil einen genauen Bericht über das Memorandum zu vermitteln, das er gerade an Botha geschickt hatte. Das Problem war, daß ihn einige der Anwesenden mißverstanden; sie kannten die Zusammenhänge

nicht, und für sie hörte sich das alles verdächtig nach einem
Privathandel Mandelas mit der Regierung an. Als sie Mbeki
davon unterrichteten, war der alarmiert. Die UDF wurde
über Geheimkanäle informiert, und weitere Treffen mit Mandela wurden fürs erste gestoppt.

Als Maharaj davon hörte, handelte er schnell. Er forderte
das Tonband an, ließ den vollen Text ausdrucken und überzeugte sich davon, daß der UDF-Verdacht unbegründet war.
Er fuhr sofort nach Johannesburg, um dort UDF-Führer zu
treffen, dann nach Port Elizabeth, wo Mbeki lebte. »Als sie
den vollständigen Text der Nachricht sahen, begriffen sie, daß
sie Mandelas Absichten mißverstanden hatten«, sagt Maharaj.
»Wir konnten die Sache innerhalb weniger Tage aufklären.
Ich schickte eine Botschaft an Mandela, um ihm zu erklären,
wie das Problem entstanden war. Er lud Mbeki und die anderen, die damit zu tun hatten, sofort zu sich ein.«

Später sollte Operation Vula, die diese Krise beseitigt hatte,
selbst eine Krise auslösen. Aber für den Augenblick war dem
Fortgang des Verhandlungsprozesses der Weg geebnet.

7. KAPITEL

Das Ende
der alten Ära

P. W. Botha, schon immer ein schwieriger Mann mit explosivem Temperament, war mit den Jahren reizbarer und autoritärer geworden, und nach seinem Schlaganfall wurde das noch deutlich schlimmer. Auch zögerte er immer mehr, mit seinem früheren Reformprogramm weiterzumachen. Er hatte einen Prozeß begonnen, aber er führte ihn nicht weiter. Schlimmer noch, er schien den Rückwärtsgang eingeschaltet zu haben.

Bothas zwölfjährige Präsidentschaft war von Widersprüchen bestimmt. Die erste Phase, von 1977 bis in die Mitte der 80er, führte eine Reihe von bedeutenden Reformen ein. Unter dem Slogan »Anpassen oder Sterben« tat er 1983 das Undenkbare, als er die Nationalpartei spaltete, um den asiatischen und gemischtrassigen »Farbigen« (»coloured people«) das Wahlrecht für eigene, getrennte Parlamente zuzugestehen. Er schaffte die verhaßten Paßgesetze ab, welche die Bewegungsfreiheit der Schwarzen einschränkten – sie mußten den Paß immer bei sich tragen, sie durften Städte nicht betreten. Er erhöhte das Erziehungsbudget für Schwarze und annullierte Gesetze, die Sex und Ehe zwischen den Rassen verboten. Er versprach, die Schwarzen, die in den Stammes-Homelands lebten und die man unter der Politik territorialer Segmentierung zu Ausländern erklärt hatte, wieder zu südafrikanischen Bürgern zu machen.

All das erforderte Mut, dennoch waren die Reformen Stückwerk, und Botha schien keine klare Vision zu haben, wohin er das Land führte. Er sah die Notwendigkeit von Reformen, konnte sich selbst aber nicht dazu bringen, die Afrikaaner-Hegemonie zu beenden. Seit seinen zwanziger Jahren war er Partei-Apparatschik gewesen, und er war jetzt hoch in den Siebzigern: er hatte zuviel in das System investiert, um es jetzt aufzugeben. Also wurden seine Maßnahmen zu einer Übung in begrenzter Reform, Veränderungen, die den Schwarzen eine Stimme gaben, aber keine Macht – eine symbolische Stimme in irgendeiner neuen engbegrenzten Verfassungsstruktur. Die Folge war, daß sich zwar die sozialen und ökonomischen Lebensbedingungen der Schwarzen verbesserten, die politischen Veränderungen aber nicht auf eine Reform hinausliefen, sondern auf eine Umformulierung des alten Systems der rassischen Unterdrückung. Die Apartheid war tot – lang lebe die Neo-Apartheid!

Statt die schwarze Bevölkerung zu beschwichtigen, erzürnten diese »Reformen« sie. Botha war dem alten Irrtum herrschender Eliten aller Zeiten aufgesessen, er hatte geglaubt, er könnte die immer lauter werdenden Forderungen der unterdrückten Massen mit ein paar Scheinkonzessionen und materiellen Zugeständnissen befriedigen. Er hatte Alexis de Tocquevilles Warnung ignoriert, daß »der gefährlichste Moment einer schlechten Regierung kommt, wenn sie versucht, sich zu bessern«; daß revolutionäre Bewegungen nicht aus Bedingungen absoluter Verelendung und Unterdrückung entstehen, sondern wenn die Lage sich ein bißchen verbessert und die Hoffnungen der Unterdrückten wach werden, weil sie das Gefühl haben, nun sei die Stunde gekommen, da sie sich endlich befreien können. Die schwarzen Südafrikaner durchschauten Bothas gewundene Versuche, die Illusion politischer Rechte zu beschwören, wo es keine reale Macht gab, und taten ihn als tricksenden Betrüger ab. Während die Weißen die Reformen als eine bedeutende Konzession betrachteten, sahen die Schwarzen sie als Beleidigung ihrer Bestrebungen. Zur Überraschung und Bestürzung der Weißen entfesselte Bothas Reformpolitik den wütendsten und längsten schwarzen Aufstand in der Geschichte Südafrikas.

Als die Rebellion von 1984 an immer stärker wurde, reagierte Botha zunehmend verwirrt und zornig. Wie Erzbischof Tutu anmerkte, »verlor sein Mut alle Überzeugung«. Er wollte die Reform noch immer, aber seine Besessenheit, nicht schwach zu erscheinen, hinderte ihn daran, angesichts des Aufstands Konzessionen zu machen. Er mußte ihn erst niederschlagen. Also setzte Botha drakonische Notstandsmaßnahmen in Kraft, verlegte Truppen in schwarze Townships, erlegte der Presse scharfe Einschränkungen auf und verfolgte politische Aktivisten. Im Laufe der nächsten drei Jahre starben 3.500 Menschen in dem Konflikt, und mehr als 30.000 wurden ohne Prozeß hinter Gitter gebracht.

Die internationale Empörung über die Gewaltmaßnahmen führte zu Sanktionen und Desinvestment, worauf Botha mit dem reagierte, was Crocker einmal seine »xenophobe Rage« genannt hat. Er war besessen von dem Gedanken, daß er allen westlichen Versuchen, sich in Südafrikas Politik einzumischen, widerstehen müsse, also erstickte er die Initiative des Commonwealth und sagte der Welt im Grunde, sie könne zur Hölle gehen. »Unterschätzt uns nicht«, donnerte er auf einem Sonderparteitag der Nationalpartei im August 1986. »Wir sind keine Nation von Quallen.«

Dieser Parteitag markierte den Wendepunkt von Bothas Präsidentschaft. Er war sechs Monate vorher mit der erklärten Absicht einberufen worden, eine neue Reformverfassung zu verabschieden, die den Schwarzen irgendeine Form politischer Vertretung in der Zentralregierung geben sollte, aber als der August kam, hatte Botha in den Rückwärtsgang umgeschaltet, und der Sonderparteitag war ein weiterer Schlag ins Wasser.

Während Südafrika von da an zunehmend isoliert und belagert war, wurde Botha immer trotziger und wütender. Als der schwarze Aufstand um sich griff, verschärfte der ANC seinen Guerillakampf, und verschiedene Bombenattentate und Landminenexplosionen führten zum Tod von Weißen. Das zog Aktionen der Sicherheitskräfte gegen ANC-Ziele in den Nachbarstaaten und gegen radikale Gruppen im Innern von

Südafrika nach sich. Attentate und Killerkommando-Operationen wurden alltäglich.

Die Spirale der Gewalt verschärfte die Spaltung in der Regierung. Auf der einen Seite standen jene, die verhandeln wollten, auf der anderen die, welche entschlossen waren, die Rebellion zu zerschlagen, bevor man daran denken konnte zu verhandeln – und auch dann nicht mit dem ANC, sondern mit geschmeidigeren schwarzen Führern.

Der Bruch verlief nicht nur durch den politischen Teil von Bothas Regierung, sondern auch durch die Sicherheits- und Geheimdienste. Niel Barnard und Mike Louw vom NIS (National Intelligence Service), die in die Geheimgespräche mit Mandela verwickelt waren, glaubten fest daran, daß Verhandlungen mit der verbotenen Organisation nicht nur möglich sondern notwendig waren. Der Militärgeheimdienst, der den antisubversiven Kampf führte und die Killerkommandos stellte, war total dagegen. Die »Securokraten« des Militärgeheimdienstes waren die schärfsten Falken, hatten Botha immer schon nahegestanden und betrachteten den ANC als das trojanische Pferd Moskaus. Sie glaubten tatsächlich an eine kommunistische Bedrohung Südafrikas, und sie verstärkten die Abneigung Bothas, auch nur das geringste Anzeichen von Schwäche zu verraten. Zunehmend schloß sich Botha ihrer Sicht an, daß der Aufstand niedergeworfen werden mußte, um Bewegungsfreiheit für eine Verhandlungslösung mit den »Gemäßigten« zu gewinnen.

Botha hatte einen kurzen Ausblick auf seinen »New Deal« erlaubt, als er das Programm für den dann gescheiterten Parteitag von 1986 verkündete. Die Nationalpartei, die einen Reformschritt erwartete, der dann nie kam, hatte das Prinzip des schwarzen Wahlrechts in »einem einzigen Südafrika« akzeptiert – damit scheinbar die Kernzielsetzung der Apartheid aufgebend: die Teilung des Landes in getrennte ethnische Staaten. Botha hatte davon gesprochen, den Schwarzen politische Vertretung »bis zur höchsten Ebene« zuzugestehen. Aber das war nur wieder die alte Doppelzüngigkeit. Woran Botha gedacht hatte, war nicht das konventionelle Stimmrecht für direkte Vertretung in der zentralen Legislative, sondern ein indirektes System der Stimmabgabe über Homelands und Township-Räte, um den Schwarzen eine eigene, segregierte Rolle im Parlament zu geben. Vor allem hatte er keine ANC-Beteiligung vorgesehen. Sein Gedanke war es, die militanten schwarzen Führer und Gruppen zu isolieren, und den »New Deal« mit »Gemäßigten« abzuschließen, mit den Schwarzen also, die bereits jetzt mit dem Apartheidsystem kollaborierten, plus einigen anderen, die vielleicht dazu zu bewegen waren, mitzumachen, sobald der Aufstand niedergeschlagen war.

Trotz aller Dementis, die man heute von jenen hört, die damit zu tun hatten, ist es schwer, sich der Schlußfolgerung zu verschließen, daß die Absicht der Gespräche mit Mandela darin bestand, ihn möglicherweise als Führer der Gemäßigten in diesen Plan einzubinden – vielleicht zusammen mit Mitgliedern des ANC im Exil, die von den Beobachtern der Regierung als Nationalisten und Gemäßigte eingeschätzt wurden – im Gegensatz zu den Kommunisten und anderen Militanten. Was immer die ursprüngliche Intention war, es wurde bald klar, daß Mandelas Klarheit und Festigkeit und seine Loyalität gegenüber seiner Organisation eine solche Möglichkeit ausschlossen – und bis dahin sahen jene, die Mandela trafen, sowohl ihn als auch seine Organisation in einem anderen Licht.

Aber jetzt, in den harten Jahren zwischen 1986 und 1989, während die Unruhen andauerten und die Isolation des Landes sich vertiefte und Bothas Haltung härter wurde, begann die Frustration einer ganzen Reihe von führenden politischen Köpfen der Afrikaaner zu wachsen, die von der Notwendigkeit der Reform überzeugt waren. Dies erstreckte sich über die Politiker im *verligten* oder reformerischen Flügel der Nationalpartei hinaus bis ins Herz des Afrikaaner-Establishments. Sorge breitete sich sogar in der geheimen Bruderschaft der Afrikaaner aus, im *Broederbond* – einer mächtigen Vereinigung der politischen Intelligentsia des weißen Stammes, die von den frühesten Jahren an eine entscheidende Rolle in der Lenkung der nationalistischen Afrikaaner-Bewegung gespielt hatte.

Es war der Broederbond, der zuerst die Apartheid-Ideologie entwickelt und als der wichtigste »Think-tank« für die spätere Regierungsstrategie gedient hatte. Aber von den späten 70ern an begann sich seine Rolle zu wandeln, da mehr und mehr Afrikaaner die Notwendigkeit einer Reform erkannten. Jetzt wurde er zur wichtigsten Agentur bei dem Versuch, einen Ausweg aus dem historischen Dilemma der Afrikaaner zu finden: Wie konnte man die Apartheid aufgeben und sich mit der schwarzen Mehrheit arrangieren, ohne die Kontrolle über das Land zu verlieren und letztlich die Identität der Afrikaaner aufzugeben?

Pieter de Lange, der den Vorsitz des Broederbond 1983 nach einem bitteren Machtkampf gegen die Konservativen übernahm, hatte seinen ersten Kontakt mit Mitgliedern des ANC bei einer Konferenz der Ford-Foundation in Long Island im Jahre 1986. Dort traf er Thabo Mbeki, den Informationsdirektor des ANC und Berater des Präsidenten Oliver Tambo. (Heute ist Mbeki der Erste Vizepräsident von Südafrika und Mandelas wahrscheinlichster Nachfolger.) 44 Jahre alt und mit einem Magisterexamen der Ökonomie von der Sussex University, war Mbeki schon damals der gewandteste Diplomat des ANC, urban und witzig, mit einer Liebenswürdigkeit, die sehr schnell alle Stereotypen von Pretorias Propagandafabrik unterlief. Die beiden Männer unterhielten sich eines Abends etwa drei Stunden lang, und de Lange lud Mbeki ein, mit ihm und seiner Frau am nächsten Tag zu Mittag zu essen.

Beide erinnern sich sehr gut an ihr Gespräch. De Lange betonte seinen Glauben an die Notwendigkeit politischen Wandels, aber Mbeki war skeptisch. Weiße Südafrikaner neigten dazu, solche Dinge zu sagen, wenn sie sich im Ausland aufhielten, zeigten aber wenig Handlungsbereitschaft, wenn sie wieder zu Hause waren. »Ich weiß noch, daß er mir sagte, das Land würde in große Schwierigkeiten geraten, wenn es seinen Rassenkonflikt nicht bis 1990 gelöst habe«, erinnert sich Mbeki. »Ich sagte, er würde es sehr schwer haben, uns zu überzeugen, daß es tatsächlich die Art Veränderung, von der er sprach, geben würde, solange ein Mann wie P. W. Botha an der Macht war. Seine Antwort war interessant. Er sagte: ›Sehen Sie, wir Afrikaaner haben geglaubt, wir brauchten viele Dinge, um unsere Zukunft abzusichern: getrennte Lebensräume, keine Mischehen und all das. Wir glaubten, wenn wir das nicht hätten, würde dieser schwarze Kontinent uns schlucken, und die Afrikaaner würden aufhören, als Volk zu existieren. Aber die Realität ist, daß wir den *Group Areas Act* (getrennte Wohnbereiche) morgen abschaffen können, und es wird sich gar nichts ändern, weil eure Leute gar nicht das Geld haben, in die teuren weißen Vorstädte zu ziehen. Aus eurer Sicht wird das also eine bedeutungslose Änderung sein, aber für uns Afrikaaner bedeutet es, daß wir eines Tages aufwachen und begreifen, daß sich nichts verändert hat, daß alles in Ordnung ist, wir sind nicht als Volk untergegangen, weil der *Group Areas Act* nicht mehr da ist. Das öffnet den Weg zur nächsten Frage: Warum brauchen wir überhaupt eine weiße Regierung?‹ Was er sagen wollte, war: diese Veränderungen, die wir als bloße Kosmetik betrachteten, waren bedeutsam, weil sie das Denken der Afrikaaner veränderten. Das würde Möglichkeiten eröffnen – trotz P. W. Botha.«

Als die beiden am folgenden Tag zusammen aßen, sagte de Lange Mbeki, daß er, sobald er nach Südafrika zurückgekehrt war, sich ganz darauf konzentrieren wolle, an der nationalen Aussöhnung aller Südafrikaner mitzuarbeiten. Wieder äußerte der ANC-Mann sich skeptisch. Aber ein paar Monate später sah Mbeki einen Zeitungsbericht, in dem gemeldet wurde, daß de Lange als Rektor der Rand Afrikaans Universität in Johannesburg zurückgetreten war, um sich ganz der Förderung des Verständnisses zwischen den Rassen zu widmen. »Da verstand ich, warum er darauf bestanden hatte, daß ich mit ihm und seiner Frau essen ging, er wollte diese Verpflichtung in ihrer Gegenwart aussprechen«, sagt Mbeki. »Es bedeutete, daß er sich nun als Vorsitzender des Broederbond auf den Weg machte, um seine Leute überall im Lande davon zu überzeugen, daß es Bewegung geben müsse.«

De Lange erinnert sich, daß Mbeki ihn am Ende des Essens fragte, welche Botschaft er mit zu seinem Präsidenten, Oliver Tambo, zurücknehmen sollte. »Ich sagte ihm, daß Südafrika sich für die Veränderungen, die notwendig waren, bereit machte, und daß die Afrikaaner darauf bestehen würden, ihre kulturelle Identität und die dazu notwendigen Bedingungen zu bewahren – Sprache, Erziehung, religiöse Freiheit. Ich glaube, er war ziemlich überrascht und erfreut.«

De Lange wurde tatsächlich zu einem Lobbyisten für die Reform, aber er tat es auf sehr vorsichtige, zögernde Weise, fern dem Auge der Öffentlichkeit, in den geheimen inneren Zellen der Bruderschaft. Sein Hauptanliegen war es, die Reform mit der Sicherheit und Identität des Afrikaanervolks zu versöhnen. Aber so vorsichtig sein Vorgehen auch war, angesichts der Geschichte und des Status des Broederbond innerhalb des Afrikaaner-Establishments war es wichtig, eine Atmosphäre des Wandels zu schaffen. Ich erinnere mich daran, daß ich de Lange zum Zeitpunkt seines Rückzugs aus der Universitätsarbeit interviewte, und er sprach von seiner Vision, wie Südafrika auf den Weg des Wandels gebracht werden konnte. Er führte eine Analogie an: so wie Spannungen sich unterirdisch lange sammelten, bevor sie zu geologischen Verschiebungen führten, an die lebende Wesen sich dann anpassen mußten, so war es auch im politischen Bereich. Seine Sorge sei, sagte er, daß es nicht genug gegenseitiges Vertrauen gebe, um den Südafrikanern diese Anpassung zu erlau-

ben. »Der Mangel an gegenseitigem Vertrauen beruht auf
dem Mangel an wirklichem Kontakt«, sagte er. »Es existiert
ein riesiges Bedürfnis nach mehr Kontakt, um gegenseitiges
Verständnis aufzubauen.«

De Lange sprach regelmäßig mit Botha, vermittelte ihm die
Botschaft, daß der ANC gemäßigter war, als die Afrikaaner
begriffen, sagte ihm, daß »die stereotypen Bilder auf beiden
Seiten durch mehr Kontakte allmählich abgebaut wurden«.
Botha und seine wichtigsten Minister trafen sich auch in
bestimmten Zeitabständen an einem geheimen Erholungsort
in den Bergen in der Nähe von Wellington mit der Leitung
des Broederbond, um die Vorstellungen des Broederbond
zum politischen Wandel in Südafrika zu diskutieren.

De Lange behauptet, daß der Broederbond in Fragen des
Reformdenkens der Nationalpartei weit voraus war. Schon
1984 – ein volles Jahr vor Coetsees erstem Treffen mit Mandela
– hatte die Broederbond-Leitung nach Aussage von de Lange
akzeptiert, daß den schwarzen Südafrikanern das Stimmrecht
gegeben werden mußte und daß die Afrikaaner sich auf eine
seismische Verschiebung einstellen sollten. Arbeitspapiere mit
Ideen zu einer Verfassungsreform zirkulierten, und de Lange
sagt, daß schon Anfang 1986 eine Mehrheit der 2.000 Broederbond-Mitglieder für das Prinzip der vollen Bürgerrechte für
Schwarze stimmte – wenn es auch kein Anzeichen dafür gibt,
daß sie sich vorstellten konnten, den Bann des ANC aufzuheben und mit ihm in Verhandlungen einzutreten. Die meisten
dachten an einen Handel mit Häuptling Mangosuthu Buthelezis Inkatha-Bewegung und anderen traditionalistischen
schwarzen Führern. Aber wie begrenzt das Denken der Bruderschaft zu der Zeit auch gewesen sein mag, de Lange schätzt,
daß es noch mindestens ein Jahr länger dauerte, bis eine Mehrheit im Kabinett zu denselben Schlüssen kam. Und bis dahin
hatte Botha seine Kehrtwendung vollzogen.

Botha hatte in den letzten Jahren der 80er durchaus die
Gelegenheit, einen historischen Durchbruch herbeizuführen.

Er hatte eine unangreifbare politische Machtbasis. Ermuti-
gende Berichte kamen von dem Komitee, das sich mit Mandela traf. Auch der Broederbond war für Reformen. Er selbst
hatte Mandela getroffen und konnte sich ein Bild von der Statur des Mannes, von seiner Ruhe und Vernunft machen. Aber
der Präsident wirkte wie erstarrt.

Als die Frustration unter den Reformern zunahm, wandte
sich ein Abgeordneter der Nationalpartei an de Lange und
schlug ihm vor, daß der Broederbond und eine Gruppe des
verligte Flügels (des fortschrittlicheren Teils) der Nationalpartei zusammen eine Revolte gegen den Präsidenten anzet-
teln sollten. De Lange wies das zurück, aber seine eigene
Frustration wurde deutlich spürbar, als er wenig später vor
einem regionalen Treffen der Bruderschaft sagte, er glaube,
daß es erst politische Veränderungen geben könne, »wenn die
Persönlichkeiten an der Spitze ausgewechselt sind«.

Die Frustration wurde durch die Tatsache verstärkt, daß
Geschäftsleute und weiße Oppositionsabgeordnete nach
Lusaka geflogen waren, um dort mit dem ANC zu reden. Ihre
Diskussionen zogen viel Publizität auf sich, aber Botha
machte klar, daß er das mißbilligte und daß es insbesondere
für Afrikaaner der Nationalpartei gleichbedeutend mit ethni-
schem Verrat war, sich mit diesen Staatsfeinden zu treffen.
Als eine Gruppe von Studenten der Stellenbosch-Universität
ein Treffen mit dem ANC in Lusaka plante, beschlagnahmte
die Regierung ihre Pässe, um den Kontakt zu verhindern.

Auch der ANC streckte die Fühler aus. Nach Bizos Besuch
in Lusaka, auf dem er der ANC-Führung im Exil von Mandelas Geheimgesprächen im Gefängnis berichtet hatte, wollten die ANC-Männer in Lusaka mehr darüber erfahren, was
in Südafrikas politischem Establishment vor sich ging. Mbeki
erinnert sich an eine Unterhaltung mit Oliver Tambo in dieser
Zeit, in der der ANC-Präsident bemerkte: »Ich hab einen
Alptraum, daß wir eines schönen Tages eine Botschaft von

P.W. Botha bekommen, daß er verhandeln will, und wir verstehen sie gar nicht, weil wir nicht wissen, wie sie denken.«

Im Februar 1986 flog ich nach Lusaka, um ein Interview mit Tambo zu machen, und am Ende unseres Gesprächs fragte er mich, ob ich einer Gruppe seiner Kollegen berichten würde, was in meinen Augen politisch innerhalb des Afrikaaner-Nationalismus geschah. Am nächsten Tag sprach ich vor zwölf Mitgliedern der ANC-Führungsgruppe über die Konflikte, die sich meiner Erfahrung nach im herrschenden Establishment entwickelten, und über das Anwachsen einer Reformbewegung in seinem Kern.

Vertrauliche Einladungen begannen ins Land zu sickern. Sampie Terreblanche, Professor für Wirtschaftsgeschichte in Stellenbosch, erinnert sich, daß er und ein weiterer Akademiker, Willie Esterhuyse, die Nachricht bekamen, daß der ANC es gerne sähe, wenn sie Lusaka besuchten. Beide waren einflußreiche Afrikaaner, Mitglieder des Broederbond und Regierungsberater. Beide waren zugleich Reformer und wollten die Einladung sehr gerne annehmen. Aber bevor sie fahren konnten, bestellte Botha sie in sein Büro im 18. Stockwerk des Hendrik Verwoerd-Gebäudes in Kapstadt. »Er sagte uns, wie wichtig wir beide ihm waren«, erinnert sich Terreblanche, »dann sagte er, er wolle nicht, daß wir mit Mördern redeten, wir sollten nicht fahren.« Fügsam sagten die beiden Männer die Reise ab. Terreblanche sagt heute mit ein wenig beschämtem Gesicht, er frage sich, was geschehen wäre, wenn sie dem Alten Krokodil getrotzt und ihm gesagt hätten, sie führen auf jeden Fall. »Wissen Sie, ich glaub, er hätte uns durch das Fenster im 18. Stock geworfen«, sinniert der silberhaarige Professor mit einem Schmunzeln.

Aber innerhalb eines Jahres waren Esterhuyse und Terreblanche in eine weitere außerordentliche Serie geheimer Treffen mit dem ANC in Großbritannien verwickelt – dieses Mal mit Bothas indirektem Wissen und seiner Billigung. Das Konzept dieser Treffen entstand merkwürdigerweise nach

einem Londoner Gespräch zwischen Tambo, Mbeki und
einer Gruppe britischer Unternehmer, die Interessen in Südafrika hatten. Die ANC-Mitglieder waren darum bemüht,
ihre Botschaft der britischen Geschäftswelt nahezubringen,
aber das Treffen war schlecht besucht und ziemlich wir-
kungslos: die britischen Firmen waren zu der Zeit mehrheit-
lich gegen den ANC eingestellt, betrachteten ihn als eine radikale revolutionäre Bewegung nach Art der IRA oder der
PLO.

Aber ein Teilnehmer der Runde sah das anders. Michael
Young, Kommunikationsdirektor bei Consolidated Gold-
fields, einem wichtigen britischen Bergbaukonzern, war poli-
tischer Berater der Premierminister Alec Douglas-Home und
Edward Heath zur Zeit von Ian Smiths einseitiger Unabhän-
gigkeitserklärung Rhodesiens in den 60er Jahren gewesen.
Das hatte in ihm ein lebenslanges Interesse an der stürmischen
Rassenpolitik im südlichen Afrika geweckt. Als Margaret
Thatcher Heath als Premierminister ablöste, verließ Young,
der sich dem linken Flügel der Torys zugehörig fühlte, die
Konservative Partei und schloß sich den Liberalen an. Jetzt,
im Alter von 41 Jahren, war er der Meinung, daß die britische
Geschäftswelt – und besonders seine Firma, die eine große
Niederlassung in Johannesburg unterhielt – mehr tun sollte,
um zum politischen Wandel in Südafrika beizutragen. Nach
dem Londoner Treffen sprach Young Tambo an, um zu fragen, was britische Unternehmen tun konnten, um nicht nur
an den Symptomen des Apartheidproblems herumzukurie-
ren.

»Er dachte einen Moment nach und sagte dann: ›Ich würd
gern mal ausprobieren, ob wir nicht zu einem Dialog mit den
Afrikaanern kommen können‹«, erinnert sich Young. Es war
keine leichte Aufgabe für einen britischen multinationalen
Konzern, aber Young schlug es Consgolds Chef, Rudolph
Agnew, vor. Zu seiner Überraschung stimmte Agnew, ein
flamboyanter rechter Konservativer, der Idee zu und gab

Young die finanziellen Mittel, um eine Serie von Geheimtreffen zwischen dem ANC und führenden Persönlichkeiten aus dem Afrikaaner-Establishment zu organisieren. »Es war ziemlich mutig und bemerkenswert von Agnew«, sagt Young, der heute als privater Consultant in London arbeitet. Wie sich herausstellte, war es eine sehr bedeutende Entscheidung, die schließlich zum ersten direkten Kontakt zwischen der südafrikanischen Regierung und der ANC-Spitze im Exil führte.

Young flog nach Südafrika, um Leute zu finden, die ihm bei seiner Dialog-Idee helfen konnten. »Ich brauchte Angehörige der politischen Elite, die P.W. Botha nahestanden«, sagt er. Bevor er aufbrach, sprach er mit Fleur de Villiers, der früher als politischer Journalist in Südafrika gearbeitet hatte und nun Consgold in Großbritannien beriet. De Villiers verwies ihn an Esterhuyse und Terreblanche, spielte danach aber nach Aussage von Young keine Rolle mehr. Esterhuyse war begeistert, und er und Young begannen mit vorbereitenden Maßnahmen. Dann geschah etwas noch Merkwürdigeres.

Irgendjemand gab dem südafrikanischen Geheimdienst einen Tip: vielleicht war es ein Agent, der von dem Vorhaben wußte, vielleicht auch nur ein zufällig abgehörtes Telefon. Ein Bericht kam auf Niel Barnards Tisch. Er suchte Esterhuyse auf. »Ich fragte ihn nicht, woher er es wußte«, sagt Esterhuyse – und Barnard will es auch heute noch nicht verraten. Der Chef des Geheimdienstes war ebenso entschieden gegen private Gruppentreffen mit dem ANC wie Botha selbst, wenn auch aus anderen Gründen. Er meinte, solche Treffen könnten die Intentionen der Regierung durchkreuzen. Aber nicht dieses Mal. »Er sagte mir, daß die Regierung an einem informellen Kontakt mit dem ANC interessiert sei«, erinnert sich Esterhuyse, »und er fragte, ob ich bereit sei, ihm über die Diskussionen, die wir haben würden, zu berichten.«

Esterhuyse zögerte, als Agent für den Geheimdienst zu arbeiten – buchstäblich als Spion –, aber er sah auch, wie wichtig es war, eine Verbindung zwischen dem ANC und jemandem, der dem Präsidenten so nahe war, herzustellen. Er sagte Barnard, er würde es tun, wenn ihm erlaubt würde, Thabo Mbeki und Jacob Zuma, die Schlüsselfiguren auf ANC-Seite, davon zu unterrichten. Mbeki bestätigt, daß der Philosoph von der Stellenbosch-Universität das auch wirklich tat. »Er machte sofort am Anfang reinen Tisch«, sagt Mbeki. »Ich wußte immer, daß er mit Barnard redete – und daß Barnard P. W. Botha berichtete.«

Andere Teilnehmer wußten es indessen nicht. »Man konnte sehen, daß es eine Art Treffen innerhalb des Treffens gab, Esterhuyse steckte oft den Kopf mit Mbeki zusammen«, berichtet Terreblanche. »Ich hatte den Verdacht, daß er irgendjemanden informierte, aber ich war mir nicht sicher.«

Er stellte in der Tat eine sehr präzise Verbindung her. Mbeki sagt heute: »Er kam immer wieder zu mir und sagte: ›Hör mal, da sind diese Fragen – dies oder jenes –, die für die Regierung wichtig sind. Kannst du dir mal ein Bild machen, was deine Leute dazu meinen?‹« Esterhuyse übermittelte dann die Reaktionen des ANC an Barnard, zusammen mit Anfragen Mbekis zur Regierungshaltung bei bestimmten Problemen. So begann eine Art Stellvertretergespräch zwischen der Regierung und dem ANC im Exil. Barnard traf natürlich als Mitglied des offiziellen Komitees auch Mandela regelmäßig, während Mandela seinerseits durch Bizos über die Haltung des ANC im Ausland unterrichtet wurde. Eine Art Kreislauf aus indirekten Gesprächen war damit in Gang gesetzt.

Dies waren nicht die einzigen Kontakte. Wimpie de Klerk, der Bruder des zukünftigen Präsidenten, war unter denen, die Esterhuyse einlud, an den Geheimtreffen teilzunehmen, und auch er unterrichtete insgeheim den Mann, der letztlich die Entscheidung treffen sollte, Mandela freizulassen und den Bann des ANC aufzuheben. Wimpie de Klerk war ein interessanter Mann, der einen bedeutenden Einfluß auf den Reformflügel der Nationalpartei hatte. Er war ursprünglich

Theologe, wurde dann Journalist und leitendes Mitglied des Broederbond. Man holte ihn von seinem Lehrstuhl an der Potchefstroom Universität, damit er die Herausgeberschaft des offiziellen Sprachrohrs der Nationalpartei übernahm, einer Zeitschrift mit Namen *Die Transvaler*. Obwohl ich zu der Zeit die *Rand Daily Mail* herausgab, die wohl energischste Anti-Apartheid-Zeitung des Landes, hatte ich ein gutes Verhältnis zu de Klerk. Wir aßen regelmäßig zusammen Mittag und versuchten, unsere Meinungsverschiedenheiten auf einer vernünftigen Basis zu halten.

Wimpie stand nach allgemeiner Einschätzung deutlich links von seinem Bruder, hatte aber eine enge brüderliche Bindung an FW. Entsprechend seinem ausgeprägten Familiengefühl sagte Wimpie seinem Bruder, daß er an einer Serie von Gesprächen mit dem ANC im Exil teilnehmen werde. FW antwortete knapp, daß solche Treffen gegen die Parteilinie verstießen und er deshalb nichts davon wissen wollte. »Pech«, antwortete Wimpie, »ich werd dir trotzdem davon schreiben, ob du's nun hören willst oder nicht.« – »Ich werd deine Briefe nicht beantworten«, sagte FW, »aber vielen Dank. Ich bin dir sehr dankbar.«

Also schrieb Wimpie de Klerk seinem Bruder nach jedem der drei Treffen, an denen er teilnahm, vermittelte ihm seine unumwundene Einschätzung des ANC. Nach seiner Rückkehr berichtete er auch dem Broederbond. »Der Kern meiner Aussage war: ›Seht mal, Jungs, alles ist in Ordnung. Wir können mit denen ins Geschäft kommen. Der ANC ist nicht so radikal. Die wollen verhandeln. Sie sind kompromißbereit. Sie sehen die Afrikaaner als Teil der südafrikanischen Bevölkerung. Sie sind nicht so gefährlich. Sogar in ihren wirtschaftlichen Ansichten gibt es eine Menge Flexibilität.‹« Seiner Ankündigung getreu antwortete FW nicht auf diese beruhigenden Beobachtungen, aber Wimpie glaubt, daß sie Wirkung auf seinen Bruder hatten, der zu der Zeit die Nationalpartei in der Provinz Transvaal führte und noch tief konservativ dachte.

»Sie waren eine Art Pseudoverhandlung«, sagt Wimpie de Klerk heute über die Geheimgespräche. »Uns wurde gesagt, daß der ANC Afrikaaner treffen wollte, die zu Hause eine Wählerschaft hinter sich hatten, und daß sie wollten, daß wir dieser Wählerschaft Botschaften von ihnen übermitteln sollten. Sie ihrerseits würden Lusaka berichten. Deshalb schrieb ich FW.«

Dennoch wurden die Treffen als »top secret« betrachtet. Präsident Botha hatte jedes Gespräch mit dem ANC abgelehnt, und deshalb konnte kein Mitglied seiner Regierung an ihnen teilnehmen. Barnard mußte daher einen indirekten Kontakt aufbauen. Und was die Teilnehmer an den Gesprächen anging, so wußte das Alte Krokodil nichts von ihnen. »Wenn PW Botha wüßte, was wir tun, würd er uns in Stücke hauen«, schrieb Wimpie de Klerk in sein persönliches Tagebuch. Aber PW wußte Bescheid, weil Barnard ihn ständig informierte. Es war ein Kontakt um mehrere Ecken, um jedem politischen Risiko aus dem Weg zu gehen. Wenn etwas herauskam, konnte es alles verantwortungslosen Einzelgängern in die Schuhe geschoben werden.

»Die ersten Treffen waren voller Spannung und Mißtrauen«, erinnert sich Young. »Die Afrikaaner hatten große Angst, daß etwas durchsickern könnte. Sie wußten nicht, was dann passieren würde. Soweit ich es verstand, würde die Regierung ihre Pässe einziehen, um sich von den Gesprächen deutlich zu distanzieren.« Aber nach den ersten paar Treffen legte sich die Spannung, und »die Schranken zwischen den beiden Seiten brachen auf geradezu dramatische Weise nieder.«

Die Treffen räumten mit alten Vorurteilen beider Seiten auf. Auf der Seite der Afrikaaner zerstörten sie das dämonisierte Bild des ANC, das in jahrelanger Propaganda aufgebaut worden war. Auf seiten des ANC entstand eine neue Sensibilität für die Ängste der Weißen, insbesondere für die Sorge der Afrikaaner um ihr Überleben unter schwarzer Herr-

schaft. Die Wirkung der Gespräche auf einzelne Personen
war stark. »Für mich persönlich war es eine der befreiendsten
Erfahrungen meines Lebens«, sagt Esterhuyse. Er gehörte
dem Reformflügel der Nationalpartei an, aber es gab einen
Unterschied zwischen dem intellektuellen Verstehen dessen,
was getan werden mußte, und dieser existentiellen Erfahrung
eines direkten Austausches mit den schwarzen Mitgliedern
der Befreiungsbewegung, die zu hassen er konditioniert worden war. Er erinnert sich an den Schauer, der ihm den Rücken
hinunterlief, als er zum ersten Mal ANC-Männern begegnete. Harold Wolpe war dort, ein weißes Mitglied der Kommunistischen Partei, der in der Rivonia-Razzia festgenommen worden und dann mit drei anderen Männern in einer ver-
wegenen Flucht aus dem Polizeihauptquartier mitten in
Johannesburg entkommen war. »Das war ein ziemlicher
Schock«, sagt Esterhuyse. »Mir war nicht klargewesen, daß er
dabei sein würde, und als ich sein Gesicht erkannte, überflu-
tete mich das ganze Ressentiment, das wir Afrikaaner gegenüber diesen Leuten hatten, und ich dachte, Gott, das sind die
Typen, die uns soviel Schwierigkeiten gemacht haben. Ich
mein, für uns waren sie der Satan selbst.«

Aber das Eis war schnell gebrochen. Aziz Pahad, ein indisches Mitglied des ANC, der die Delegation beim ersten Treffen führte, begrüßte Esterhuyses Gruppe auf afrikaans. Pahad
und Esterhuyse fanden bald heraus, daß sie in Südafrika
gemeinsame Bekannte hatten. Wie bei allen geheimen Treffen
zwischen weißen und schwarzen Südafrikanern, die zu dieser
Zeit stattfanden, waren die Liebe zu dem Land, das gemeinsame Band ähnlicher Naturerlebnisse, Geschichten vom
Fischen, stärker als rassische und politische Differenzen. Die
Männer erzählten einander Witze und Anekdoten, sie tauschten Erinnerungen aus, und eine Art unausgesprochener
Kameradschaft entstand zwischen ihnen.

Das erste Treffen fand in einem kleinen Hotel in Henley-
on-Thames statt. Man tastete sich an die Möglichkeit eines

breiteren Dialogs heran. »Unsere Diskussionen fanden im
Keller des Hotels statt, und ich weiß noch, daß ich dachte, wie
angemessen es war, daß wir uns im Untergrund trafen«, erinnert sich Terreblanche. Im ganzen gab es zwölf Treffen, die in
einem Zeitraum von zweieinhalb Jahren abgehalten wurden,
von November 1987 bis Mai 1990. Nach dem ersten fanden
alle anderen in Mells Park House auf einem Anwesen der
Consolidated Gold in dem Dorf Mells statt, in der Nähe von
Bath in Somersetshire. Das Landhaus, ein schöner Bau des
Fin-de-Siècle-Architekten Edward Lutyens, liegt einsam in
einem ausgedehnten Park, ideal für Geheimkonferenzen. Das
Dorf Mells war zufällig auch die Heimat der Hollis-Familie,
deren eines Mitglied den MI5 (Aufklärung) und ein anderes
den MI6 (Gegenspionage) des britischen Secret Service
führte.

Esterhuyse brachte zu verschiedenen Zeiten mehr als
zwanzig prominente Afrikaaner nach Mells Park House, darunter auch Kirchenführer und Unternehmer. Die meisten,
wenn auch nicht alle, waren Broederbond-Mitglieder. Unter
ihnen befanden sich Attie du Plessis, ein Bruder des Finanz-
ministers; Sampie Terreblanches Bruder, Mof Terreblanche,
einer von F.W. de Klerks engsten Freunden; und Ebbe
Domisse, Herausgeber von *Die Burger*, die wichtigste der
afrikaans-sprachigen Pro-Regierungs-Zeitungen. Das letzte
Treffen, das drei Monate nach de Klerks Rede vom 2. Februar
stattfand, wurde auch von einem Kabinettsmitglied besucht,
von Dawie de Villiers, einem früheren Botschafter in Großbritannien, der zu der Zeit Energie- und Rohstoffminister
war. Thabo Mbeki führte die ANC-Delegation bei allen
Mells-Treffen an, und wie immer beeindruckte seine
Gewandtheit und ruhige Vernünftigkeit alle Afrikaaner,
denen er begegnete. Ihr Bild der ANC-Leute als krude Ideologen und rachsüchtige Terroristen ließ sich in seiner Gegenwart wahrlich nicht aufrechterhalten.

Es gab bei diesen Treffen einen festen Ablauf. Alle sammelten sich am Freitagabend im Landhaus, und man nahm zusammen das Abendessen ein. Samstags und sonntags gab es immer formelle Sitzungen im Konferenzraum mit einer festen Tagesordnung. Michael Young hatte den Vorsitz, und die Themen erstreckten sich von den politischen Entwicklungen in Südafrika über das Ansteigen des internationalen Drucks, die Sanktionen, die wirtschaftliche Lage, bis zur Möglichkeit und den Implikationen einer Freilassung Nelson Mandelas und dem, was beide Seiten zur Milderung des rassischen Konflikts im Lande meinten beitragen zu können.

Obwohl die formellen Diskussionen wichtig waren – als bedeutender erwiesen sich die informellen Beziehungen und Freundschaften, die sich aus ihnen entwickelten. Die Sitzungen endeten gegen 16 Uhr, und kleine Gruppen gingen dann oft im Park spazieren, sammelten sich später zum Dinner und danach zu einer Unterhaltung am Kamin in der Bibliothek. Abends pflegte sich Young zu verabschieden, um die Südafrikaner unter sich zu lassen. Manchmal gingen die Gespräche am Feuer bis in die frühen Morgenstunden, und dabei vor allem »entdeckten« die Beteiligten beider Seiten einander. In Wimpie de Klerks Tagebuch heißt es:

Für mich persönlich bedeuteten sie sehr viel: die luxuriösen Reisen und die luxuriöse Unterbringung; die Erfahrung, am Feuer zu sitzen und an einem politischen Durchbruch mitzuarbeiten, die Nationalpartei und den ANC dazu zu bringen, miteinander zu reden; die Freundschaften, die sich zwischen Thabo, Aziz, Jacob Zuma und mir entwickelten; der Zugang zu direkter vertraulicher Information; die Rolle als Vermittler, denn vom Beginn bis heute habe ich FW »geheime Botschaften« vom ANC übermittelt, und sogar auch umgekehrt, obwohl FW sehr vorsichtig war und ist. Die Tagesordnungen sind sehr konkret und direkt: Mandelas Freilassung und ANC-Maßnahmen in Verbindung damit; der bewaffnete Kampf und eine mögliche Einstel-

lung der Kampfmaßnahmen durch den ANC; die verschiedenen Schritte, die vollzogen werden müssen, bevor Vor-
verhandlungen mit der Regierung stattfinden können; Ver-
fassungsfragen wie eine Übergangsregierung, Garantien
für Minderheiten, das Wirtschaftssystem etc.; konkrete
Stolpersteine und die Suche nach Kompromissen, um aus
Pattsituationen herauszukommen; Sanktionen; die Haltung des ANC zu einer ganzen Reihe von südafrikanischen
politischen Fragen und die Haltung der Regierung zu denselben Fragen.
Ich bin überzeugt, daß die Diskussionen das gegenseitige
Verständnis enorm verbessert haben; sie haben ein positi-
ves Klima der Hoffnung geschaffen; beiderseitige Mäßigung und Realismus in unsere Politik gebracht; wichtige
Botschaften nach Lusaka und Pretoria dringen lassen; und
sogar Keime gewisser Transaktionen eingeschlossen. Im
allgemeinen also eine Brückenschlagsübung zwischen NP-
Afrikaanern und dem ANC...
Der einzigartige Beitrag unserer kleinen Gruppe war der,
daß wir uns auf sehr authentische private Diskussionen
einließen, die von beiden Seiten ernstgenommen wurden,
und daß sie Thabo, Aziz und Jacob zum ersten Mal mit
Afrikaanern zusammenbrachte, daß sie eine Affinität mit
uns fanden und auf dem Wege mit der Gruppe, die wir
repräsentieren.

In Esterhuyses Augen veränderte sich die Position der Afrikaaner im Laufe der Treffen auf fundamentale Weise. Während der frühen Gespräche versuchten sie, die Lage Südafrikas aus ihrer Perspektive als »Mandarine« des politischen
Systems zu erklären und zu rationalisieren. Die Dinge veränderten sich, argumentierten sie, und die Schwarzen müßten
nur Geduld haben. »Gebt uns Zeit, und wir kriegen das schon
hin«, war vereinfacht gesagt die Linie des reformerischen Flügels der Nationalpartei. Aber dann kamen die harten Fragen

des ANC: Wie konnte irgendeine Gruppe von Menschen das
Recht beanspruchen, andere ohne ihre Zustimmung zu
beherrschen? Wie konnte man die fortgesetzte Verweigerung
grundlegender Menschenrechte auch nur kurzfristig hinnehmen? Wie wollte man den Bann authentischer schwarzer
Organisationen wie des ANC, rechtfertigen? Wie sollten die
Schwarzen akzeptieren, daß die Zukunft des Landes ohne
ihre demokratische Beteiligung bestimmt werden sollte? Wie
konnte man von den Schwarzen erwarten, einen zweitklassi-
gen Status zu tolerieren, den die Afrikaaner selbst erfahren
und gegen den sie sich in einer früheren Phase ihrer
Geschichte mit den Waffen in der Hand erhoben hatten?
Glaubten weiße Südafrikaner und insbesondere Afrikaaner
wirklich, daß sie der Welt auf unbegrenzte Zeit trotzen konnten? Und vor allem, wie konnten die *verligte* Afrikaaner, die
hier anwesend waren, argumentieren, daß man ein so schlim-
mes System wie die Apartheid verbessern oder reformieren
konnte? Es konnte nur abgeschafft werden.

Dann trat ein Wandel ein. Bei einem Treffen gegen Ende
1988, sagt Esterhuyse, begannen die Afrikaaner unter dem
Gewicht dieser unbeantwortbaren Fragen ihre Position zu
verschieben. »Wir hörten auf, Erklärungen vorzubringen,
und begannen, Fragen zu stellen: Wie soll es von hier aus weitergehen? Was muß getan werden?«

Der kritische Moment kam während einer Diskussion über
Mandela. »Thabo Mbeki wies darauf hin, daß man nur durch
Gespräche mit Mandela – ob nun im Gefängnis oder außerhalb – nicht weiterkäme. Man müsse die Bewegung im Exil an
dem ganzen Prozeß beteiligen, wenn man ihm Legitimität
geben wolle. Er war in diesem Punkt sehr fest – und er überzeugte uns alle, weil es so verdammt logisch war.« Von da an,
sagt Esterhuyse, diskutierte die Gruppe »nicht mehr nur Pro-
zedurfragen, sondern Mechanismen – den Gedanken einer
Regierung der nationalen Einheit und so weiter.«

Es gab weitere bezeichnende Momente. Mbeki erinnert

sich an eine Diskussion, in der ein Teilnehmer aus der Gruppe
der Afrikaaner, »der noch sehr von der Apartheid geprägt
war«, immer wieder auf die Frage der Rechte rassischer
Gruppen zurückkam. Für ihn war das für eine zukünftige
Einigung von entscheidender Bedeutung. »Ich erinnere mich,
wie Jacob Zuma zu ihm sagte: ›Sehen Sie, ich bin ein Zulu,
und Häuptling (Mangosuthu) Buthelezi ist ein Zulu, und
wenn wir uns träfen, könnten wir Zulu miteinander reden,
wir könnten die traditionellen Tänze tanzen, wir könnten
alles mögliche zusammen machen, aber Sie werden mich nie
mit Chief Buthelezi in einer Partei finden. Die Tatsache, daß
wir beide Zulus sind, heißt nicht, daß wir dieselben politischen Ansichten und Ziele haben, also kann man doch nicht
sagen, daß es Verhandlungen zwischen Zulus und Afrikaanern und so weiter geben muß.‹ Und dieser Afrikaaner sagte
zu ihm: ›So hab ich das noch nie gesehen. Aber Sie haben
natürlich recht. Ich kann *Boerewors* mit Andries Treurnicht
(dem Vorsitzenden der Konservativen Partei zu der Zeit)
essen, aber man würde uns nie zusammen in derselben Partei
finden. Ich seh das ein: Sie sagen nicht, daß Sie nicht verhandeln wollen, Sie wollen verhandeln, aber als politische
Gruppe, nicht als rassische Gruppe…‹«

Es gab sogar konkrete Ergebnisse. Nach der Konferenz
eines Nachmittags im Januar 1990, als die Teilnehmer sich zu
einem Drink in der Bar versammelten, kam die Unterhaltung
auf den Sportboykott gegen Südafrika und insbesondere auf
eine Demonstrationsserie gegen die boykottbrechende Tournee eines englischen Cricket-Teams, das von dem englischen
Test-Captain, Mike Gatting, geführt wurde. Einer der Afrikaaner wandte sich an Mbeki und sagte: »Warum hört ihr
nicht mit dem Unsinn auf, wir wollen doch nur Cricket
sehen?« Das löste eine Diskussion über den Boykott aus, in
deren Verlauf zunächst halb als Witz, dann im Ernst vorge-
schlagen wurde, daß man eine Einigung aushandeln sollte –
einen Stopp der Demonstrationen und im Austausch dafür

den Verzicht auf die zweite Etappe der Gatting-Tournee. Später, nach einer politischen Lösung des Südafrika-Konflikts, sollte dann der ANC dafür sorgen, daß Südafrika wieder offiziell im internationalen Cricket mitspielen konnte. Sobald die Teilnehmer in Mells sich auf diese Formel geeinigt hatten, rief einer der Afrikaaner die südafrikanische Cricket Union an, während der ANC mit dem South African Cricket Board sprach, der gegen die Tournee war. »Um elf Uhr abends hatten wir einen Deal«, sagt Esterhuyse heute und fügt hinzu, daß er dies jetzt als Fallstudie in seinen Politologie-Vorlesungen benutzt, um zu illustrieren, daß »Verhandlungen nicht immer formell sein müssen, man kann auch Glenfiddich einsetzen, um ein Problem zu lösen«.

Die Treffen von Mells waren zu der Zeit nicht die einzigen Begegnungen zwischen dem ANC und weißen Südafrikanern. Die Kontakte verbreiterten sich die ganze Zeit: im August 1987 brachte ein früherer Oppositionsführer, Frederick van Zyl Slabbert, eine Gruppe von etwa fünfzig Afrikaaner-Dissidenten nach Dakar im Senegal, wo eine Konferenz mit ANC-Führern abgehalten wurde, die eine Woche dauerte. Im Juli 1989 empfing der ANC eine Delegation von 115 Weißen, die 35 verschiedene oppositionelle Organisationen repräsentierten, in Lusaka. Und später in demselben Monat traf sich eine ANC-Delegation in Zimbabwe mit einer Gruppe afrikaanischer Schriftsteller.

Aber das Entscheidende an den Mells-Treffen war die Tatsache, daß es sich hier um Leute handelte, die tief im Afrikaaner-Establishment verwurzelt waren, Mitglieder des Broederbond und andere, deren Kontakte bis in die Spitze der herrschenden Oligarchie reichten. Deshalb wurden die Treffen unter so gründlicher Geheimhaltung veranstaltet. Sie waren von entscheidender Bedeutung, weil sie einerseits den Afrikaanern einen beruhigenden Eindruck des ANC als einer rationalen und pragmatischen Organisation vermittelten, und andererseits dem ANC einen besseren Einblick in das Denken der Afrikaaner erlaubten. Die Mitglieder des ANC verstanden nun die Ängste und Sorgen besser, welche so viele der politischen Entscheidungen der Regierung leiteten.

Auf der Basis dieses besseren Verständnisses bereitete der ANC ein Papier vor, das zum ersten Mal seine formellen Vorschläge für den Weg zu einer Verhandlungslösung niederlegte. Das Dokument, das bei einer Konferenz der Organisation für Afrikanische Einheit in Harare am 21. August 1989 verabschiedet wurde, legte den ANC darauf fest, sowohl den Befreiungskampf zu intensivieren und den internationalen Druck auf Südafrikas Apartheid-Regime zu verstärken, als auch Verhandlungen zu suchen. Der ANC bekräftigte seinen Glauben, daß »ein Zusammentreffen von Umständen existiert, die, falls es eine nachweisbare Bereitschaft auf seiten des Pretoria-Regimes gibt, sich auf echte und ernste Verhandlungen einzulassen, die Möglichkeit schaffen könnten, die Apartheid durch Verhandlungen zu beenden.«

Der ANC nannte sechs Vorbedingungen für Verhandlungen – die Aufhebung des Notstands, die Beendigung der politischen Restriktionen, die Legalisierung aller politischen Organisationen, die Freilassung aller politischen Gefangenen und das Ende aller politischen Hinrichtungen. Wenn diese Bedingungen erfüllt würden, legte das Papier fest, könnte der bewaffnete Kampf suspendiert werden, während die beiden Seiten sich auf konstitutionelle Prinzipien und dann auf einen Mechanismus einigten, eine neue, nicht-rassische Verfassung zu entwerfen.

Die »Harare-Erklärung«, wie sie genannt wurde, war das Eröffnungsgebot des ANC im zukünftigen Verhandlungspoker. Wenn man zurückblickt, sieht man, daß der Verlauf, den das Papier skizzierte, den Ereignissen, die ihm später folgten, bemerkenswert nahekommt. Aber zur Zeit seiner Formulierung und zur Zeit von Willie Esterhuyses Diskussionen in Mells Park House gab es noch ein massives Hindernis, das

wirklichem Fortschritt im Weg stand. Das Alte Krokodil war
noch im Amt.

Als der Coup kam, hatte ihn Botha zum Teil sich selbst zuzu-
schreiben. Im Februar 1989, nachdem er sich von seinem
Schlaganfall erholt hatte, erklärte er unerwartet seinen Rücktritt als Vorsitzender der Nationalpartei, blieb aber Präsident.
Das schuf eine beispiellose konstitutionelle Lage: das südafrikanische System, von Großbritannien geerbt, sieht vor, daß
der Führer der stärksten politischen Partei auch Haupt der
Regierung ist. Trennte man die beiden Rollen voneinander,
löste sich der Regierungschef von seiner politischen Machtbasis. Es gab vier Kandidaten für die Nachfolge Bothas im Vorsitz der Partei: Roelof »Pik« Botha, der Außenminister;
Barend du Plessis, der Finanzminister; Christian Heunis, der
Verfassungsminister; und F.W. de Klerk, der Erziehungsmi-
nister. Die ersten drei galten als Reformer, de Klerk als der
konservative Kandidat. Botha unterstützte du Plessis.
Gewählt wurde der Vorsitzende von der 130-Mitglieder-
Fraktion der Nationalpartei im Parlament. De Klerk schlug
du Plessis knapp mit acht Stimmen Vorsprung.

Obwohl Botha seine Gründe, warum er die Parteiführung
aufgab, nie richtig erklärte, kann man annehmen, daß er sich
über die Parteipolitik »erheben« wollte, um ein »nationales
Forum« ausgewählter ethnischer Führer zu bilden, das darüber diskutieren sollte, wie man den Schwarzen eine eigene,
wenn auch von den Weißen getrennte Rolle in der Regierung
des Landes geben konnte. Der Plan war offensichtlich zum
Scheitern verurteilt: er war nur eine weitere Verfeinerung des
Apartheid-Systems, und er ignorierte alle Brücken zum
ANC, die inzwischen gebaut worden waren. Aber durch
seine unorthodoxe Entscheidung hatte der Präsident der
wachsenden Unzufriedenheit in den eigenen Reihen eine
offene Flanke geboten. Im September standen Wahlen (nur
für Weiße) bevor, und die Nationalpartei mußte mit einem

Vorsitzenden antreten, der keine Macht hatte. Das und
Bothas Gesundheit boten den Vorwand für de Klerk zuzu-
schlagen.

Um 8.30 Uhr an einem nassen, winterlichen Montag, dem
14. August, ging de Klerk mit fünfzehn der wichtigsten Politiker der Nationalpartei zum Präsidenten. Zum ersten Mal in
der Geschichte des Landes trafen die Kabinettsmitglieder
einer südafrikanischen Regierung ihren Chef, um ihm zu
sagen, er müsse zurücktreten. Es war keine schöne Szene, wie
eine Abschrift des Kabinettsprotokolls enthüllte, die der
Presse zugespielt wurde.

Botha selbst hatte sie gerufen. Er war in Rage, weil Präsident Kaunda von Sambia erklärt hatte, daß er de Klerk am
28. August treffen werde – eine Begegnung, über die Botha
angeblich nicht informiert worden war. Er fühlte sich übergangen, und sein berühmter Jähzorn kochte in ihm. Aber die
Kabinettsmitglieder waren sich einig, daß dies der Moment
war, ihn zur Rede zu stellen. Das Treffen begann mit einem
Gebet von Dawie de Villiers, dem Energie- und Rohstoffminister, der auch Pastor der Niederländisch Reformierten Kirche ist. Es endete drei stürmische Stunden später damit, daß
Botha de Klerk sagte, er solle sicher gehen, daß sein Verhältnis zu seinem Herrgott in Ordnung sei.

Ruhig hörte Botha zu, als die Kabinettsmitglieder ihm
zunächst ihre Referenz erwiesen, ihm sagten, welch ein großer politischer Führer er gewesen sei, wie sehr sie ihn für das,
was er für Volk und Vaterland getan habe, bewunderten, daß
sie aber aus Sorge um seine Gesundheit und das Wohlergehen
des Landes und der Partei glaubten, es sei das Beste, wenn er
eine kleine Pause machte und einen handelnden Präsidenten
ernannte – zumindest bis nach den Wahlen. Einer nach dem
anderen baten ihn die Minister zurückzutreten, unter ihnen
der Verteidigungsminister General Magnus Malan, der Bru-
tus der Szene, der 23 Jahre lang Bothas Schützling und Freund
gewesen war. »Ich wollte, ich könnte diesen Tag umgehen«,

klagte Malan, aber unter den Umständen müsse er die anderen unterstützen.

Botha explodierte, schlug mit der ganzen Wildheit seines Jähzorns um sich. »Ach«, höhnte er, »ihr meint, ich wär Superman, was? Wenn ich so wunderbar bin, so ein Superman, wie ihr sagt, warum behandelt ihr mich so?«

»Ihre Gesundheit, Herr Präsident...« begann de Klerk.

Botha wandte sich zu ihm. »Ja«, fauchte er, »so redet ein Feigling. Was Sie andeuten, ist, daß ich nicht mehr klar denke. Warum kommen Sie damit nicht raus?«

»Das habe ich nicht gesagt«, protestierte de Klerk.

»Warum nicht?« wollte Botha wissen. »Warum deuten Sie das mit einem Lächeln im Gesicht und einem Dolch in der Hand an?«

»Herr Präsident, ich deute nichts dergleichen an«, protestierte de Klerk wieder.

Aber der wütende Botha war nicht zu beschwichtigen. »Ihr geht zu weit, sag ich euch«, donnerte er. »Ich bin gesund. Hat einer von euch eine medizinische Bescheinigung, die sagt, daß er gesund ist? Laßt mich mal hören, wie viele von euch hier mit Pillen in der Tasche sitzen, während ihr meine Gesundheit in die Geschichte reinzieht? Aha, das ist also eure neue Methode, eure Propaganda: er ist nicht *compos mentis*!«

Botha wütete weiter, sagte seinen Ministern, daß er immer noch das Recht hatte, sie alle zu feuern, sie waren Heuchler, schwach und nutzlos, taugten nichts im Fernsehen, traten zu apologetisch auf, waren keine Kämpfer, ließen die Partei im Stich. Er beschuldigte sie auch, »mit dem ANC unter einer Decke zu stecken«.

Er weigerte sich, einen handelnden Präsidenten zu ernennen, bestand darauf, daß er nicht krank sei, sagte aber, er werde noch an diesem Abend zurücktreten, aber erst nachdem er im Fernsehen seinem Volk gesagt hatte, warum. Dann stand er auf, starrte sie wütend der Reihe nach an und sagte: »Vielen Dank, Gentlemen. Good-bye.«

Botha wandte sich an dem Abend tatsächlich über das Fernsehen an die Bevölkerung, um seinen Rücktritt zu erklären und sich zu rechtfertigen, aber die Sendung wurde zu einem langen, zusammenhanglosen wütenden Monolog, der die Zuschauer verwirrte. Sie wußten nicht, worum es ging, sie verstanden nur, daß das Alte Krokodil sehr wütend war. Unter diesen unerfreulichen Umständen wurde de Klerk am nächsten Tag zum handelnden Präsidenten ernannt – und eine neue Ära begann.

8. KAPITEL

Die Berufung
von de Klerk

De Klerk, der Parteikonservative, hatte mit der Mandela-Frage wenig zu tun gehabt, als er Präsident wurde. Wie er in einem Interview eingestand, wußte er erst Ende 1988, daß es Geheimverhandlungen mit Mandela gab. Sie waren ohne sein Wissen fast vier Jahre lang geführt worden. Das lag daran, erklärt er, daß die Frage nicht in das Aufgabengebiet seines Ministeriums fiel und Botha die Kenntnis der geheimen Kontakte strikt auf die begrenzte, die direkt in sie verwickelt waren. »Ich war nicht Teil des inneren Kreises, der sich mit der Sicherheit befaßte – ich war in der Tat nie Teil eines inneren Kreises von Mr. P. W. Botha«, sagt de Klerk mit einer Andeutung von Groll in der Stimme. In seiner Rolle als Vorsitzender der Nationalpartei in der Provinz Transvaal hörte er schließlich von den Treffen im Gefängnis. »Als ich herausfand, was da vor sich ging, unterstützte ich es ganz und gar«, sagt er, ein wenig zu sehr betonend, daß er nicht so konservativ war, wie manche Leute meinten. »Ich war oft in tiefer Unruhe, und es wurde für mich als loyalem Parteimann in führender Stellung immer schwerer, eine Politik zu verteidigen, die in meinen Augen nicht zu halten war.«

De Klerk streitet energisch ab, daß er ein Damaskus-Erlebnis hatte, eine Bekehrung. Das war keine Frage der Moral, sagt er, sondern der praktischen Politik. Auch war sein Umdenken keine persönliche Angelegenheit; es war Teil der allmählichen Erkenntnis in weiten Teilen der Nationalpartei, daß die Apartheid nicht funktionierte und verändert werden mußte. Dementsprechend entschuldigt sich de Klerk auch heute noch nicht für die Apartheid, die er einfach als politischen Fehler beiseiteschiebt, der korrigiert werden mußte. Sie begann, darauf besteht er, »als eine ehrenhafte Vision der

Gerechtigkeit« – sie sollte die getrennte Entwicklung der weißen Südafrikaner und der verschiedenen schwarzen Stammesgruppen ermöglichen. Erst als sie sich als unpraktikabel
erwies, wurde sie ungerecht, sagt er, »und als wir das erkannten, veränderten wir sie«. Das ist in jeder Hinsicht eine unauf-
richtige Argumentation. Von den frühen 6oern an, als Hendrik Verwoerd die Politik der Apartheid zum ersten Mal aus-
formulierte, wiesen eine ganze Reihe von politischen Kommentatoren, darunter ich selbst, darauf hin, daß die rassische
Arithmetik des Landes eindeutig gegen sie sprach; daß das
weiße Südafrika unentrinnbar auf die schwarze Arbeiter-
schaft angewiesen war und daß, selbst wenn diese Politik über
die höchsten Erwartungen ihrer optimistischsten Planer hinaus durchgesetzt werden könnte, die Bevölkerungszuwachs-
raten so waren, daß es am Ende des Jahrhunderts immer noch
eine Fünf-zu-eins-Mehrheit der Schwarzen im sogenannten
»weißen« Südafrika geben würde. Das ganze aufwendige
Unternehmen würde im Nichts enden.

Wenn die Lektion des Forellenhakens – daß Schwarz und
Weiß in Südafrika voneinander abhängig waren – schon seit
so langer Zeit offensichtlich war, ist es sehr schwer zu glauben, daß ein intelligenter Mann wie de Klerk das fünfzehn
oder zwanzig Jahre später immer noch nicht erkennen
konnte. Seine Aussagen, mit denen er sich selbst von aller
Schuld freispricht, haben viele der Langzeitgegner der Apartheid tief verärgert. Sie meinen, daß diese Uneinsichtigkeit
auch die Echtheit seiner »Bekehrung« in Zweifel zieht. »Die
Apartheid war kein politischer Fehler, sie war etwas fundamental Böses«, schäumte der alte Erzbischof Trevor Huddleston, Haupt der internationalen Anti-Apartheid-Bewegung,
bei einem feierlichen Gottesdienst in Sowetos Regina Mundi-
Kathedrale zu Ehren seiner Rückkehr nach Südafrika im Juli
1991 – nach einer erzwungenen Abwesenheit von 36 Jahren.*

---

* Trevor Huddleston, ein anglikanischer Priester und Mitglied des Zölibatsordens Commu-
nity of the Resurrection wurde zu einer Legende der schwarzen Gemeinde, als er von 1944

Leon Wessels, der erste Kabinettsminister, der sich öffentlich für die Apartheid entschuldigte (im Juni 1990), sagt, er habe den Verdacht, daß de Klerk das nicht tun wird, weil es auf eine Lossagung von seinem Vater hinausliefe. Auch könnte er Rücksicht auf die tiefkonservativen Überzeugungen seiner Frau, Marike de Klerk, nehmen. Peter Potgieter, Politikprofessor an der Potchefstroom Universität, der Alma Mater von de Klerk, erinnert sich, daß Mrs. de Klerk ihn einmal beschimpfte, nachdem er 1983 bei einem Treffen des Frauenbundes der Nationalpartei in Pretoria eine Rede gehalten hatte. Es war kurz nach einem weißen Referendum, in dem Präsident Botha die Zustimmung zu einer Verfassungsreform einholte, die Asiaten und Farbigen ihre getrennte Rolle im Parlament zugestand. Marike de Klerk hatte ihren Gatten bei einer Wahlkampfreise in der Waterberg-Region von Nordtransvaal begleitet, einer Gegend, wo der weiße Rassismus am schlimmsten ist. Potgieter, ein Mann, der schon früh für Reformen eintrat, erzählt, daß er in seiner Rede über die Notwendigkeit weiterer Verfassungsänderungen sprach, die der schwarzen Mehrheit politische Rechte gab. Marike de Klerk stand während der Rede auf und warf ein: »Wenn Sie in Waterberg gewesen wären und die traumatische Wirkung auf unsere Leute dort gesehen hätten, würden Sie nicht so einen Unsinn reden.«

Wann immer de Klerks Wandlung eintrat, er verstand es sehr gut, sie auch vor seiner engsten Umgebung geheimzuhalten. Sein Image unter den Kabinettskollegen war das eines Konservativen. Als der Hardliner Andries Treurnicht 1982 die Nationalpartei verließ, weil er sich mit Bothas Reformvorschlägen nicht abfinden konnte, war de Klerk die naheliegendste Wahl, ihn als Chef der Transvaal-Partei zu ersetzen,

bis 1956 in Sophiatown lebte, einem rassisch gemischten Viertel von Johannesburg, und dort dessen Zerstörung und die Vertreibung der 60.000 Einwohner unter der Apartheidpolitik erlebte. Sein Buch *Naught for Your Comfort* (etwa: Nichts für Eure Erbauung), London 1956, war eine der meistgelesenen Anklagen gegen die Apartheid, die je veröffentlicht wurden.

um Treurnichts neue Konservative Partei in ihrer stärksten
Region zu bekämpfen. Leon Wessels, der einer der Schlüsselunterhändler der Regierung war, hat eine gerahmte Zeitungs-
karikatur in seinem Büro, die de Klerk darstellt, wie er gegen
Bothas Abschaffung des berüchtigsten Apartheid-Gesetzes
Sturm läuft, des Immorality Acts, der Sex zwischen Angehörigen verschiedener Rassen zu einem Verbrechen machte. Sie
erinnert daran, daß dieser gefeierte Reformer nur vier Jahre,
bevor er an die Spitze des Staates trat, nicht nur die grandiose
Vision der territorialen Aufspaltung sondern auch die niedrigsten Aspekte der gesellschaftlichen Segregation unterstützte.

Noch im März 1989, einen Monat, nachdem de Klerk
Botha als Vorsitzender der Nationalpartei ersetzt hatte,
warnte Wimpie de Klerk in einem Zeitschriftartikel, daß sein
Bruder wohl kaum eine scharfe Wendung nach links vollzie-
hen werde. »Er ist zu tief davon überzeugt, daß rassische
Trennung die einzige Wahrheit, der einzige Weg, das einzige
Leben ist«, schrieb Wimpie de Klerk. »Er verachtet einen
radikaleren Stil zu sehr.« Der Kurs, den sein jüngerer Bruder
einschlagen würde, sagte Wimpie voraus, würde vorsichtig,
zentristisch sein, in der Hoffnung, »durch Flexibilität und
Cleverness, durch kleine Kompromisse, sorgfältig geplante
Prozesse nach langen Studien und durch effektive Diplomatie
die Mitte zu halten, sowie sich wachsende Autorität durch
ausgewogenene Führung und Kontrolle zu verschaffen.« Das
sei »sein Stil, sein Wesen, sein Talent und seine Überzeugung«. Es werde keinen »Sprung« in die liberale Richtung
geben, sagte der Bruder voraus.*

Wimpie de Klerk, dessen Frustration seit seinen Begegnungen mit dem ANC in Großbritannien angewachsen war, war
so überzeugt, daß FWs Ernennung für die Reform nichts
Gutes verhieß, daß er sich einer Bewegung anschloß, die eine
neue liberale Oppositionspartei, die Democratic Party grün-

* *Leadership*, März 1989, S.61-66.

den wollte – obwohl er sich aus brüderlicher Loyalität aus dem Vorhaben zurückzog, als FW im September Präsident wurde. Seine warnenden Voraussagen schienen sich zu bewahrheiten, als de Klerk – nun als vereidigter Präsident – einen reaktionären Wahlkampf führte. Während der gesamten Kampagne gab es nicht die geringste Andeutung, daß er beabsichtigte, mit dem ANC in Verhandlungen einzutreten, geschweige denn, ihn und die anderen schwarzen Befreiungsbewegungen zu legalisieren. Im Gegenteil, die Nationalpartei beschimpfte die Führer der neuen Demokratischen Partei als Verräter, weil einige von ihnen sich mit dem ANC getroffen hatten. Sie verbreitete ein Plakat, das einen der führenden Leute der Demokratischen Partei, Wynand Malan, in Lusaka im Gespräch mit Joe Slovo zeigte, damals Generalsekretär der südafrikanischen Kommunisten. Da gab es kein Anzeichen des umfassenden Reformers, der bald darauf die Apartheid abschaffen, ihre schwarzen Opfer befreien und Südafrika auf den Weg zur Mehrheitsregierung bringen – und vier Jahre später den Friedensnobelpreis gewinnen sollte.

Aber innerhalb eines Monats nach der Wahl vom 6. September ließ de Klerk Walter Sisulu und acht andere politische Gefangene der ersten Riege frei. Es war ganz offenbar ein Probelauf für die größeren Ereignisse, die vier Monate später folgen sollten.

Wann und warum änderte de Klerk die Farbe? Vieles deutet darauf hin, daß seine Behauptung, er habe sich mit der Partei gewandelt, zumindest teilweise zutrifft. Er war vor allem anderen ein Mann der Parteilinie, und die Erklärung, die er heute für sein früheres konservatives Image anbietet, ist die, daß er als Provinzchef der Partei in Transvaal die konservative Wählerschaft dort gegen Treurnichts Herausforderung halten mußte. »Das war mein Job«, sagte er in dem Interview. »Meine Reden zielten auf meine Hauptgegner.«

Als die Nationalpartei 1986 das Prinzip »eines einzigen Südafrika« akzeptierte, folgte de Klerk ihr. Aber Leon Wes-

sels glaubt, daß die Implikationen der Entscheidung – sie gab
ein Kernkonzept der Apartheid auf, nämlich das der territorialen Aufteilung – eine viel größere Wirkung auf de Klerk
hatten als auf die meisten anderen Mitglieder der Partei. De
Klerk selbst sagt darüber: »Sobald wir den Prozeß einer
grundlegenden Neubestimmung hinter uns hatten, brach ich
weit entschiedener mit der Vergangenheit als viele andere
Politiker, ich kam zu der Überzeugung, daß der richtige Kurs
auf eine politische Neuordnung zu die Teilung der Macht mit
den Schwarzen war.«

Von da an lief das ab, was sein Bruder Wimpie eine »evolu-
tionäre Bekehrung« nennt. Andere Beobachter stimmen dem
zu. Keiner unter seinen engsten Kollegen und Freunden war
sich eines blitzartigen Moments der Veränderung bewußt,
aber unmerklich, Stück für Stück, drehte er sich um 180 Grad.
»Er ist derselbe Mann, wie ich ihn kannte«, sagt Ignatius Vorster, de Klerks engster Freund und sein alter Anwaltspartner,
dennoch gesteht er ein, vor einem Rätsel zu stehen, wann und
wie der Wandel sich vollzog. »Ich würde sagen, daß er in einer
bestimmten Phase – ich weiß nicht, wann – begriff, daß man
das Spiel, den Pokal, die Liga, alles, verlieren würde, wenn
man so weitermachte«, sagt Vorster, der heute Dekan der
Jura-Fakultät an der Potchefstroom-Universität ist. »Er ist
ein Pragmatiker, der sehr wenig ideologisches Gepäck mit
sich herumschleppt, und sobald er einmal zu dieser Entscheidung gekommen war, handelte er. Dann ließ er sich ganz von
seinem Gefühl für Strategie bestimmen. Als Anwalt hatte FW
immer ein gutes Gefühl für den richtigen Zeitpunkt.«

Wimpie de Klerk, der die Frage ausführlich mit seinem
Bruder diskutiert hat, glaubt, daß es im Laufe der »evolutio-
nären Bekehrung« verschiedene Phasen gegeben hat. Die
erste durchlief FW, als er im Kernland der Konservativen, im
Tiefen Norden von Südafrika, gegen Treurnichts Hardliner
antreten mußte. »Er hörte sich ihre Argumente, ihre Ideolo-
gien, ihre Sturheiten an, und er begriff, daß es ihnen um Ras-

sismus ging, nicht um Identität«, sagt Wimpie. »Er wehrte sich dagegen, und ich glaube, das war der Beginn der Entfremdung zwischen FW und dem konservativen Flügel der Nationalpartei.«

Als Parteivorsitzender in der Provinz kam de Klerk auch in Kontakt mit einem politischen »Think Tank«, der von Chris Heunis, dem Verfassungsminister jener Zeit, geführt wurde. Zum ersten Mal stellte sich de Klerk der Frage, wie man die schwarze Mehrheit in das politische System einbauen konnte. Bis dahin hatte er Ministerien geleitet, die mit der Rassenpolitik wenig zu tun hatten, das Post- und Telekommunikations- und das Energieministerium. Jetzt, im Transvaal, war er den Realitäten einer scheiternden Ideologie direkt ausgesetzt.

Heunis' Leute in dem »Think Tank«, viele von ihnen junge intellektuelle Afrikaaner, hatten mit dem Problem zu kämpfen, daß die Politik, die schwarze Bevölkerung in zehn Stammesstaaten zu parzellieren, schon dadurch lahmgelegt wurde, daß die sechs Homelands sich weigerten, ihre nominale Unabhängigkeit anzuerkennen. Überdies setzte sich die wechselseitige Abhängigkeit von Schwarz und Weiß machtvoller denn je durch: der Strom schwarzer Menschen in die Industriestädte hielt trotz aller Kontrollgesetze an, so daß die schwarze Bevölkerung in dem, was offiziell als das »weiße« Südafrika klassifiziert war, unerbittlich anschwoll. Der Traum totaler Rassentrennung war offensichtlich unerreichbar, und angesichts der steigenden Unruhen in den Townships und des wachsenden internationalen Drucks mußte ein Weg gefunden werden, die städtischen Schwarzen in das politische System zu integrieren. Die Frage war, wie – ohne die weiße Kontrolle zu gefährden?

Bothas Verfassung von 1983 hatte ein kompliziertes Drei-Kammer-Parlament geschaffen, mit getrennten Häusern für weiße, farbige und asiatische Abgeordnete. Jede dieser Kammern hatte die Autonomie über die »Fragen« ihrer Rasse,

während »allgemeine Fragen«, die alle Südafrikaner betrafen,
von allen drei Kammern einmütig behandelt werden mußten.
Es gab indessen einen Haken. Nicht nur war die »weiße«
Kammer bei weitem die größte, die Mehrheitspartei in ihr
stellte auch den Präsidenten, der seinerseits das Kabinett aus
Mitgliedern der herrschenden weißen Nationalpartei zusam-
menstellte. Wenn eine der anderen Kammern sich weigerte,
ein Gesetz zu verabschieden, das den »allgemeinen Fragen«
zugeordnet wurde, konnte es an den Rat des Präsidenten ver-
wiesen werden, der von der Nationalpartei dominiert wurde
und das Veto jeder Kammer überstimmen konnte.

Jetzt dachten die Politplaner daran, dieser ohnedies nur
symbolischen Struktur noch etwas hinzuzufügen, indem sie
ein getrenntes schwarzes Parlament schufen, dessen Abgeordnete nicht direkt gewählt, sondern über Township-Räte
ernannt wurden. Diese Räte waren unter dem Apartheid-
System geschaffen worden. Das neue Parlament würde zu
den Homelands und dem Drei-Kammer-Parlament hinzutre-
ten. Jede Rasse sollte weiter die Autonomie über ihre »Fragen« haben, und die Weißen hätten nach wie vor das letzte
Wort bei den »allgemeinen Fragen«.

De Klerk geriet in diese komplizierte Modellbauerei hinein, und sie zwang ihn, wie sein Bruder meint, sich mit den
Reformideen seiner Partei auseinanderzusetzen. »In dem Stadium glaubte er noch, eine Lösung im Rahmen des Apart-
heid-Konzeptes finden zu können, aber es mußte seiner Meinung nach eine aufgeklärtere Form der Apartheid sein«,
erläutert Wimpie.

Am 2. Februar 1989 wurde de Klerk dann zum Vorsitzenden der Nationalpartei gewählt. Plötzlich war er nicht mehr
der Mann der Parteilinie, der konformistische Mitläufer. Jetzt
mußte er selbst der Parteipolitik seinen Stempel aufdrücken.
Er zog sich für ein paar Wochen zurück, um über seine neue
Verantwortung nachzudenken. Sein Bruder betrachtet das als
die wichtigste Phase in FWs »evolutionärer Bekehrung«,

denn nun kam er zu dem Schluß, daß Heunis' Modelle nicht
funktionieren konnten. »Stattdessen begann er, das Konzept
einer Politik zu entwickeln, die auf dem Schutz der Minder-
heitsrechte basierte«, sagt Wimpie. »Die Schwarzen mußten
Teil des neuen Parlaments werden. Sie würden die Mehrheit
haben, aber die Rechte der Minderheiten sollten durch eine
Verankerung der Menschenrechte in der Verfassung, durch
ein System erzwungener Koalitionen und so weiter geschützt
werden.«

Es gab auch andere Einflüsse. Als Parteiführer machte de
Klerk mehrere Auslandsreisen – eine seltene Erfahrung für
einen Politiker dieses Paria-Staates. Er traf Großbritanniens
Margaret Thatcher, Deutschlands Helmut Kohl und die
Regierungschefs von Portugal, Italien, der Elfenbeinküste,
Mosambik, Sambia und Zaire. Alle betonten die Notwendigkeit eines Wandels in Südafrika, die schweren Konsequenzen
einer fortgesetzten Isolation, wenn der Wandel nicht eintreten sollte, und alle sagten, wie bereit sie waren, Südafrika wieder in der Gemeinschaft der Nationen willkommen zu heißen, wenn es die Apartheid aufgab. Das zeigte Wirkung. Her-
man Cohen, der Assistant Secretary of State für Afrika in der
Bush-Regierung, sagt, ihm sei bewußt geworden, wie schi-
zophren Südafrikas Haltung gegenüber dem ausländischen
Druck war. Nach außen hin vermittelte das Land den Eindruck ungerührten Trotzes, aber dahinter lag ein Bedürfnis
nach Verständnis und Billigung anderer. »In der Öffentlichkeit gaben sie nichts auf die Meinung von Außenseitern, aber
privat wollten sie unseren Rat und unsere Zustimmung«, sagt
Cohen. »Das eröffnete die Möglichkeit für das, was ich
unsichtbare Vermittlung genannt habe, da wir ihnen auf die
Weise sagen konnten, was für die internationale Gemeinschaft akzeptabel und was nicht akzeptabel war.«

Aber unter all den internationalen Einflüssen war keiner
größer als der der Gorbatschow-Reformen, die zu der Zeit
begannen, das Sowjetreich aufzulösen und damit die Phobie

Pretorias beseitigten, der schwarze Befreiungskampf sei eine
von Moskau dirigierte Verschwörung. Das nahm de Klerk
eine schwere Bürde von den Schultern, er konnte nun vor seinen Leuten eine Politik rechtfertigen, die früher als selbst-
mörderisch erschienen wäre.

Die Verhandlungen von 1989, die zu Namibias Unabhängigkeit führten, unterstrichen das. Südafrika hatte die frühere
deutsche Kolonie unter einem alten Völkerbund-Mandat 75
Jahre lang verwaltet. Nun, da Gorbatschows Sowjetunion
begann, sich aus regionalen Konflikten zurückzuziehen und
Reibungspunkte mit den Vereinigten Staaten zu beseitigen,
wurde eine Verhandlungslösung gefunden, in deren Rahmen
die kubanischen Truppen Angola verließen und im Austausch Südafrika Namibia freigab. Die Südwestafrikanische
Volksorganisation, eine ANC-Nachbildung, gewann die auf
die Unabhängigkeit folgenden Wahlen, und Südafrika übergab das Land problemlos und friedlich an einen Feind, den es
seit dreißig Jahren bekämpft hatte. »Namibia zeigte den Südafrikanern, daß der Wandel nicht unbedingt katastrophale
Folgen haben mußte«, sagt Sir Robin Renwick, der zu der
Zeit britischer Botschafter in Südafrika war.

Die Wirtschaftssanktionen und das Desinvestment der
westlichen Staaten verstärkten den Druck auf de Klerk.
Zusammen mit dem großen schwarzen Aufstand der 80er
hatten sie Südafrika in die schwerste Finanzkrise seiner
Geschichte gestürzt. Die Stimmung in der Geschäftswelt war
auf einem Tiefpunkt, und zunehmend hörte man den Aufschrei: »So kann es nicht weitergehen!« Die Konstellation
verschiedener Haltungen zu Südafrika – Margaret Thatchers
Großbritannien als das einzige Land, das sich gegen Sanktionen wandte, während die anderen Handelspartner sie ver-
schärften – ermöglichte kreative Formen diplomatischen
Drucks. Wie Renwick zugibt, erlaubte ihm die Lage, das alte,
bei Verhören so populäre Wechselspiel zwischen dem
»guten« und dem »bösen« Mann anzuwenden: er drang in de

Klerk, Konzessionen zu machen, die es seinem Premier erlaubten, dem steigenden Druck auf Großbritannien zu widerstehen, sich den internationalen Sanktionen anzuschließen, insbesondere in den Wochen vor dem Commonwealth-Gipfel in Kuala Lumpur im Oktober 1989, wo Thatcher schwere Angriffe der anderen Commonwealth-Staaten erwartete. »Klar haben wir das getan«, sagt Sir Robin, »obwohl wir nicht nur sagten, ihr müßt uns was geben; wir sagten auch, ihr müßt euch in eurem eigenen Interesse bewegen.«

Ein weiterer wichtiger Punkt in de Klerks »evolutionärer Bekehrung« war unzweifelhaft seine Inauguration als Präsident am 20. September 1989. Obwohl er jedes Damaskus-Erlebnis abstreitet, sagen Freunde und Verwandte, daß de Klerk davon sprach, an dem Tag das machtvolle Gefühl einer religiösen »Berufung« empfunden zu haben. Es wurde verstärkt von der Predigt des Reverend Pieter Bingle, eines von de Klerk sehr geschätzten Geistlichen, der an diesem Tag den Gottesdienst bei der Amtseinführung hielt.

De Klerk ist ein religiöser Mann, ein Mitglied der Gereformeerde Kerk, des kleinsten und am strengsten kalvinistischen der drei Zweige der Niederländisch Reformierten Kirche in Südafrika. Entsprechend ihrer Deutung der kalvinistischen Theologie, glauben die »Doppers«, wie die Gemeindemitglieder genannt werden, daß sie ein *roeping* oder eine Berufung von Gott empfangen können, die sie zu einer bestimmten Pflicht aufruft. Bei der Inauguration predigte Bingle über dieses Thema. Er nahm als Bibelstelle einen Vers aus Jeremia und sagte dem neuen Präsidenten, er stehe im »Ratssaal Gottes«, um den Willen des Herrn zu erfahren, und er solle ihm folgen. Als Gottes Werkzeug, fuhr Bingle fort, sollte de Klerk die Traditionen seines Volkes achten, aber auch den Mut haben, Neuland zu betreten. »Wer in Gottes Ratssaal steht, wird den Mut haben, Schwierigkeiten und Herausforderungen furchtlos anzugreifen«, predigte Bingle. »Neue Pfade müssen gefunden werden, wo Straßen in Sackgassen enden oder nicht mehr befahrbar sind. Überzähliges Gepäck muß abgeworfen werden. Gewisse Dinge werden bleiben, und andere müssen abgelegt werden. Jene, die in den Wagenspuren der Vergangenheit steckenbleiben, werden feststellen, daß sie sich das eigene Grab gegraben haben.«

De Klerk war tief getroffen. »Er war nach dem Gottesdienst buchstäblich in Tränen«, sagt sein Bruder, der bei einem Treffen von engen Freunden und Familienmitgliedern nach der Amtseinführung dabei war. »In Tränen bat er uns, für ihn zu beten – er sagte, daß Gott ihn gerufen habe, die Menschen von Südafrika zu retten, daß er wisse, seine eigenen Leute würden ihn ablehnen, daß er aber diesen Weg gehen müsse und daß wir alle ihm helfen müßten. Er wurde sehr emotional, gestand seinen Glauben, daß Gott ihn gerufen habe und er den Ruf nicht ignorieren könne. Ich erinnere mich auch, daß er sagte: ›Ich bin kein Fundamentalist, ich glaube nicht, daß ich in Gottes Augen wichtig bin, aber ich glaube an Gott, und ich glaube daran, daß ich aufgerufen bin, in dieser Zeit und in dieser neuen Lage eine besondere Aufgabe zu erfüllen.‹«

De Klerk erzählt auch selbst, daß die Amtseinführung eine tiefemotionale Erfahrung für ihn war und daß er hinterher weinte. »Ich bin emotionaler, als ich äußerlich scheine«, sagt er. »Und, ja, ich hatte das starke Gefühl einer Berufung. Nicht in einer überheblichen Weise, als wäre ich jemand besonderes, der vom allmächtigen Gott ausgewählt war, eine bestimmte Aufgabe zu erfüllen. Ich war mir und ich bin mir noch immer meiner Schwächen sehr bewußt, und ich versuche ständig, sie zu überwinden. Aber, ja, ich glaube, daß Gott die Ereignisse hier auf Erden bestimmt und daher mußte ich auch annehmen, daß meine Wahl zum Präsidenten etwas war, das Er so wollte. Und deshalb habe ich in meinem Verhältnis – meinem Verhältnis zu Gott – eine direkte Verantwortung, und ich muß versuchen, dementsprechend zu leben.«

Das erste Anzeichen für die Öffentlichkeit, daß da nun ein anderer Mann als das Alte Krokodil auf dem Präsidentensessel saß, kam eine Woche vor der Amtseinführung. Die Polizei hatte in einem Township vor Kapstadt das Feuer eröffnet und eine Reihe von Demonstranten erschossen. Die aufgebrachte schwarze Gemeinde plante einen Protestmarsch in die Innenstadt, der von Erzbischof Tutu, dem Geistlichen Allan Boesak und anderen Würdenträgern der Kirche angeführt werden sollte. Während der Botha-Jahre wäre der Marsch verboten worden, er wäre trotz des Verbots durchgeführt worden, es hätte einen blutigen Zusammenstoß mit der Polizei gegeben. Dieser Zyklus hatte sich viele Male wiederholt. De Klerk aber machte etwas anderes. Nachdem er von den Kirchenführern die Versicherung bekommen hatte, daß ihre eigenen Hilfskräfte die Demonstration kontrollieren würden, ließ er sie zu – und 30.000 Menschen marschierten friedlich bis an die Stufen des Rathauses. Die Erlaubnis für weitere öffentliche Demonstrationen folgte. Es war der erste Schritt auf dem Weg zu einer Normalisierung des politischen Lebens in Südafrika.

Der September 1989 scheint den Gipfelpunkt von de Klerks »evolutionärer Bekehrung« zu markieren. Zu der Zeit traf er für sich die Entscheidung, Mandela freizulassen und Verhandlungen mit dem ANC einzuleiten. Danach mußte er nur noch seine Partei auf diese Linie bringen und entscheiden, wann und wie er es tun sollte. Die Behandlung der Freilassung war besonders problematisch. Es gab Ängste vor einem unkontrollierbaren Gefühlsausbruch in der schwarzen Gemeinde, wenn diese messianische Gestalt aus der langen Zeit in der Gruft auftauchte. Die Regierung war wie verfolgt von Visionen der Massendemonstrationen, die der Rückkehr Ajatolla Khomeinis nach Teheran im Jahre 1979 folgten und das Regime des Schahs beiseitefegten.

Ein weiteres Problem lag darin, wie man die Wirkung auf die Afrikaaner abfedern konnte. Bothas Strategie hatte darin

bestanden, Veränderungen Stück um Stück einzuführen, aber
der ANC hatte dies vereitelt, indem er jeden einzelnen Schritt
diskreditierte. De Klerk entschied, daß Kühnheit der einzige
Weg war, beide Probleme zu lösen. Er würde eine Reihe von
Quantensprüngen machen, um sich aus der Lähmung zu
befreien und seine Gegner aus dem Gleichgewicht zu bringen.

Der erste dieser Sprünge kam in den frühen Morgenstunden, vor Sonnenaufgang, des 15. Oktober, eines Sonntags –
ein paar Tage, und das ist kein Zufall, bevor Thatcher den
Vertretern der anderen Commonwealth-Staaten in Kuala
Lumpur gegenübertreten mußte. Polizeiwagen hielten vor
dem Haus der Familie von Walter Sisulu, der zur Zeit seiner
Festnahme Generalsekretär des ANC gewesen war, und
brachten ihn nach Hause zurück. Mit ihm zusammen wurden
vier andere Lebenslängliche des ANC freigelassen, darunter
Jafta Masemola, der Gründer des militärischen Flügels des
Pan-Africanist Congress und Oscar Mpetha, ein ANC-Mit-
glied, der im Alter von 75 Jahren wegen Terrorismus eingesperrt worden war. Es war ein unendlich emotionaler Augenblick. Albertina Sisulu, ein Felsen der Stabilität für eine Familie, die einen Ehemann seit 25 Jahren im Gefängnis, einen
Sohn gebannt und interniert und eine Tochter im Exil gesehen
hatte, erlaubte sich eine erste Träne in einem Vierteljahrhundert. »Ich weiß nicht, wie ich damit zurechtkommen werde,
ihn die ganze Zeit im Haus zu haben«, murmelte sie, als sie
ihren 77jährigen silberhaarigen Ehemann umarmte.

Soweto erlebte eine ekstatische Nacht. Ein paar Tage zuvor
war die Nachricht gekommen, daß die Männer freigelassen
werden würden, und am Samstag marschierten Zehntausende
durch Kleinstädte und Städte im ganzen Land, sie schwenkten ANC-Flaggen und Spruchbänder, die immer noch verboten waren. Jetzt, am Sonntagabend, feierte Soweto mit
Gesang und Alkohol und Freudenfeuern, die freigelassenen
Gefangenen trafen in der überfüllten Holy Cross-Kirche wie-

der zusammen, um eine jubelnde Pressekonferenz abzuhalten. Mitten in der ganzen Aufregung gelang es Sisulu, eine Andeutung der versöhnlichen Haltung des ANC loszuwerden, die die Verhandlungen der kommenden Tage prägen sollte. Einem erregten Journalisten, der fragte, ob nun bald eine schwarze Regierung an die Macht komme, entgegnete er: »Wir glauben daran, daß es noch in unserer Lebenszeit eine Regierung geben wird, in der auch Schwarze sitzen. Wir erstreben keine schwarze Regierung als solche. Wir erstreben ein demokratisches System, in dem ein schwarzer Mann Präsident sein kann und ein weißer Mann Präsident sein kann. Wir beurteilen Menschen nicht aufgrund ihrer Hautfarbe.«

So vorsichtig Sisulu war, die Tatsache, daß er und die anderen freigelassenen Gefangenen in der Lage waren, offen im Namen des ANC zu sprechen, und daß die Massen ANC-Flaggen und -Spruchbänder tragen konnten, ohne daß die Polizei einschritt, bedeutete, daß der Bann der Organisation praktisch aufgehoben war. Es war auch klar, daß dies die Generalprobe für Mandelas Freilassung war.

All dies hatte Mandela selbst in seinen fortgesetzten Treffen mit Kobie Coetsee und dem Komitee der Offiziellen ausgehandelt. »Er bestand immer darauf, daß die anderen zuerst freigelassen wurden«, erinnert sich Coetsee. »Er war wie der Kapitän eines Schiffes. Er wollte sie sicher draußen wissen, bevor er selbst ging.«

Unterdessen bereitete de Klerk sich auf seinen nächsten Quantensprung vor.

An einem anderen Sonntag, sieben Wochen später, stiegen de Klerk und sein ganzes Kabinett mit fünfzig Offiziellen und Beratern auf der Waterkloof-Luftwaffenbasis an Bord von zwei Herkules-Transportflugzeugen und flogen in ein Wildreservat namens D'Nyala in der Nähe der Kleinstadt Ellisras im Nordwesten von Transvaal. Dort, tief im wilden Buschveld nahe der Grenze zu Botswana, setzte sich der Kern der

Regierungsmannschaft für zwei Tage zusammen – vom 3. bis
zum 5. Dezember 1989. Es war eine Art Brainstorming und
sollte der Entwicklung einer politischen Strategie dienen.
Man nannte das eine *bosberaad* oder Buschkonferenz, und
daraus entwickelte sich ein Modell kollektiver Beschlußfas-
sung und Verhandlung, das mit der autoritären Kultur der
Vergangenheit brach. Im Laufe der nächsten vier Jahre wurde
D'Nyala zu de Klerks Camp David: siebenmal flog er mit
Parteifreunden oder Mitgliedern anderer politischer Organisationen dorthin, um Krisen in den sich hinziehenden Verhandlungen zu lösen.

D'Nyala ist ein exotischer Schauplatz für solch delikate
politische Diskussionen: eine Gruppe von reetgedeckten
Gebäuden und malerischen Blockhäusern, in deren Umge-
bung Giraffen und Antilopen grasen, umschlossen von einem
Elektrozaun. Eine abgeschlossene Insel im Herzen der reak-
tionärsten Gemeinde weißer Rassisten in ganz Südafrika.
»Mann, das ist Löwengebiet hier«, beschreibt der Wildhüter
Jan van Breda die Gegend und meint damit eher die örtliche
menschliche Bevölkerung als die Tiere in seinem kleinen
Reservat.

Das Dekor ist ebenso exotisch. Im Herzen des Komplexes
steht ein gut ausgestattetes Konferenzzentrum; daneben ein
VIP-Haus mit zwei riesigen Kristallkronleuchtern, die von
einer einfachen Reetdecke herabhängen und von zwei hohen
Baumstümpfen flankiert werden.

Im ersten Stock befinden sich zwei luxuriöse Suiten mit
Badezimmern in rosa Marmor; in der Präsidentensuite, wo de
Klerk abstieg, gibt es einen rosa Jacuzzi mit goldenen Häh-
nen. Wenn er von seinem Zimmer eine breite Holztreppe hin-
abstieg, konnte er auf dem Fußboden unter ihm den ausge-
stopften Kadaver eines Drei-Meter-Krokodils sehen, das ihn
mit den mahnenden Augen seines Vorgängers anstarrte.

Haupt dieses Etablissements ist der Wildhüter Jan van
Breda, ein kräftiger, fröhlicher Afrikaaner mit einem buschi-

gen Schnurrbart und, wie bei so vielen seiner Rasse, den
ersten Anzeichen eines Bierbauchs über den Khaki-Shorts
seiner Wildhüter-Uniform. Jetzt in den Vierzigern, hat Van
Breda sein Leben damit verbracht, die erdverbundenen Kün-
ste der »Bushcraft«, des Überlebens in der Wildnis, zu erler-
nen – nun aber wurde er plötzlich, wie ein Butler bei einem
königlichen Bankett, in Staatsgeheimnisse eingeweiht und
lernte die persönlichen Konstellationen kennen, die schließlich zu einer der bemerkenswertesten politischen Wandlungen der Geschichte führten. Er sorgte für das leibliche Wohl
der Gäste, schickte ihnen frühmorgens den Kaffee, nannte
viele von ihnen beim Vornamen und saß abends nach den formellen Diskussionen mit ihnen um ein Lagerfeuer in einer
reetumschlossenen *Lapa* unter dem weiten afrikanischen
Nachthimmel.

Van Breda erinnert sich besonders gut an die erste *Bosberaad* mit de Klerk, seinem Kabinett und seinen Beratern, weil
es die Einübung des Wildhüters in seine neue Rolle war. Das
ging nicht ohne Schwierigkeiten und Irrtümer ab. Er bekam
seine Instruktionen vom Provinzministerium für Natur-
schutz: Er möge sich darauf vorbereiten, siebzig der wichtigsten Politiker des Landes, darunter den Präsidenten, für ein
Wochenende unterzubringen. Sicherheit und Vertraulichkeit
waren Prioritäten, also übernahmen Van Breda und seine
Frau den Einkauf und die Versorgung selbst.

»Ich war sehr nervös, weil wir sowas noch nie gemacht hatten«, berichtet er. »Ich hatte das Gefühl, daß der Ruf unserer
ganzen Verwaltung auf dem Spiel stand, also arbeiteten wir
hart und brachten alles in Ordnung. Mann, es war wunder-
schön. Alles war tipptopp. Wir hatten Kerzen, Champagner,
Blumen, alles draußen in der *Lapa* bereitgestellt. Sie kamen
um 19 Uhr und sollten um 21 Uhr das Dinner kriegen. Sie hatten gerade ausgepackt und tranken ihren Vor-Dinner-Drink,
als ein wahnsinniges Gewitter runterkam. Gott, Mann, sowas
hab ich im Leben noch nicht gesehen. Es regnete Eimer, Don-

ner und Blitz, alles vom Besten. Und es schwemmte natürlich alles weg, die Blumen, die Tische – und das Licht ging aus.«

Der arme Jan van Breda hatte für solch einen Notfall keine Vorbereitungen getroffen. Es gab keinen Ersatzgenerator in dem Wildreservat, und er hatte keine Öl- oder Gaslampen. Er konnte das Dinner nicht kochen, und seine Gäste saßen im Dunkeln. Er versuchte, das Hauptquartier der Elektrizitätswerke in Brits, 300 Kilometer weit weg, zu erreichen, stieß dort aber auf wenig Sympathie.

»Sie sagten: ›Hör mal, wir haben in der ganzen Region Probleme, und ihr steht da ganz hinten an. Vor morgen früh können wir nichts für euch tun.‹« Verzweifelt versuchte Breda, die Stromlieferanten zu überreden, ihm Priorität zu geben. »Ich sagte: ›Hör zu, Mann, ihr müßt was machen und zwar schnell, ich hab das ganze Kabinett hier, den Staatspräsidenten und alle‹, aber der Typ am anderen Ende lacht nur und sagt: ›Ja klar, ich glaub dir jedes Wort.‹ Ich rief das Elektrizitätswerk in Ellisras an und sagte: ›Bitte, Mann, ihr müßt mir helfen‹, aber sie sagten nur, ich sollte das Hauptquartier in Brits anrufen. Ich war inzwischen in Panik, schrie die Leute an, mir zu helfen, aber niemand glaubte mir die Geschichte. Zur gleichen Zeit versuchte ich, irgendwie Licht zu machen. Alles, was ich hatte, waren die paar Kerzen, die beim Dinner auf den Tischen stehen sollten. Ich versuchte, sie anzuzünden, aber sie waren naß und gebrochen.«

»Der Verwaltungschef der Provinz, Danie Hough, ging zu Präsident de Klerk und entschuldigte sich und sagte, das Dinner würde sich ein bißchen verspäten. Der Präsident war sehr nett. Er sagte, wir sollten uns keine Sorgen machen, er verstand, daß sowas manchmal passierte. Aber ich war außer mir, kann ich Ihnen sagen, ich war in einer solchen Panik, daß ich vom Schweiß Ausschlag zwischen den Beinen bekam.«

Schließlich rettete der Energieminister van Breda mit einem Anruf in Brits, den die Ingenieure dort ernst nahmen. Der Strom kam wieder, und das Dinner war gegen Mitternacht

auf dem Tisch. Am nächsten Morgen konnte die große Buschkonferenz rechtzeitig beginnen.

Die Umrisse der neuen Strategie der Regierung wurden bei
dieser ersten *bosberaad* festgelegt. »Absicht des Treffens war
es, Vorstellungen einer neuen Verfassung zu entwickeln, und
zu beschließen, was mit den politischen Gefangenen und den
verbotenen Parteien geschehen sollte«, erinnert sich Leon
Wessels. »Wir waren uns über die Freilassung der Gefangenen schnell einig, aber es gab eine hitzige Debatte über die
Aufhebung des Banns der politischen Organisationen, insbesondere der Kommunistischen Partei Südafrikas.«

Roelf Meyer, der zu der Zeit noch Staatssekretär (Deputy
Minister) war, erinnert sich, daß Markus Malan, ein Falke
und Verteidigungsminister unter P.W. Botha, der mit ihm die
Philosophie des »totalen Angriffs« entwickelt hatte, welche
Südafrika in den 80ern in einen Militärstaat verwandelt hatte,
sich gegen eine Aufhebung des Verbots der SACP aussprach.
Aber andere argumentierten, daß jede Partei, die verboten
bliebe, eine so massive Kampagne entfesseln würde, daß der
moralische Vorteil der Regierung verdunkelt werden würde
und sie am Ende doch nachgeben müßte.

Bei der Konferenz wurde kein umfassender Plan verabschiedet, sagt Wessels, aber sie machte klar, wohin die Partei
steuerte. »Ich glaube, die *Bosberaad* brachte die Feinabstim-
mung für die Strategie des Präsidenten. Alles war da. Er
mußte es nur zusammensetzen.« Eine Woche später hatte de
Klerk das erste von drei Treffen mit Mandela in Tuynhuys,
eine freundliche Begegnung, die in Mandela den Eindruck
hinterließ, de Klerk sei »ein integrer Mann«. Allerdings sollte
das Verhältnis zwischen den beiden später schwieriger werden – Mandela warf de Klerk sogar Doppelzüngigkeit vor.

Nach den Treffen mit Mandela machte de Klerk Ferien.
Der Dezember ist in Südafrika Hochsommer und wie der
August in der nördlichen Hemisphäre eine Zeit, in der fast

alle packen und die Stadt verlassen. Freunde, die den Präsidenten in seiner offiziellen Ferienresidenz an der Südküste von Natal, Botha House, besuchten, bemerkten, daß de Klerk zerstreut schien und Stunden damit zubrachte, auf den Ozean zu starren. Er schien, so sagten sie, innerlich mit sich selbst zu ringen. De Klerk selbst gibt zu, daß es, wie er es ausdrückt, »ein sehr nachdenklicher Urlaub« war, und daß er Stunden über die Rede nachdachte, die er am 2. Februar halten mußte. »Ich sitz gern allein und denke nach, wenn etwas geboren wird, wenn ich eine Vision in Worte übersetzen muß, in Aussagen, in Entscheidungen, die formuliert werden müssen«, sagt er. Zweifellos schlug er sich mit den Fragen herum, die tief in der Psyche der Afrikaaner wurzeln und die Botha am Ufer des Rubikon hatten umkehren lassen – der Widerwille, als derjenige in die Geschichte einzugehen, der der Afrikaaner-Hegemonie und vielleicht dem Afrikaaner-Volk selbst ein Ende setzte; derjenige zu sein, der von seinen eigenen Leuten als *Volksverraier* (Volksverräter) beschimpft werden würde. Vielleicht war es auch der Schmerz, mit seinem Familienerbe zu brechen, sich von den Überzeugungen seines Vaters loszusagen.

Das Ringen ging nach seiner Rückkehr weiter. Leon Wessels begleitete ihn Mitte Januar auf Flügen nach Mosambik und Transkei, und er sagt, es sei offensichtlich gewesen, daß de Klerk sich noch immer mit dem herumschlug, was er in der Rede sagen sollte. Letztlich schrieb er den Text selbst, mit der Hand, im Laufe von mehreren Tagen – den ersten Teil am Küchentisch in seinem Ferienhaus in Hermanus, in der Nähe von Kapstadt, die letzte Fassung in der offiziellen Kapstädter Residenz. »Den zweiten Teil schrieb ich am Eßzimmertisch«, erinnert er sich, »weil der Fernseher in meinem Arbeitszimmer stand und Marike ihre Lieblingssendung sehen wollte. Schließlich vollendete ich die Rede am 1. Februar kurz vor Mitternacht« – weniger als zwölf Stunden, bevor sie gehalten werden mußte. Er hielt den Text geheim, damit nichts durchsickern konnte, informierte nur wenige enge Berater über die Hauptpunkte. »Ich hab dem Vorstand der Nationalpartei nichts gesagt. Ich hab nicht mal meiner Frau gesagt, was ich ankündigen würde«, sagt er.

Niel Barnard gehörte zu dem kleinen Kreis, der konsultiert wurde. »In den letzten Stunden, bevor die Rede gehalten wurde, gab es einen höllischen Streit um die Wiederzulassung der Kommunistischen Partei«, erinnert er sich. Wieder wandte sich Magnus Malan dagegen, aber wieder setzte sich das Argument durch, daß es kontraproduktiv sei, einen Grund für Demonstrationen zu liefern.

Und so ging de Klerk zum Rednerpodium, um seine Bombe zu zünden.

Die Wirkung war enorm. Ich war einer von 200 Reportern, die sich eine halbe Stunde vor der Rede in einem Presseraum im Parlament versammelt hatten. Die Türen waren geschlossen, man gab uns Kopien des Textes in die Hand und teilte uns mit, daß wir erst gehen konnten, wenn de Klerk gesprochen hatte. Stille legte sich über den Raum, dann gab es ein wachsendes Summen, als die Reporter den Text lasen, bevor sie de Klerk auf dem Übertragungsschirm der Parlaments-Videoanlage zuschauten. Ich erinnere mich an meine Verblüffung, als ich die Seiten überflog. »Mein Gott, er hat's tatsächlich alles gemacht«, murmelte ich meinem Kollegen von der *Washington Post*, David Ottaway zu. Mein erster Gedanke war – und ist –, daß de Klerk die volle Bedeutung dessen, was er getan hatte, gar nicht begriff.

Obwohl er darauf beharrte, daß er einer Mehrheitsherrschaft nicht zustimmen würde, sondern nur dem, was er »power-sharing« (die Teilung der Macht) nannte, war ich sofort davon überzeugt, daß der Prozeß, den de Klerk da entfesselte, eine Eigendynamik entwickeln und vor dem Ende des Jahrzehnts zur Herrschaft der Mehrheit führen würde. Mir fiel sofort die Analogie zu Gorbatschow ein, aber zumindest in einer Hinsicht unterschied sich de Klerk entscheidend von Gorbatschow. Er stand zu den Veränderungen, versuchte nicht, den Prozeß einzufrieren. Er kam zu der Erkenntnis, daß man ein unterdrückerisches System nicht reformieren kann: wenn man es lockert, muß man den ganzen Weg gehen. Es konnte keine Perestroika geben, nur die Abschaffung. Er hat das akzeptiert, als es evident wurde. Sein eigener Wandlungsprozeß hat mit den Ereignissen Schritt gehalten, das hat ihn gerettet – und Südafrika. Er ist deshalb immer noch da, wenn auch in einer geringeren Rolle. Diese zweite Akzeptanz ist mehr noch als die erste das wirkliche Maß der Intelligenz dieses Mannes.

9. KAPITEL

Die Stunde der Spooks

Zurück zu der Gruppe von Offiziellen, die sich die ganze Zeit hindurch mit Mandela traf. Nach zweieinhalb Jahren indirekten Kontakts zwischen der Regierung und dem ANC in Mells entschieden die Offiziellen, die die Gespräche mit Mandela führten, daß die Zeit für einen direkten Kontakt mit dem ANC im Exil reif war.

Sie hatten indessen ein Problem. Während Barnard es geschafft hatte, Präsident Botha dazu zu überreden, daß Mitglieder des Geheimdienstes den ANC im Exil zu direkten Gesprächen trafen – auf die Weise konnte man die Kontakte immer zu einer Spionageoperation erklären, wenn etwas durchsickerte –, war Mandela unbeugsam gegen jede Form direkten Kontaktes zwischen der Regierung und dem ANC im Exil. Er mißtraute den Motiven der Regierung, glaubte, daß sie versuchen werde, einen Keil zwischen ihn und seine Kameraden außerhalb des Landes zu treiben. In der Tat war ja eine Spaltung des ANC und vor allem die Trennung Mandelas vom Rest der Befreiungsbewegung ein fundamentales Element im strategischen Denken des Botha-Regimes. Aber Barnard war inzwischen überzeugt, daß ein direktes Gespräch unverzichtbar war, um Klarheit darüber zu bekommen, wo die exilierte Führung des ANC in den Fragen stand, die er und die anderen Mitglieder des Komitees mit Mandela diskutiert hatten – und letztlich beschloß er, ohne Mandelas Zustimmung zu handeln. Er behauptet, dies sei das einzige Mal in ihrer langen Beziehung gewesen, daß er Mandela hinterging. Sicher ist auch, daß Mandela sehr schnell dahinterkam, obwohl er das Thema gegenüber Barnard nie ansprach.

Ohne Mandela zu informieren, bat Barnard Esterhuyse,

sich mit Mbeki in Verbindung zu setzen und ein Geheimtreffen mit dem NIS (National Intelligence Service) zu organisieren. Was dann folgte, war eine der theatralischeren Episoden in Kobie Coetsees Le Carré-Roman. Im Juni 1989 flog Esterhuyse nach Großbritannien und traf Mbeki in einem Londoner Pub. Der ANC-Mann zögerte zunächst, aber inzwischen hatten die beiden Vertrauen zueinander gefaßt, und Esterhuyse überredete ihn, dem Treffen zuzustimmen. »Ich gab Thabo mein persönliches Versprechen, daß ich ihn alarmieren würde, sobald ich auf irgendwas stieß, das andeuten könnte, daß es sich um eine Falle handelte oder um etwas, das schiefgehen könnte«, sagt Esterhuyse.

Als er Mbekis Zustimmung hatte, informierte Esterhuyse ihn, daß er einen Telefonanruf von einem NIS-Agenten namens Maritz Spaarwater, der sich John Campbell nennen würde, erwarten könne. Zweck des Anrufes würde es sein, ein Treffen irgendwo in der Schweiz zu verabreden.

Spaarwater, ein hochgewachsener schlanker Mann mit grauem Bart und gediegenen Manieren, war im Geschäft der »Spooks«* ein erfahrener Mann. Seit Jahren hatte er Afrika in Geheimmissionen bereist, kannte Sambias Präsidenten Kaunda gut und war einmal mit Namibias Sam Nuzoma im Regierungsgebäude in Lusaka zusammengetroffen, als der Swapo-Führer für weiße Südafrikaner ein ebensolches Schreckgespenst war wie die gefürchtetsten Mitglieder des ANC. Zu der Zeit, als die neue Aufgabe auf seinem Schreibtisch landete, war Spaarwater Operationsdirektor des NIS, was bedeutete, daß ihm der gesamte Bereich der Informationsbeschaffung durch Spionage unterstellt war.

Nun sollte er die Sicherheitsmaßnahmen für das erste Treffen zwischen dem Apartheid-Regime und seinem Feind, dem ANC, in die Hand nehmen. Wie er es ausdrückt, um »sicherzugehen, daß wir hin und zurück kamen, ohne erkannt zu werden, ohne daß das Ding in die Presse kam, was uns ein

---

* Englisch für Spione, Geheimdienstleute. A.d.Ü.

kleines Problem bereitet hätte.« Mit der Begeisterung der internationalen Geheimdienstgemeinde für militärische Codenamen nannten sie das Unternehmen »Operation Flair«. Im Laufe der nächsten drei Monate gingen vertrauliche Telefongespräche zwischen Pretoria und Lusaka und Daressalam hin und her, in denen »John Campbell« die Details mit Mbeki und Jacob Zuma regelte, die sich die Decknamen John und Jack Simelane zugelegt hatten.

Eine formelle Autorisierung der Mission gab es erst zu einem späten Stadium, da verschiedene Schwierigkeiten das Treffen verzögerten, und schließlich fiel es zufällig und etwas verwirrend mit dem dramatischen Wechsel der Präsidentschaft zusammen. Am 16. August, dem Tag, nachdem de Klerk als handelnder Präsident vereidigt worden war, lag dem Staatssicherheitsrat ein sorgfältig formulierter Antrag vor. In seiner ersten Amtshandlung als Staatschef leitete de Klerk dieses Treffen des mächtigen Rates und stimmte dem Antrag zu. Indessen scheint er, vielleicht abgelenkt von anderen wichtigen Dingen oder durch den sehr verkürzten Wortlaut des Antrags verwirrt, seine Bedeutung nicht registriert zu haben. Als Mike Louw und Spaarwater ihm einen Monat später berichteten, war de Klerk über das, was sie getan hatten, völlig verblüfft.

Die listige, gekonnte Formulierung des Antrags, entworfen von Mitgliedern des Komitees der Offiziellen, das sich mit Mandela traf, spiegelt die Empfindlichkeit des Vorgangs in Regierungkreisen zu jener Zeit wider:

»Es ist notwendig, weitere Informationen, den ANC und seine Ziele, Verbindungen sowie die potentielle Ansprechbarkeit seiner verschiedenen Führer und Gruppierungen betreffend, einzuholen und zu verarbeiten. Um das zu ermöglichen, werden zusätzliche direkte Sonderaktionen benötigt, insbesondere unter Mithilfe von Funktionsträgern des National Intelligence Service.«[*]

[*] Entschließung des Staatssicherheitsrates, Sitzung Nr. 13, 1989.

Das konnte alles oder nichts bedeuten: die Autorisierung des
ersten direkten Treffens mit dem ANC selbst oder einfach ein
zusätzliches Ausspionieren der verbotenen Organisation.
Wenn etwas von dem Treffen durchsickerte, konnte man die
Entschließung benutzen, um es wegzuerklären: schließlich
war es die Aufgabe des NIS, solche Nachforschungen zu
unternehmen. Auf der anderen Seite stärkt die Formulierung
allerdings auch die Argumentation jener, die glauben, daß die
Regierung die ganze Zeit hindurch an dem Versuch arbeitete,
den ANC zu spalten und einen Handel mit denen zu suchen,
die sie für seine beeinflußbareren Elemente hielt.

Trotz der genau kalkulierten Formulierung war die Regierung nicht bereit, irgendein Risiko einzugehen. Die Wahlen
waren auf den 6. September angesetzt, und der NIS wurde
instruiert, nicht vorher zu handeln. Weitere Anrufe gingen
zwischen »John Campbell« und »John Simelane« hin und
her, und man einigte sich darauf, daß das Treffen am Abend
des 12. September im Palast-Hotel in Luzern stattfinden
sollte.

Die Sonderausrüstungsabteilung des NIS ging an die
Arbeit und bereitete falsche Pässe für Louw und Spaarwater
vor – sie trugen die Namen Michael James und Jacobus
Maritz – und für drei weitere Agenten, die sie begleiten sollten. Die fünf Männer flogen über Zürich nach Luzern. Sie
waren sehr besorgt. Die Schweiz war ausgewählt worden,
weil sie und Großbritannien die einzigen europäischen Länder waren, die von Südafrikanern keine Einreisevisa verlangten, und weil die Männer glaubten, in der Schweiz weniger
auffällig zu sein. Dennoch waren die NIS-Agenten sich sehr
bewußt, daß sie die Schweizer Behörden acht Jahre zuvor
gegen sich aufgebracht hatten, als ein südafrikanischer Maul-
wurf, Craig Williamson, bei dem Versuch erwischt worden
war, eine Anti-Apartheid-Hilfsorganisation in Genf zu infil-
trieren. Sie hatten wenig Sympathie zu erwarten, wenn auf-
flog, daß sie wiederum gegen das Schweizer Gesetz verstie-

ßen. Außerdem mußten sie darauf achten, nicht von der CIA oder dem britischen, französischen oder deutschen Geheimdienst identifiziert zu werden, die sich ein Vergnügen daraus gemacht hätten, ein Geheimtreffen der Südafrikaner mit dem ANC an die Öffentlichkeit zu bringen.

Am frühen Abend des 12. September bezogen Louw und Spaarwater die Zimmer 338 und 339 des Palast-Hotels, die mit einem kleinen Salon zwischen sich eine Suite bildeten. Mbeki und Jacob Zuma flogen nach Genf und würden von da mit dem Wagen nach Luzern kommen. Die drei anderen Agenten warteten am Genfer Flughafen, um die Ankunft der ANC-Leute zu beobachten, blieben ihnen dann bis Luzern auf den Fersen. Das zeigte, wie stark das gegenseitige Mißtrauen war, welches das ganze Treffen umgab. »Wir wollten sehen, ob sie Unterstützung mitbrachten oder was sie sonst bei sich hatten«, sagt Louw. Sie hatten nur einen Fahrer, einen ANC-Sympathisanten, der in Genf lebte.

Der Flug nach Genf hatte Verspätung, so daß die ANC-Leute erst kurz vor 20 Uhr ankamen. Sie fragten an der Rezeption nach den Zimmern von Mr. James und Mr. Maritz und wurden hinaufgeführt. Es war ein angespannter Moment. »Ich weiß noch, daß wir sagten: ›Wie können wir von ihnen erwarten, daß sie uns trauen?‹« sagt Louw. »Ich mein, wir hätten da mit Revolvern sitzen und sie abknallen können. Also ließen wir die Tür offen, damit sie uns sofort sehen konnten. Wir hörten sie kommen, sie redeten, und dann kamen sie um die Ecke und sahen uns da stehen. Thabo kam rein und sagte: ›Also da sind wir, die verdammten Terroristen, und vielleicht noch Kommunistenschweine dazu!‹ Das brach das Eis, und wir lachten alle, und ich muß sagen, von da an gab's keine Spannung mehr.«

Sie redeten bis drei Uhr morgens. Es war eine lange, anstrengende Sitzung, die alle schwierigen Themen berührte: Mandelas Haft, den Bann der Befreiungsbewegungen, das

Bündnis des ANC mit der Kommunistischen Partei und den
Guerillakampf. Man war übereingekommen, daß das Treffen
»informativen Charakter hatte, keine Verhandlung dar-
stellte«. Beide Seiten machten ihre Positionen zu den verschiedenen Fragen klar, und es gab wenig Versuche, dem
Gegenüber etwas abzuhandeln. Aber als Louw und Spaarwater nach Hause flogen, konnten sie ihrem neuen handelnden
Präsidenten eine klare Botschaft mitbringen: der ANC im
Exil war zu Verhandlungen bereit.

Es erwartete sie allerdings eine böse Überraschung, als sie
das taten. Louw begann de Klerk in Tuynhuys am 17. September vorzutragen, und der Präsident unterbrach ihn schon
beim ersten Satz: »Wer hat Ihnen die Erlaubnis gegeben, mit
dem ANC zu verhandeln?« fragte er zornig.

»Zum Glück hatte ich eine Kopie der Sicherheitsrats-Ent-
schließung bei mir«, sagt Louw, »und die konnte ich ihm zeigen und erklären, daß wir nur Hintergrundgespräche geführt,
nicht verhandelt hatten. Ich glaub nicht, daß er wütend war,
weil er gegen die Idee war, sondern weil er das Gefühl hatte,
übergangen worden zu sein. Er wußte nicht, was da vor sich
ging, und man hatte ihn nicht richtig informiert. Aber sobald
er die Entschließung sah, entspannte er sich und sagte: ›Na,
dann erzählen Sie mal.‹« Und so wurde de Klerk, der Konservative, zum ersten Mal richtig ins Bild gesetzt. »Von da
an«, sagt Louw, »nahm er den Ball auf und gab ihn nicht mehr
ab.«

Das National Intelligence-Hauptquartier ist ein graues
unscheinbares Gebäude an Pretorias Skinner Street. Nichts
deutet auf die Art der Geschäfte hin, die da betrieben werden,
außer den Gitterstäben vor dem Eingang und den untersten
Fenstern und einer Reihe von Durchsuchungszellen und
Durchleuchtungsmaschinen im Foyer. Die Farben im
Inneren sind ein erschreckendes Gelb und helles Orange, und
man wird sich schnell einer Anzahl sehr gerade gehender jun-

ger Männer mit kurzgeschnittenem Haar bewußt, die überall herumlaufen – der Prototyp des Geheimagenten auf der ganzen Welt.

Im Korridor des ersten Stocks hängen die Porträts früherer Sicherheitschefs und Direktoren verschiedener Abteilungen des Geheimdienstes. Eine unbeschilderte Tür führt in ein kleines Wartezimmer mit der NIS-Flagge in einer Ecke – ein blauweißes Tuch, das drei Pfauenfedern abbildet, an deren Spitze jeweils ein leuchtendes Auge gesetzt ist; zusammengehalten werden die Federn von einem Wolfshaken, einem finsteren Instrument, das wie zwei einander gegenüberstehende »S« mit scharfen Spitzen geformt ist. Wenn man einen Wolf fangen will, stößt man eine dieser Spitzen in einen Baumstamm und steckt Fleisch als Köder an den anderen. Wenn der Wolf danach springt, ist er erledigt. »Es symbolisiert unsere Arbeit«, erklärt ein hilfreicher Agent. »Es ist eine Warnung, daß man immer von geheimen Augen beobachtet wird, und in der Gegenspionage stellt man Fallen, um den Gegner zu ködern und dann zu schnappen.«

Hinter dem Wartezimmer liegt Louws Büro, das innere Heiligtum dessen, was einmal der KGB der Apartheid gewesen ist. Hier präsidierte »Lang Hendrick« van den Berg mit seinem schütteren weißen Haar, den schmalen Lippen und der Stahlbrille, der während der harten Jahre der Apartheid Premierminister John Vorsters Mann fürs Grobe war. Van den Berg und Vorster waren während des Zweiten Weltkriegs auf Grund ihrer Nazi-Sympathien zusammen in Internierungshaft gewesen, und sie bildeten ein formidables Duo, als Vorster 1960 Polizeiminister und dann 1966 Premier wurde. Vorster faßte die Sicherheitsdienste unter einer Aufsichtsbehörde zusammen, die sich Bureau of State Security oder BOSS nannte, und stellte seinen alten Genossen, der Chef der Sicherheitspolizei gewesen war, an deren Spitze. Vorster brachte drakonische Sicherheitsgesetze mit Verboten und Haft ohne Prozeß durchs Parlament, und van den Berg setzte sie mit rücksichtsloser Effizienz um. Leute, die gegen die Apartheid kämpften, verschwanden über Nacht, wurden in Einzelzellen gebracht, gefoltert und verhört. Mehr als einhundert Menschen starben in den Zellen, viele mehr zerbrachen an den Verhören. Tausende wurden zu Geständnissen gezwungen und nach Robben Island geschickt. Niemand hatte mehr Anteil an der Zerschlagung des schwarzen Widerstands gegen die Apartheid in den 60er und 70er Jahren als der »lange Hendrick.

Mike Louw war schon in jenen Tagen dabei, ein kleines Rädchen in der Unterdrückungsmaschinerie. Jetzt ist er das Haupt der Organisation, und in einer der vielen atemberaubenden Ironien, die Südafrikas politischen Wandel charakterisieren, hat er eine wichtige Rolle bei der Legalisierung des ANC und der Übergabe der Macht an ihn gespielt.

Eine Verschiebung im Aufbau der Organisation ergab sich bald, nachdem P. W. Botha 1979 Vorster als Premierminister ersetzt hatte. Mit dem Ziel, die Machtbasis seines Vorgängers aufzubrechen und seine eigene Mannschaft aus dem militärischen Geheimdienst an die Schalthebel zu bringen, zerschlug Botha BOSS und baute es dann unter neuer Führung als National Intelligence Service wieder auf. Er ernannte Niel Barnard, einen Akademiker von der Universität des Orange Freistaats, der damals erst 31 Jahre alt war, zum Chef der neuen Behörde. Wie wir gesehen haben, wurde Barnard in die geheimen Gespräche mit Mandela hineingezogen, was 1992 zu seiner Ernennung zum Generaldirektor des Department of Constitutional Affairs führte. Worauf Louw ihn als Chef des NIS ersetzte.

Fünf Monate nach ihrem ersten Besuch waren Louw und Spaarwater wieder in Luzern – am 6. Februar 1990, nur vier Tage nach de Klerks epochemachender Rede, in der er den Bann des ANC aufhob und ankündigte, daß Mandela bald aus der Haft entlassen werden würde. Sie trafen Mbeki wieder im Palast-Hotel, diesmal nicht von Jacob Zuma sondern von Aziz Pahad begleitet. Die NIS-Leute waren wieder unter falschen Namen mit gefälschten Pässen gereist, sie achteten immer noch sehr darauf, nicht erkannt zu werden, aber dieses Mal war die Stimmung des Treffens ganz anders.

»Alle waren in sehr gehobener Stimmung«, erinnert sich Louw. »Aziz fragte immer wieder: ›Was jetzt? Wie gehen wir vor?‹« Das war in der Tat das Wesentliche. Den ANC, PAC und die Kommunistische Partei zu legalisieren, war eine Sache; etwas ganz anderes war es, sie sicher nach Südafrika zurückzubringen – angesichts von Sicherheitskräften, die ausgebildet worden waren, auf sie zu schießen, und einer weißen Bevölkerung, die seit Generationen gegen sie indoktriniert worden war. Die meisten der Exilanten hatten Apartheid- und Sicherheitsgesetze gebrochen, die noch in Kraft waren, also mußte ihre Straffreiheit irgendwie garantiert werden. Und konnte man den Sicherheitskräften in ihrer Gesamtheit und den berüchtigten Apartheid-Politikern trauen? Was, wenn das ganze eine riesige Intrige war, um sie alle nach Hause zurückzulocken und sich dann auf sie zu stürzen, sie einzusperren und darüber zu lachen, wie einfach es gewesen war, die naive schwarze Befreiungsbewegung auszuschalten?

Die politischen Gefangenen mußten freigelassen – und dabei die dornige Frage beantwortet werden, wer politischer Gefangener war. Dann mußte der Verhandlungsprozeß in Gang gebracht werden. Es mußte eine Anfangsphase mit Gesprächen über die Gespräche geben, Entscheidungen darüber, wer wen repräsentierte und in welcher Form die Verhandlungen ablaufen sollten. Das alles begann nun im Palast-Hotel in Luzern. »Dies war ein ganz anderes Treffen«, sagt Louw. »Das war kein Abtasten mehr. Jetzt begannen wir, Strukturen einzuziehen und praktische Entscheidungen zu treffen.«

Die Repräsentanten der Regierung brauchten eine positive

Reaktion des ANC auf de Klerks Ankündigungen. Wie
Louw erklärt: »Wir sagten ihnen, daß der Staatspräsident ein
enormes Risiko auf sich genommen hatte, und wenn sie nun
nicht positiv reagierten, würde sich die Stimmung in Land
entschieden nach rechts verlagern. Das Endergebnis könnte
dann ein destruktiver Krieg zwischen ihnen und dem rechten
Flügel sein.« Sie wollten eine positive Aussage des Exekutivkomitees des ANC als Antwort auf den Präsidenten, »größere Disziplin« in der Kontrolle der Protestkampagne im
Innern von Südafrika und eine Verständigung über die Beendigung des Guerillakampfes.

Das war Schwerstarbeit, und um einige Punkte wurde hart
gefeilscht, aber die Atmosphäre war entspannter, und sie
taute immer weiter auf, je besser die Männer einander kennenlernten. Es gab auch heitere Momente. Als die Sitzung
sich bis spät in die Nacht hinzog, begann Pahad immer wieder
einzunicken, und Mbeki stieß ihn mit dem Fuß an und sagte:
»Wach auf, Aziz, laß mich nicht mit diesen Buren allein.«

Sie einigten sich auf Arbeitskomitees, die sich mit den drin-
gendsten Fragen befassen sollten. Dabei verfielen sie wieder
in die alte Liebe der »Spooks« zu militärischen Codenamen:
Gruppe Alpha (Mandelas Freilassung), Bravo (Freilassung
der politischen Gefangenen), Charlie (Diskussionen auf der
politischen Ebene) und Delta (Kontakt zwischen dem NIS
und dem Sicherheitsdienst des ANC).

Das Treffen endete mit einer alarmierenden Erkenntnis für
die NIS-Männer. »Uns wurde klar, daß wir überwacht wurden«, sagt Spaarwater. »Ich bin mir ziemlich sicher, daß es die
Schweizer waren, und wir waren mit falschen Dokumenten
im Land, gefälschten Pässen und Decknamen, was natürlich
eine Straftat war, also entschlossen wir uns, so schnell wie
möglich zu verschwinden.«

Louw flog von Genf direkt zurück, Spaarwater nahm
zunächst den Wagen, fuhr die Nacht hindurch nach Frank-
reich, wo er am nächsten Tag ein Flugzeug nach Südafrika

bestieg. »Ich fragte mich immer wieder, was ich tun sollte, falls sie mich faßten«, berichtet Spaarwater. »Ich entschied mich dafür, ihnen in dem Fall einfach zu erzählen, was wir gemacht hatten, und ihnen zu sagen: wenn ihr diese Initiative zerstören wollt, dann macht es, es ist eure Verantwortung. Ich glaub, das hätte funktioniert.«

Trotz der Überwachung waren die beiden Männer vierzehn Tage später wieder in der Schweiz, obwohl sie vorsichtshalber diesmal im Bellevue-Palast-Hotel in Bern abstiegen, einem protzigen alten Gebäude mit Blick auf die Aar. Barnard selbst und Fanie van der Merwe begleiteten sie dieses Mal. Mbeki und Pahad waren für den ANC dort, zum ersten Mal von einem der Guerilla-Kommandeure begleitet, von Joseph Nhlanhla. Wiederum reisten die vorsichtigen Regierungsleute unter Decknamen und mit falschen Dokumenten. Louw nahm unter dem Namen Mike Hicks Zimmer 321, wo die Gruppe ihre Sitzung abhielt.

Barnard erinnert sich daran, wie nervös er war, als er zum ersten Mal Repräsentanten des ANC im Exil treffen sollte. Als Chef des NIS war er besonders verwundbar, und er stand unter großer Spannung. »Heute können wir darüber lachen, aber nach Europa zu fliegen und den ANC zu treffen, war damals ein höllisches Unternehmen«, sagt er. »Wir mußten aufpassen, daß der KGB und CIA und andere Geheimdienste nichts herausfanden. Es war eine sehr sensible Operation.«

Kurz nachdem sie in den Speisesaal des Bellevue-Palast gegangen waren, um zu Abend zu essen, kamen, wie Barnard sich erinnert, Mbeki und die anderen ANC-Leute herein und setzten sich an einen anderen Tisch. Die beiden Gruppen taten so, als kennten sie einander nicht, aber mit Flüstern und Seitenblicken erklärte Louw Barnard, wer am ANC-Tisch wer war. Nhlanhla allerdings kannte niemand. Nach dem Essen rief Pahad in Zimmer 321 an, und kurz darauf begann das dritte Treffen.

Es dauerte noch länger als die ersten, setzte sich am folgen-

den Tag fort. Sie schufen eine Grundlage für die Rückkehr der
Exilanten und bereiteten das erste Treffen zwischen der
Regierung und dem Nationalen Exekutivkomitee des ANC
auf südafrikanischem Boden vor. Eine Schwierigkeit tauchte
sofort auf: Joe Slovo, Generalsekretär der Südafrikanischen
Kommunistischen Partei, war Mitglied der ANC-Exekutive,
und Barnard stellte klar, daß dieses *bête rouge* des Pretoria-
Regimes, sein dämonisiertester Feind, als Angehöriger der
Delegation nicht akzeptabel war. Das politische Risiko der
Regierung, argumentierte er, war auch so schon hoch genug.
Aber Mbeki war ebenso hart: kein Slovo, kein Treffen. Der
ANC würde nicht zulassen, daß die Regierung bestimmte,
wer ihn bei den Verhandlungen vertrat.

Barnard rief de Klerk an. Der Präsident war entsetzt. »Er
antwortete mit einem absoluten Nein«, erinnert sich Barnard.
»Er sagte: ›Sie werden von mir als Staatsoberhaupt nicht
erwarten, daß ich den Führer der Kommunistischen Partei im
Lande willkommen heiße.‹ Ich sagte: ›Sir, ich muß darauf hin-
weisen, daß es keine andere Möglichkeit gibt. Wenn sie ihre
Mannschaft auswählen, und Slovo ist dabei, dann ist er dabei.
Es kann nicht anders gehen.‹ Ich ging zu Mbeki zurück, und
wir berieten weiter. Er sagte, er könne seinem Präsidenten
den Fall vorlegen, aber er könne mir jetzt schon sagen, daß er
damit nicht durchkommen würde. Also rief ich Präsident de
Klerk nochmal an, und wir kamen am Telefon schließlich
überein, daß jede Seite auswählen konnte, wen sie wollte:
wenn der ANC Slovo wollte, war das seine Sache; wenn wir
Eugene Terre'Blanche oder irgendsoeinen verrückten
Rechtsaußen in der Regierungsmannschaft wollten, konnten
sie nichts machen. Heute mag das als eine Kleinigkeit erscheinen, aber damals war es ein Riesenschritt.«

Ein viertes und letztes Geheimtreffen fand zwei Wochen
später im Noga-Hilton in Genf statt. Ein gemeinschaftliches
Steuerungskomitee wurde eingesetzt, um detaillierte Vorbereitungen für die Rückkehr der Exilierten und für das erste

formelle Treffen zwischen der Regierung und dem ANC auf südafrikanischem Boden zu treffen. Alles war nun für die erste Phase der Verhandlungen bereit. Aber zuerst mußten die ANC-Mitglieder des Steuerungskomitees, die in den Begriffen der südafrikanischen Sicherheitsgesetze noch immer gesuchte Männer waren, ins Land geschmuggelt werden.

10. KAPITEL

Die Verhandlungen
beginnen

Neun Tage nach de Klerks Rede, am 11. Februar 1990, wurde Nelson Mandela freigelassen. Von Milliarden in der ganzen Welt auf dem Fernsehschirm beobachtet, schritt er mit dem steifen Gang des älteren Mannes durch das Tor des Victor Verster-Gefängnisses in die Freiheit, seine Frau, Winnie, neben sich. »Gott, wissen Sie, ich hätte nie erwartet, daß soviele Menschen da sein würden«, sagte er mir einige Jahre später, als wäre er immer noch erstaunt darüber, daß er solch eine Berühmtheit geworden war.

Stunden später sprach Mandela vor einer fiebernden Menge von vielen Tausenden auf Kapstadts Grand Parade. Im nachlassenden Licht blinzelte er unsicher auf seinen Text herab, durch Brillengläser, die ihm immer wieder von der Nase rutschten. Es war eine sorgfältig komponierte Ansprache, keine große Martin-Luther-King-Rhetorik. Es ging ihm vor allem darum, jeden vielleicht noch vorhandenen Verdacht auszuräumen, seine Freilassung sei ein Manöver des Regimes, um Streit zu säen und die Befreiungsbewegung zu spalten. Bewußt zollte er jedem Element der Bewegung seinen Tribut – »Ich grüße Joe Slovo, einen unserer größten Patrioten« – und versprach feierlich, sich kollektiven Entscheidungen zu unterwerfen. »Ich bin ein loyales und pflichtgetreues Mitglied des ANC. Ich befinde mich daher in voller Übereinstimmung mit all seinen Zielen, Strategien und Taktiken.« In Formulierungen, die eher an die Zweifler in der Führung des ANC gerichtet waren als an die Massen vor ihm, die nichts von dem wußten, was er im Gefängnis gemacht hatte, erklärte Mandela, daß er »zu keiner Zeit in Verhandlungen über die Zukunft des Landes eingetreten (sei), außer um ein Treffen zwischen dem ANC und der Regierung zu erreichen«. Die

Verhandlungen könnten nicht sofort beginnen. Zunächst müsse das Volk befragt werden.

Diese Rückversicherungen waren notwendig. Die Geschwindigkeit, mit der de Klerk vorgegangen war, hatte den ANC und seine Anhänger aus der Balance gebracht und alte Zweifel in den Köpfen derjenigen geweckt, die den revolutionären Kampf nicht um unsicherer Verhandlungen willen aufgeben wollten, Verhandlungen, die überdies hochgeschätzte Ideale kompromittieren konnten. Hinzu kam, daß Oliver Tambo im August 1989 einen schweren Schlaganfall erlitten hatte, der ihn arbeitsunfähig machte, so daß nun niemand mehr da war, der die verschiedenen Fraktionen der Bewegung zusammenhalten und eine adäquate Reaktion auf die rapiden Veränderungen entwickeln konnte. Als Walter Sisulu und die anderen Gefangenen, die im Oktober 1989 freigelassen worden waren, im Januar Lusaka besuchten, um zum ersten Mal die Führung des ANC im Exil wiederzusehen, gab es Anzeichen ernster Streitigkeiten. Ich war zu der Zeit dort, und fast jedes einzelne Mitglied des Nationalen Exekutivkomitees, mit dem man sprach, hatte eine unterschiedliche Haltung zu dem, was in Südafrika ablief – von Tauben wie Thabo Mbeki bis zu Falken wie Chris Hani, dem Stabschef der Guerilla-Streitkräfte, der gründlich verwirrt erschien und eine kriegerische Rede hielt, die zu einer Verschärfung des bewaffneten Kampfes aufrief.

Als ich im darauffolgenden März mit Mandela nach Lusaka zurückkehrte, hatte sich die Stimmung stabilisiert. Zweifel über die Rolle, die Mandela im Gefängnis gespielt hatte, waren gewichen, und in den Rängen der Bewegung gab es wieder Zusammenhalt. Nachdem Mandela vor dem Nationalen Exekutivkomitee gesprochen hatte, schlossen sich alle seiner Sicht des weiteren Vorgehens gegenüber Pretoria an, und man sprach allgemein mit glühendem Stolz von seinem politischen Scharfsinn und strategischen Gefühl. Obwohl Tambo nominell noch immer Chef der Organisation war, wurde klar, daß das durch seine Krankheit entstandene Machtvakuum gefüllt worden war. Selbst Hani hatte eine Kehrtwendung vollzogen und redete begeistert nicht nur von der Notwendigkeit der Verhandlungen, sondern auch über Gespräche seines militärischen Flügels mit der südafrikanischen Armee.

Aber es dauerte noch beinahe zwei Jahre, bis die Verhandlungen über eine neue Verfassung in Gang kamen. Zunächst gab es eine Serie von vorbereitenden Treffen, die mit einer großen Premiere vom 2. bis zum 4. Mai in Groote Schuur, dem großen Giebelhaus am Fuß des Tafelberges begann, das Cecil John Rhodes 1902 dem Staat Südafrika als offizielle Residenz der Premierminister schenkte.

Die frühesten Vorbereitungen für dieses historische erste Treffen zwischen den ANC-Führern und der südafrikanischen Regierung waren bei den Geheimgesprächen in Bern und Genf getroffen worden, aber sie wurden unter ähnlich vertraulichen Umständen in Südafrika fortgesetzt. Das war Aufgabe des gemeinsamen Steuerungskomitees, das bei dem Berner Treffen gebildet worden war. Damit sie ihre Arbeit im Komitee tun konnten, mußten die ANC-Mitglieder – Penuell Maduna, Kopf der Justizabteilung des ANC, Jacob Zuma, sein Geheimdienstchef, und Gibson Mkanda – ins Land geschmuggelt werden. Der ANC selbst war zu dieser Zeit bereits legalisiert, aber individuelle Mitglieder hatten noch keine Straffreiheit für Vergehen gegen die Sicherheitsgesetze erhalten: in der Tat war es die erste Aufgabe des Steuerungskomitees, ein Amnestiegesetz auszuhandeln, um den Weg für das Groote Schuur-Treffen frei zu machen. Maduna, Zuma und Mkanda waren daher noch immer polizeilich gesuchte Männer, als der NIS sie am 21. März nach Südafrika flog. Louw und Spaarwater nahmen sie auf dem Flugfeld in Empfang, steuerten sie blitzschnell an den Zoll- und Einwanderungskontrollen vorbei und fuhren sie in ein »sicheres Haus« in einem östlichen Vorort von Pretoria. Später wurden sie in ein kleines Landgasthaus verlegt, in das Hertford Hotel, drei-

ßig Kilometer nördlich von Johannesburg, wo sich ihnen
zwei Mitglieder der Befreiungsbewegung im Lande, Matthew
Phosa und Curnick Ndlovu anschlossen. Mitglieder des
Steuerungskomitees von seiten der Regierung, darunter auch
Roelf Meyer, der später Verfassungsminister werden sollte,
trafen sich unauffällig mit ihnen, um das Groote Schuur-Treffen vorzubereiten.

Es war eine schwierige Aufgabe, mit dem Mißtrauen beider
Seiten belastet. Die ANC-Mitglieder fürchteten, in eine Falle
gelockt zu werden – ergriffen und eingesperrt zu werden,
sobald sie alle im Land waren; die Regierung fürchtete, daß
der ANC die Amnestie und die Einstellung der Anti-Guerri-
la-Operationen ausnutzen würde, um Massen von Untergrundkämpfern für einen großen revolutionären Schlag ins
Land zu schmuggeln.

Das Mißtrauen hatte praktische Folgen, die wiederum
Mißtrauen erregten. Dreimal mußten Regierungsmitglieder
des Komitees den ANC-Leuten im Hertford Hotel mitteilen,
daß es Widerstand innerhalb der Nationalpartei gab und deshalb das Amnestiegesetz dem Parlament noch immer nicht
vorgelegt werden konnte. »Die wurden sehr nervös«, erinnert
sich einer der Regierungsleute des Komitees. Infolgedessen
hielt der ANC einen Eventualplan in Bereitschaft. Operation
Vula, mit Mac Maharaj an der Spitze, war ein großes Unter-
grundnetz, dem es sogar gelungen war, einige der Akten aus
der Anti-Guerilla-Abteilung des NIS zu stehlen. Jetzt forderte Maharaj die Führung des ANC auf, den Zweck der
Operation zu überdenken. Sollte Vula weitergeführt werden,
und wenn ja, wie?

Nach intensiver Debatte beschloß der ANC, Vula weiterlaufen zu lassen, seine Stoßrichtung aber zu ändern. Vula war
ein Eventualplan – »eine Versicherungs-Police«, nannte Ronnie Kasrils das –, falls die Verhandlungen scheitern sollten
oder sich als Falle der Regierung herausstellten. Der
Beschluß, Vula nicht aufzugeben, spiegelt auch Tambos alte

Besorgnis wider, daß der ANC im Prozeß der Verhandlungen nicht zulassen dürfe, »seine Kampfwaffen zu verlieren«. Die Sanktionen, die Guerilla-Streitkräfte und Operation Vula sollten alle fortgeführt werden, bis klar war, daß der Verhandlungsprozeß unumkehrbar war. Wie Maharaj es ausdrückt, sollte Vula »die Fortschritte, die wir gemacht hatten«, durch das Aufrechterhalten der Massenmobilisierung »verteidigen«. Der Druck durfte nicht vermindert werden, nur weil die Führer miteinander redeten.

Also blieben Maharaj, Nyanda und Kasrils im Untergrund, während die Verhandlungen begannen. Als die Sicherheitspolizei dann Vula aufdeckte und Maharaj und Nyanda im Juli 1990 verhaftete, schien das die schlimmsten Befürchtungen der Regierung zu bestätigen. Die Polizei behauptete, Vula sei eine kommunistische Verschwörung, um die Regierung unter dem Deckmantel der Verhandlungen gewaltsam zu stürzen. Maharaj, Nyanda und sieben andere wurden angeklagt, »den Versuch unternommen zu haben, die Regierung gewaltsam zu stürzen«, aber die Vorwürfe wurden schließlich fallengelassen und die Gefangenen freigegeben.[*]

Die Organisation des Groote Schuur-Treffens in einer solchen Atmosphäre der Spannung und des gegenseitigen Mißtrauens war ein Alptraum. Täglich erreichten die Regierung neue Gerüchte über Pläne der Rechtsextremisten, das Treffen zu verhindern, oder über massive Demonstrationen der Linksextremen, die angeblich zur Begrüßung der Revolutionäre im Lande stattfinden sollten. In jedem Fall hatten die Regierungsplaner zwei Ausweichmöglichkeiten vorgesehen, falls Groote Schuur-Haus unmöglich wurde – eine auf der Ysterplaat Luftwaffenbasis in der Nähe von Kapstadt und eine an Bord eines Schiffes im Marinestützpunkt Simonstown.

---

[*] Mac Maharaj ist heute Transportminister in Mandelas Regierung der Nationalen Einheit, und Ronnie Kasrils ist stellvertretender Verteidigungsminister. Siphiwe Nyanda (Gebhuza) ist Generalsekretär der Bergarbeitergewerkschaft.

Schließlich gab es für alle ANC-Mitglieder, die an der Konferenz teilnahmen – auch für Joe Slovo –, eine befristete Straffreiheitserklärung. Sie wurden zum Kap geflogen, wo man sie im Lord Charles Hotel in Somerset West auf der gegenüberliegenden Küste der False Bay unterbrachte. Die Sicherheitsmaßnahmen mußten streng sein, aber die ANC-Mitglieder waren immer noch voller Mißtrauen gegen ihre früheren Jäger, die sie nun angeblich beschützten. Also weigerten sie sich, ihren Bewachern zu sagen, wohin sie gingen, wenn sie verschwanden, um Mitglieder der Bewegung im Lande zu treffen. »Unsere Leute wurden natürlich sehr nervös«, sagt einer der Organisatoren heute, »da waren all diese Guerillas, die in der Landschaft rumliefen, ohne zu sagen, wo sie hinwollten.«

Aber schließlich lief das Drei-Tage-Treffen ohne größere Schwierigkeiten ab. Die ersten substantiellen Übereinkünfte wurden getroffen – man bezeichnete sie später als den Groote Schuur-Pakt. Sie sahen die Freilassung der politischen Gefangenen vor, die Rückkehr der Exilanten und die Veränderung der Sicherheitsgesetzgebung. Die Delegationen wurden zusammen fotografiert, dabei ein lächelnder Slovo unter den Männern, die ihn solange gehaßt und gejagt hatten.

Drei Monate später, am 7. August, trafen sich die beiden Parteien in Pretoria wieder, und nach einer einen Tag dauernden Konferenz erklärte Mandela die einseitige Einstellung des bewaffneten Kampfes. Es war ein bedeutendes Zugeständnis, für das er wenig an Gegenleistung bekam, und es löste einige Unruhe unter ANC-Radikalen aus, die meinten, daß er zuviel verschenkte und de Klerk noch vor dem Beginn wirklicher Verhandlungen eine zu starke Stellung gab.

Für die nun legalisierten Organisationen war die Rückkehr nach Südafrika schwieriger, als man es sich je vorgestellt hatte. Sie hatten so lange davon geträumt, aber nun, da der Moment gekommen war, erwies sich der Prozeß als hochkompliziert. Sowohl der ANC als auch der Pan-Africanist

Congress mußten ihr Exilhauptquartier ins Heimatland
zurückverlegen und sich an ein Land gewöhnen, das sie seit
Jahrzehnten nicht gesehen hatten. Die zurückkehrenden
Exilanten, die freigelassenen Gefangenen und die Aktivisten
im Lande, die sich zu einem großen Teil zum ersten Mal
kennenlernten, mußten in einheitliche politische Bewegungen zusammengefaßt werden und sich darauf vorbereiten,
mit der Regierung zu verhandeln. Schwieriger noch war es,
sich von der Kultur und den Denkgewohnheiten einer revolutionären Bewegung im Untergrund auf jene einer politischen Partei umzustellen, die nun im konventionellen politischen Rahmen arbeiten sollte.

Während die schwarzen Parteien mit diesen Schwierigkeiten kämpften und zugleich eine Serie von vorläufigen Über-
einkommen mit der Regierung abschlossen, verfeinerte de
Klerk seine Strategie der »Teilung der Macht«, die eine wirkliche Regierung der Mehrheit verhindern sollte. Er wollte um
Häuptling Mangosuthu Buthelezis Inkatha-Bewegung und
andere schwarze Organisationen herum, die sich unter dem
Apartheid-System gebildet hatten, eine Anti-ANC-Allianz
schmieden. Dabei sollten auch die »farbigen« und asiatischen
Minderheiten, die wie er annahm, die Furcht der Weißen vor
der schwarzen Mehrheit teilten, eine Rolle spielen. De Klerk
wollte die Verwirrung in den Reihen des ANC ausnutzen,
und vor allem hoffte er, daß im Laufe der Zeit eine Art Ent-
mythisierung der messianischen Gestalt Mandelas einsetzen,
daß sich auch Mandela als ein weiterer fehlbarer Politiker
erweisen würde, der nicht in der Lage war, seinem Volk die
sofortige Erlösung zu bringen. Und er versuchte, die internationale, insbesondere die westliche Sympathie vom ANC weg
und auf seine Regierung zu ziehen: die, so hoffte er, würde für
die Kühnheit ihrer Reform bewundert werden, während der
ANC aufgrund seiner Verpflichtung auf den Sozialismus nun
mit Vorbehalten betrachtet werden würde. Das würde dazu
führen, daß die Sanktionen aufgehoben würden, was den

ANC, der einen Großteil seiner Strategie darauf gerichtet hatte, internationale Unterstützung zu gewinnen, ernsthaft schwächen und demoralisieren würde.

Gerrit Viljoen, ein früherer Vorsitzender des Broederbond, der zu der Zeit de Klerks Verfassungsminister war, setzte die Pläne und Absichten der Regierung im Laufe jenes Jahres auf vier Provinzparteitagen der Nationalpartei auseinander. Es sollte ein Parlament mit zwei Kammern geben: ein Repräsentantenhaus mit 300 Mitgliedern, die aus allgemeinen und gleichen Wahlen hervorgingen, und einen Senat mit 130 Mitgliedern – 10 von jeder der 10 Regionen oder Provinzen, plus 10 von jeder der drei »Hintergrundgruppen« der Bevölkerung – Engländer, Afrikaaner, Asiaten (dabei war es ein bedeutendes rassisches Zugeständnis, daß nun die afrikaans-sprechenden »Farbigen« als Afrikaaner betrachtet wurden). In der Praxis hätte das bedeutet, daß die 10 schwarzen Stammesgruppen, die Engländer, die Afrikaaner und die Asiaten, jeweils von 10 Senatoren vertreten worden wären. Das hätte im wesentlichen ein rassisch strukturiertes Oberhaus ergeben. Gesetzesvorlagen mußten von beiden Häusern verabschiedet werden, was hieß, daß die Weißen und ihre Verbündeten in den alten Apartheid-Parteien in der Lage gewesen wären, jeden Versuch einer sozio-ökonomischen Reform abzublocken.

Die Exekutive sollte aus 26 Kabinettsministern bestehen, eine Hälfte aus den Regionen und »Hintergrundgruppen«, die andere vom Präsidenten ernannt. Der Präsident seinerseits sollte kein Individuum sein, die Präsidentschaft sollte vielmehr aus einem rotierenden Vorsitz bestehen – Viljoen nannte das ein »Kabinettskollegium«, das Entscheidungen nur einmütig fällen konnte. Auf die Weise hätte auch die Exekutive ein Veto-Recht bei jedem Versuch einer gesellschaftlichen Umgestaltung gehabt. Sowohl Viljoen als auch de Klerk behaupteten, daß dieses Konzept aus der Schweizer Verfassung stamme, nahmen dabei aber nicht zur Kenntnis, daß die Praxis der Schweiz, aus den drei größten Parteien eine Koalitionsregierung zu formen, deren Führer sich dann jährlich im Vorsitz des Kabinetts ablösen, nicht in der Schweizer Verfassung wurzelt, sondern auf einer freiwilligen Übereinkunft der Parteien vom Jahre 1959 beruht, von der sie sich jederzeit wieder zurückziehen können. Freiwillige Koalitionen sind eine Sache; erzwungene Koalitionen etwas ganz anderes.

Als wäre das noch nicht genug, trat Viljoen auch noch für ein 26köpfiges Beratergremium ein, das zur Hälfte aus den 10 Regionen und den »Hintergrundgruppen« und zur Hälfte aus dem Repräsentantenhaus besetzt werden sollte. Dieser hybride Rat sollte – mit Zwei-Drittel-Mehrheit – entscheiden, welche von zwei gegeneinanderstehenden Versionen einer Vorlage, die aus den beiden Häusern des Parlaments kamen, Gesetz werden würde. Auch das bedeutete ein Veto gegen die Mehrheitsentscheidung im Repräsentantenhaus.

All das lief darauf hinaus, die Illusion einer Demokratie zu erwecken, sie in der Substanz aber zu verhindern. Südafrika würde in der Lage sein, in die Welt hinauszutrompeten, daß es nun ein System allgemeiner und gleicher Wahlen besaß, aber das Parlament, das sich aus diesen Wahlen ergab, wäre nicht in der Lage, irgendetwas zu ändern. Die alte Oligarchie hätte ein umfassendes Vetorecht in den Händen behalten. Während de Klerk und seine Minister die Mehrheitsregierung als ein System des »Sieger kriegt alles« kritisierten, beschrieben politische Kommentatoren ihre Alternative als ein System des »Verlierer behält alles«.

Die Apartheid-Denker hatten einen langen Weg zurückgelegt, aber sie waren noch immer nicht ganz frei von ihren ideologischen Fesseln. Anfangs hatten sie versucht, den Schwarzen jede nationale politische Beteiligung zu verwehren. Als sich das als unmöglich erwies, versuchten sie, den Weißen die letzte Entscheidung vorzubehalten. Nun, da sie freie und gleiche Wahlen zugestehen mußten, versuchten sie noch immer sicherzustellen, daß die Weißen über das Vetorecht den *status quo* schützen konnten.

Die Regierung machte aus ihren Zielen auch gar kein Geheimnis. Es reichte nicht aus, Gruppenrechte wie Sprache, Kultur und Religion in der Verfassung zu verankern, sagte Viljoen, sie mußten auch durch besondere Strukturen geschützt werden. Die Partei hatte das wichtige Zugeständnis gemacht, daß rassische Gruppierungen nicht länger durch das Gesetz definiert wurden: die Mitgliedschaft in jeder Gruppe sollte von nun an eine Frage der persönlichen Entscheidung sein und jedermann, der nicht einer rassischen Gruppierung zugerechnet werden wollte, konnte zu politischen Zwecken als Teil einer amorphen »Nicht-Gruppe« betrachtet werden. Aber jene, die ihre Gruppenmitgliedschaft ernst nahmen und bei ihren Leuten bleiben wollten, sollten die Freiheit haben, das zu tun. Wie Viljoen es in einem Interview nach einem der Parteikongresse erklärte: »Jene, die in bestimmten Gemeinschaften leben, beten, arbeiten oder spielen wollen, sollten das im neuen Südafrika tun dürfen, aber ohne irgendwelche Gesetze, die das erzwingen.« Die Weißen sollten also zum Beispiel das Recht haben, ihre rassisch exklusiven Schulen zu behalten, mit den gleichen Staatszuschüssen wie öffentliche Schulen. Das alles fiel unter das, was Viljoen *Volksregte* nannte – wobei »Volk« in diesem Sinne eine ethnische Gruppe bezeichnete.

De Klerk drückte sich noch deutlicher aus. Bei einem Kongreß der Nationalpartei in Transvaal sprach er am 18. Oktober 1990 davon, ein neues Südafrika aufzubauen, welches »das Bedürfnis von Menschen und Gemeinden anerkennt, sie selbst zu bleiben und die Werte zu erhalten, die ihnen teuer sind – so daß die Zulus, die Xhosas, die Sothos und die Weißen alle in ihrer Unterschiedlichkeit in Sicherheit leben können«.

Die Idee, daß die Regierung mit dem ANC über eine schwarze Mehrheitsregierung verhandele, sei »eine der großen Unwahrheiten«, die von der rechtsextremen Konservativen Partei verbreitet würden, sagte de Klerk. »Das ist eine Lüge. Die Nationalpartei hat wiederholt gesagt, daß wir das ablehnen, daß es zu einer Unterdrückung der Minderheiten führen würde. Wir machen hier keinen Ausverkauf. Wir wollen Südafrika für unsere Nachkommen und für die Nachkommen aller Südafrikaner sicherer machen.«

Der entscheidende Faktor in all diesen Fragen war, wer über die neue Verfassung verhandeln würde. De Klerk wünschte eine Konferenz aller bestehenden politischen Organisationen, nicht eine gewählte Versammlung, wie es in Namibia geschehen war. Er wußte, daß seine Nationalpartei und ihre Verbündeten bei freien allgemeinen Wahlen auf den Status einer Minderheit zurückfiele, während der ANC sehr wahrscheinlich eine große Mehrheit gewönne, die es ihm dann erlaubte, die konstituierende Versammlung zu beherrschen und eine Verfassung zu schreiben, die eine Mehrheitsregierung vorsah.

Der ANC wehrte sich gegen den Gedanken einer Parteien-Konferenz. In seinen Augen waren die bestehenden nicht-weißen Parteien Apartheid-Marionetten ohne Unterstützung im Volk. Wenn die neue Verfassung Legitimität haben sollte, argumentierte der ANC, mußte sie von authentischen Volksvertretern geschrieben werden, die nur aus einer Wahl hervorgehen konnten. Die andere Lösung würde angesichts des dominierenden Gewichts der alten Homeland-Parteien bei einer solchen Konvention auf nicht viel mehr hinauslaufen als auf die Integration des ANC in P. W. Bothas alte Idee eines »Nationalforums« ausgewählter schwarzer Politiker, die die Zukunft des Landes mit der Regierung der Nationalpartei diskutieren sollten.

Die beiden Konzepte war so diametral gegensätzlich – das eine würde klarerweise zur »Machtteilung«, das andere zur Mehrheitsherrschaft führen –, daß sie unversöhnlich schienen. Beide Seiten wiesen – durchaus zu Recht – darauf hin, daß das Vorgehen der jeweils anderen Seite das Ergebnis der Verhandlungen festlegen würde, bevor die Verhandlungen überhaupt begonnen hatten. Alle Gespräche bis zu diesem Punkt hatten das Ziel gehabt, Hindernisse, die Verhandlun-

gen im Wege standen, zu beseitigen: nun aber ging es um die
Frage, ob die Verhandlungen selbst jemals beginnen konnten,
wenn es keine Einigung darüber gab, wer sie führen sollte.

Der Durchbruch kam mit einer Verlautbarung von Mandela vom Januar 1991: er forderte einen »All-Parteien-Kon-
greß«, der über den Weg zu einer konstituierenden Versammlung beraten sollte. Dies lieferte die Grundlage für einen
Kompromiß. Zuerst würde es die von der Nationalpartei
geforderte Parteien-Konferenz geben, die eine Interimsverfassung aushandelte, unter der dann freie und allgemeine
Wahlen für die konstituierende Versammlung stattfinden
würden, welche der ANC wollte. Diese gewählte Versammlung würde die endgültige Verfassung für ein neues Südafrika
beschließen, aber sie würde dabei keine ganz freie Hand
haben. Die vorhergehende Parteien-Konferenz sollte die
Macht erhalten, eine Anzahl von bindenden Prinzipien zu
beschließen – darunter bestimmte Mehrheitsverhältnisse wie
Zwei-Drittel-Mehrheiten für bestimmte Fragen.

Das Nationale Exekutivkomitee des ANC stellte sich am
22. Oktober hinter den Kompromiß und schlug vor, daß ein
Zeitabstand von nicht mehr als 18 Monaten zwischen dem
Ende der Parteien-Konferenz und der Wahl liegen sollte.
Während dieser Zeit sollte das Land von einer Interimsregie-
rung der nationalen Einheit geführt werden. Damit war die
Kluft überbrückt, und ein vorbereitendes Treffen aller teil-
nehmenden Parteien folgte.

Aber es gab noch immer Rückschläge. Der PAC, der sich
nur ein paar Tage zuvor mit dem ANC zu einer »Patriotischen Front« der Befreiungsbewegungen zusammenge-
schlossen hatte, zog sich aus dem vorbereitenden Treffen
zurück und nahm nicht an der darauf folgenden Konferenz
teil. Der PAC bestand darauf, daß die Konferenz außer Landes unter einem neutralen Vorsitzenden stattfinden sollte. Er
lehnte die beiden Richter, die als Vorsitzende ernannt worden
waren, ab, da sie Staatsfunktionäre waren. Als der ANC

zusammen mit der Nationalpartei diesen Vorschlag zurückwies, verließ der PAC die Verhandlungen und warf seinem
Partner in der »Patriotischen Front« Kollaboration mit den
Kräften der Apartheid vor. Hier aber trat das ein, was dann
zum Muster des ganzen Prozesses werden sollte: sobald die
beiden wichtigsten Gegenspieler sich einig waren, lief der Prozeß weiter. Man beschloß, daß die erste Phase der Verhandlungen im Rahmen eines Forums stattfinden sollte, das sich Konvention für ein Demokratisches Südafrika (Codesa) nannte.

CODESA trat an einem ungewöhnlichen Ort zu einer ungewöhnlichen Zeit zusammen. Das World Trade Center, eine
weitläufige Ausstellungshalle neben einer Autobahn in der
Nähe des Flughafens von Johannesburg, ist dem eleganten
Pennsylvania State House in Philadelphia, wo sich die Verfas-
sungsväter der Vereinigten Staaten im Sommer 1787 trafen, so
fern wie nur irgend vorstellbar. Aber die beiden großen Parteien hatten versprochen, daß die Verhandlungen vor dem
Ende des Jahres 1991 beginnen würden, also wurde die Versammlung eilig einberufen, und die Ausstellungshalle war
verfügbar und lag zentral. Das erklärt auch das Datum: den
21. und 22. Dezember, das Wochenende vor Weihnachten
mitten in den Sommerferien, zu einer Zeit, in der südafrikanische Politiker und fast der ganze Rest der weißen Bevölkerung gewöhnlich am Strand oder in den Bergen war.

Es war fast zwei Jahre her, daß Mandela freigelassen worden war, und es hatte länger gedauert, als jeder Beteiligte
erwartet hatte, aber die Atmosphäre war optimistisch, alles
schien einen neuen Anfang anzukündigen. 228 Delegierte
vertraten 19 Parteien – der breiteste Querschnitt der Führer
des Landes, der sich je getroffen hatte. Neben dem PAC
fehlte vor allem Häuptling Buthelezi. In einem Vorge-
schmack auf die Streitereien, die noch kommen sollten, hatte
er darauf bestanden, daß eine einzige Delegation für seine
Inkatha Freiheitspartei nicht ausreichend sei: er forderte zwei

weitere, die seine KwaZulu-Homeland-Regierung und den
König der Zulus, Goodwill Zwelithini, repräsentieren sollten. Als die Codesa-Organisatoren ablehnten, blieb er den
Verhandlungen aus Protest fern. Die Inkatha Freiheitspartei-
Delegation wurde von ihrem Vorsitzenden, Frank Mdlalose
angeführt. Buthelezi sollte der einzige politische Führer in
Südafrika werden, der nie an einer Sitzung der Verhandlungs-
konventionen teilnahm, was sich auf spätere Probleme aus-
wirken sollte.

Der Oberste Richter, Michael Corbett, eröffnete die Konvention. Die beiden Richter, die den Vorsitz bildeten, waren
Petrus Shabort, ein weißer Afrikaaner, und Ismail Mohamed,
der erste nicht-weiße Richter des Landes, der sich als Bürger-
rechtsanwalt ausgezeichnet hatte. Die erste Sitzung sollte eine
eher rituelle Angelegenheit sein, ein Fernsehspektakel, das
das Land und die Welt beeindrucken sollte, aber die Wunden
der zerrissenen südafrikanischen Gesellschaft waren noch so
frisch, daß auch diese Eröffnungssitzung zu wütenden Kon-
frontationen führte.

Redner auf Redner ging auf das Podium, um vorbereitete
Reden vorzulesen. De Klerk war der letzte. Nach den üblichen inhaltsleeren guten Wünschen für die verhandelnden
Parteien klagte er plötzlich den ANC an, er habe entgegen
den Abmachungen seine Guerillastreitmacht nicht aufgelöst.
Dies ziehe die Fähigkeit des ANC in Zweifel, sich an bindende Beschlüsse der Konvention zu halten. Mandela war
wütend und forderte Redezeit, um antworten zu können. In
Wirklichkeit hatten der ANC und die Regierung im Februar
1991 insgeheim den D. F. Malan-Accord abgeschlossen, der
vorsah, daß Umkhonto we Sizwe, die Kampforganisation des
ANC, nicht aufgelöst werden mußte, bis der Übergang zu
einer demokratischen Regierung vollzogen war. In der Zwi-
schenzeit würde sie nicht offiziell als »Privatarmee« betrachtet werden, würde aber der Regierung eine detaillierte Auf-
stellung ihrer Waffen übergeben. Diese Waffen sollten dann

unter die gemeinsame Kontrolle einer Übergangsautorität gestellt werden, sobald eine Interimsregierung gebildet war. Zur Zeit von de Klerks Anklage wußte die Öffentlichkeit natürlich nichts davon, und Mandela glaubte, der Präsident habe ihn getäuscht, um vor diesem öffentlichen, weltweit übertragenen Forum einen billigen Triumph über den ANC zu erringen.

De Klerk vorwerfend, daß er »seine Position mißbrauche«, als er seine Attacke ritt, nachdem er die Organisatoren gebeten hatte, als letzter Sprecher auftreten zu dürfen, wandte sich Mandela mit einer eiskalten Wut, die die Versammlung erstarren ließ, gegen den Präsidenten. Er sprach mit gemessener Stimme und bezog sich auf de Klerk in der dritten Person, ohne ihn anzusehen, obwohl der nur ein paar Meter von ihm entfernt saß. »Er meinte, ich würde nicht antworten können. Er hat sich vollständig getäuscht. Ich antworte jetzt.«

Auf den Präsidenten weisend, aber starr geradeaus blickend, warf Mandela de Klerk vor, »in keiner Weise ehrlich gewesen zu sein« und die Vertraulichkeit ihrer Verhandlungen über das Thema der Guerillastreitkräfte gebrochen zu haben. »Selbst der Chef eines illegitimen, diskreditierten Minderheitsregimes wie des seinen sollte gewisse moralische Standards aufrechterhalten«, sagte er. »Wenn ein Mann zu einer Konferenz dieser Art kommen und die Art Politik spielen kann, die er gespielt hat, würden nur sehr wenige Leute mit solch einem Mann etwas zu tun haben wollen.«

Der normalerweise unerschütterliche de Klerk war sichtbar getroffen. Schweratmend und um Worte ringend, warf er sich in eine zornige Zurückweisung von Mandelas Vorwürfen, sagte, es sei eine Frage des Prinzips, daß keine Seite eine private Armee unterhalten dürfe. Für die Konvention war es ein spektakulärer Beginn, und es bereitete die Bühne für einen Verhandlungsprozeß, der von einer Krise in die andere taumelte.

11. KAPITEL

Eine Kette
von Krisen

Trotz des Kompromisses in der Frage der Zwei-Phasen-Verhandlung gab es fundamentale Differenzen zwischen den beiden Seiten. Der ANC wollte eine kurze, konzentrierte Codesa, die sowenig wie möglich Entscheidungen über die neue Verfassung vorwegnahm. Der Löwenanteil der Formulierung sollte von der aus Wahlen hervorgegangenen Versammlung vorgenommen werden. Die Regierung hingegen wollte eine langhingezogene Codesa, um den schlimmen Tag, an dem sie die Macht abgeben mußte, so weit wie möglich hinauszuschieben. Der ANC sollte machtlos gehalten werden, bis seine Anhänger begriffen, daß auch Mandelas Freilassung nicht jene schnelle Verbesserung ihres Lebens brachte, die sie erwartet hatten. Die Entzauberung von Mandela war seit langem eines der Hauptziele der Regierung gewesen. Auch wollte sie, daß Codesa soviele Entscheidungen zur Verfassung traf, wie irgend möglich, so daß für die gewählte Versammlung wenig Spielraum blieb.

Konflikte und Frustationen griffen schnell um sich, als der ANC versuchte, die Dinge zu beschleunigen, während die Regierung auf die Bremse trat. Um den kleineren Parteien die Möglichkeit zu nehmen, jeden Fortschritt zu behindern, hatten die beiden Seiten sich auf einen neuartigen Entscheidungsmodus geeinigt, den sie »hinreichenden Konsens« nannten. Die Konvention sollte Einmütigkeit suchen, wenn sich das aber als unmöglich erwies, konnte der Vorsitzende entscheiden, ob es eine ausreichende Übereinstimmung der Parteien in der wesentlichen Frage gab, um den Verhandlungsprozeß weiterschreiten zu lassen. Praktisch bedeutete dies, daß nur der ANC und die Regierung sich einig sein mußten – dann betrachtete man die Frage als gelöst. Wenn

eine der beiden Hauptparteien nicht zustimmte, gab es ein
Patt. Das erwies sich als ein nützliches Werkzeug für die
Regierung, die Dinge zu verlangsamen.

Die Volksbefragung nur der weißen Bevölkerung, die de
Klerk im März 1992 veranstaltete, um den Vorwurf der Rechten, er handele ohne Mandat, zu entkräften, machte die Sache
nicht einfacher. Obwohl viele Schwarze sich durch das Referendum beleidigt fühlten, das sie ein weiteres Mal aus rassischen Gründen ausschloß, riet Mandela seinen Anhängern,
die Befragung nicht zu stören, und rief sogar weiße ANC-
Unterstützer auf, mit »ja« zu stimmen. Er zeigte damit eine
Sensibilität für de Klerks Probleme, die dieser in den folgenden Monaten nicht erwiderte. Mit der Unterstützung weißer
Liberaler gewann de Klerk das Referendum mit einer klaren
Zwei-Drittel-Mehrheit. Im Triumphgefühl des Sieges verhär-
tete die Nationalpartei daraufhin ihre Positionen bei den
Codesa-Verhandlungen. Es schien, daß das Referendum de
Klerks Hoffnung gestärkt hatte, tatsächlich eine Anti-ANC-
Allianz aufbauen zu können, die die Mehrheit der Wähler
hinter sich hätte. Da auch der internationale Beifall anzeigte,
daß aus dem Ausland keine ungünstigen Reaktionen zu
erwarten waren, glaubte er nun, es sei an der Zeit, mit seinen
Gegenspielern härter umzuspringen.

Das Ergebnis war ein Desaster. Codesa war in fünf
Arbeitsgruppen aufgeteilt worden, um verschiedene Bündel
von Streitfragen abzudecken. Die Arbeitsgruppe Zwei war
die entscheidende, sie beschäftigte sich mit den zentralen
Themen, von deren Lösung ein Verhandlungsergebnis
abhing, und in dieser Gruppe hatten beide Seiten ihre besten
Leute konzentriert – Cyril Ramaphosa, Mohammed Valli
Moosa und Joe Slovo für den ANC; Gerrit Viljoen und sein
Vize im Verfassungsministerium, Tertius Delport, für die
Regierung. Sofort nach dem Referendum bekamen die ANC-
Mitglieder die härter werdende Linie der Regierungsdelega-
tion zu spüren.

Reporter, die über Codesa berichteten, merkten bald, daß Arbeitsgruppe Zwei sich in bitteren Streitigkeiten festgefahren hatte, während die anderen Gruppen gut vorankamen. Die Frage, die Arbeitsgruppe Zwei zur Stagnation verurteilte, war die alte, die durch die Zwei-Phasen-Einigung nur übertüncht, aber nicht beantwortet worden war: wann und wo sollten die kritischen Entscheidungen zwischen Machtteilung auf der einen und Mehrheitsherrschaft auf der anderen Seite getroffen werden? Die Regierung hatte akzeptiert, daß die endgültige Verfassung von einer Versammlung entworfen werden sollte, die aus gewählten Repräsentanten bestand, aber sie hatte dem ANC die Konzession abgerungen, daß Codesa sich auf eine Reihe von grundlegenden Prinzipien einigen sollte, die dann für die gewählte Versammlung bindend waren. Nun war es Ziel der Regierung, soviele Fragen wie möglich zu grundlegenden Prinzipien zu erklären. Im Grunde wollte sie die wesentlichen Züge des Machtteilungs-Modells als bindende Prinzipien etablieren, so daß die gewählte Versammlung nicht mehr in der Lage sein würde, sie abzulehnen. Der ANC argumentierte, daß dieses keine prinzipiellen Dinge seien, sondern Details der Verfassung, über welche die Versammlung frei entscheiden können müsse.

Eine Woche nach dem Referendum brachte die Regierung einen weiteren Vorschlag ins Gespräch – es solle eine Interimsverfassung mit einem Interimsparlament geben, das zugleich als verfassunggebende Körperschaft fungieren würde. Der Haken dabei war, daß es sich um ein Zweikammer-Parlament handeln würde, dem ursprünglichen Regierungsmodell sehr ähnlich, mit einem Senat, in dem die Nationalpartei und ihre Homeland-Verbündeten ein Veto-Recht hätten. Der Kampf konzentrierte sich dann auf Prozentsätze – welche Mehrheiten sollte die verfassungsgebende Versammlung haben müssen, um bestimmte Regelungen in die Verfassung zu übernehmen?

Die Dinge erreichten am 15. Mai ihren Gipfelpunkt. Das

war der Tag, an dem die Arbeitsgruppen einer Plenarver-
sammlung von Codesa ihre Berichte vorlegen sollten. Als der
Tag kam, war klar, daß Arbeitsgruppe Zwei sich in tiefen
Schwierigkeiten befand: die meisten anderen Gruppen hatten
vorlagereife Berichte, aber AG2 steckte immer noch in ihrem
Patt der Prozentsätze. Das Plenum, das um neun Uhr beginnen sollte, wurde bis mittags verschoben, dann auf 14 Uhr,
dann 16 Uhr. Schließlich wurde deutlich, daß es keine Einigung geben würde.

Für Außenstehende erschien die Frage der Prozentsätze
wie eine Geheimwissenschaft, aber sie berührte in Wirklichkeit den Kern der Meinungsverschiedenheiten zwischen den
beiden Seiten, die auch in fünfmonatigen Verhandlungen
nicht beseitigt werden konnten. Der ANC wollte, daß normale Verfassungsartikel von der gewählten Versammlung mit
Zweidrittelmehrheit verabschiedet werden konnten, was, wie
er argumentierte, der internationalen Norm entsprach. Aber
die Regierung bestand auf einer 75 Prozent-Mehrheit.
Schließlich ging der ANC von seinen 66,6 (zwei Drittel) auf
70 Prozent und ließ für Menschenrechtsfragen sogar 75 Prozent zu, aber die Regierung beharrte auf ihrer Forderung von
75 Prozent für alle Verfassungsartikel.

Damit verband sich die Frage eines Abstimmungsmecha-
nismus, der ein Patt aufbrechen konnte. Mit derart hohen
Mehrheitsprozenten, fürchtete der ANC, könnte die verfassungsgebende Versammlung auf Dauer beschlußunfähig sein,
und es würde gar keine neue Verfassung geben. Wie Delegierte es zu der Zeit formulierten: Südafrika könnte zu einer
»permanenten Interimsverfassung« verurteilt sein. Der ANC
witterte eine Falle. Also verband er seine 70 Prozent-Konzes-
sion mit der Auflage, daß falls die verfassungsgebende Versammlung sich nicht innerhalb von sechs Monaten auf eine
Verfassung einigen konnte, ein Referendum mit einfacher
Mehrheit über die entscheidenden Fragen befinden sollte.
Der Regierung erschien dies wiederum als Falle des ANC:

alles, was die Befreiungsbewegung dann tun mußte, war, die Versammlung sechs Monate lang lahmzulegen und sich dann ihre Mehrheitsherrschaft-Verfassung durch eine Volksbefragung bestätigen zu lassen.

Also ging der Streit in Arbeitsgruppe Zwei weiter, während das Plenum verschoben wurde und Gruppen von Delegierten besorgt darauf warteten, daß irgendein Durchbruch kam. Er kam nicht. Ein Faktor, der die Sache noch komplizierter machte, war die Abwesenheit Viljoens, des Hauptunterhändlers der Regierung, der sich kurz vor diesem kritischen Tag aus der Gruppe zurückgezogen hatte und bald darauf seinen Rückzug aus der Politik verkündete. Das hieß, daß die Regierungsmannschaft von seinem Stellvertreter, Tertius Delport, geführt wurde, einem Hardliner mit weithin bekannten Verbindungen zu Polizei und Geheimdienst in seiner Heimat, der östlichen Kapregion. Delports untergeordneter Status machte es ihm doppelt schwer, flexibel zu sein: Mitglieder der Arbeitsgruppe berichteten, daß er sich immer wieder zurückzog, um zu telefonieren und sich Anweisungen von de Klerk zu holen. Hinzu kam, daß Delport unter einem Grippeanfall litt, seine Stimme wurde zu einem heiseren Krächzen, während das Ringen weiterging. Am Abend sah er krank und gereizt aus.

Das Ende kam, als Ramaphosa verkündete, daß der ANC sich aus Arbeitsgruppe Zwei zurückziehe. Er sagte, es sei zwecklos fortzufahren, da Delport offenbar nicht den Willen habe, »diese Arbeitsgruppe zu einer Einigung zu bringen«. Das bedeutete das Scheitern von Codesa 2: das Plenum wurde zusammengerufen, es wurde informiert und vertagte sich. Es trat nie wieder zusammen. Das Arbeitskomitee der Konvention versuchte noch mehrere Monate lang, den Prozeß in Gang zu halten und einen Kompromiß zu finden, aber dann wurde es von den Ereignissen überholt.

Die Frustration über Codesa war außerhalb des World Trade
Center ebenso angewachsen wie in seinem Innern. Die
Arbeitsgruppen trafen sich hinter verschlossenen Türen, und
die erwartungsvollen Massen in den Townships wurden
unruhig, weil es keine Information über das gab, was sich in
den raucherfüllten Räumen abspielte. Die ANC-Regionen
fühlten sich von einem Verhandlungsprozeß ausgeschlossen,
der ihnen unzugänglich war. Die Nachrichten, die sie den
Zeitungen entnahmen, nährten ihren Verdacht, daß ihre politischen Führer zuviel verschenkten. In jedem Fall war das
Ganze zu einer Sache der Elite geworden, die die Massen ausschloß, und waren es nicht die Massen gewesen, die den
Kampf gegen die Apartheid getragen und die Regierung an
den Verhandlungstisch gebracht hatten?

Selbst vor dem Zusammenbruch von Codesa 2 hatten Teile
der Befreiungsbewegung für eine »Massenaktion« geworben,
die eine immer unruhiger werdende Basis festigen und Druck
auf den Verhandlungsprozeß selbst ausüben sollte. Vor allem
die Gewerkschaftsbewegung, die Teil des ANC-Bündnisses
war, trat dafür ein. Mitglieder des Congress of South African
Trade Unions, bekannt als Cosatu, glaubten, sie verstünden
weit mehr von der Dynamik von Verhandlungen als die
ANC-Politiker, die an den Gesprächen teilnahmen. Sie
waren es aus den Arbeitskämpfen gewöhnt, daß eine Demonstration der Stärke die Position der Verhandelnden nur verbessern konnte. Überdies lag das Referendum hinter ihnen,
so daß es keine Notwendigkeit mehr gab, weiße Sensibilitäten
zu schonen.

Also verschob sich das politische Kraftzentrum innerhalb
der ANC-Allianz Mitte 1992 weiter in Richtung auf den militanten Flügel. Eine Reihe von Militanten, insbesondere jene,
die in der Guerilla-Armee gefochten hatten, waren ohnedies
nie begeistert über die Verhandlungen gewesen. In einem
Sinne nahmen sie es den Politikern übel, daß sie ihnen den
Traum eines revolutionären Sieges genommen hatten. Jetzt

sahen sie die Chance, zumindest auf die Straßen zurückzukehren, wenn nicht sogar auf die Barrikaden.

Der Druck der Militanten wurde durch das Anwachsen der
politischen Gewalt in den Townships verstärkt. Schon seit
der Zeit vor Mandelas Freilassung hatte es Zusammenstöße in
Natal gegeben, wo ANC-Anhänger und Buthelezis Inkatha-
Mitglieder um Einfluß kämpften. Inkatha war seit langem die
dominierende Bewegung im Stamm der Zulu, der aus Natal
kommt, aber mit der Legalisierung des ANC schlossen sich
immer mehr vor allem junge Zulus der glanzvolleren Befreiungsbewegung an, und zwischen den Organisationen brach
praktisch ein Bürgerkrieg aus.

In der Mitte des Jahres 1990 sprang dieser regionale Konflikt auf die überfüllten Townships des Witwatersrand über,
des industriellen Kernlands um Johannesburg. Hier gibt es
keinen dominierenden schwarzen Stamm: es ist Afrikas
Schmelztiegel, eine polyglotte städtische Gesellschaft, die
bisher keine ethnischen Konflikte zwischen schwarzen
Gruppierungen gekannt hatte. Das änderte sich nun.

Am 14. Juli 1990 wandelte Buthelezi Inkatha in eine politische Partei um. Die Organisation war bis dahin eine »Kultur-
und Befreiungsbewegung« gewesen, sollte nun aber als Partei
auf eine landesweite Basis gestellt werden. Acht Tage später
brachen Gewalttätigkeiten im Witwatersrand aus: über dreißig Menschen starben in Kämpfen zwischen den Anhängern
der neuen Inkatha Freiheitspartei und dem ANC in Sebokeng, einem schwarzen Township fünfzig Kilometer südlich
von Johannesburg. Einwohner von Sebokeng berichteten,
daß Busladungen von ländlichen Zulus in ihrem Township
eintrafen, die Bewohner von Arbeiterwohnheimen vertrieben
und ihre Räume übernahmen.

Eine Serie ähnlicher Zusammenstöße folgte, wieder von
Berichten begleitet, daß Zulus mit Bussen herangeschafft
worden waren, die die Wohnheime erobert hatten, von denen
dann die Angriffe auf die örtliche Einwohnerschaft ausgin-

gen. Das provozierte Vergeltungsangriffe auf die Wohnheime, und daraus ergab sich ein Kreislauf der Gewalt, der
den Stadtgürtel des Witwatersrand durchlief, dazu kamen
sporadische Ausbrüche in weiter entlegenen Townships.

Im September gab es dann eine Serie von willkürlichen
Gewalttaten in den Pendlerzügen. Bewaffnete Männer zogen
durch die Waggons, erstachen und erschossen Passagiere und
warfen sie aus den fahrenden Zügen. Die von Schwarzen viel
benutzten Minivan-Taxis wurden angegriffen, Feuerüberfälle
aus vorbeifahrenden Autos, Bomben und Maschinenpisto-
lenangriffe auf Bars, Nachtklubs und Privathäuser folgten.
Festnahmen gab es nicht. Wieder und wieder wurde ausgesagt, daß die Polizei entweder nur zusah oder sich sogar an
den Überfällen beteiligte.

Als der Blutzoll anstieg, begann der ANC der Regierung
vorzuwerfen, daß sie eine systematische Destabilisierungskampagne führe. Obwohl es dafür niemals zuverlässige
Beweise gab, setzte sich in der schwarzen Gemeinde die
Überzeugung durch, daß eine »dritte Kraft« hier am Werk
sei, ein Element innerhalb des Militär- und Sicherheitsestablishments, das diese Gewalt anstiftete und dirigierte, um den
ANC zu schwächen und ihn daran zu hindern, effektiv zu
handeln und den Wahlkampf vorzubereiten.

Das untergrub das Verhältnis zwischen Mandela und de
Klerk. Zuerst zögernd, dann immer nachdrücklicher, wandte
sich Mandela gegen den Präsidenten und warf ihm Unredlich-
keit vor. Zwar klagte er de Klerk nie an, die Gewalt aktiv zu
fördern, aber er lastete ihm an, ihr nicht wirklich ein Ende setzen zu wollen, und er deutete ein gewisses Maß an Kompli-
zentum an. Privat sprach er mit großem Zorn über den Mann,
der in seinen Augen sein Vertrauen enttäuscht hatte. In der
Öffentlichkeit erhielt er ein herzliches Verhältnis aufrecht –
nach wie vor überzeugt, daß die wechselseitige Abhängigkeit
von schwarzen und weißen Südafrikanern der wesentliche
Zug jedes zukünftigen Südafrika bleiben würde.

All dies bedeutete, daß es, als Codesa 2 scheiterte, eine gefährliche Stimmung der Desillusionierung in der schwarzen Gemeinde gab. Das war etwas, was Mandela nicht ignorieren konnte. Seine Position zwang ihn in weit stärkerem Maße als de Klerk, auf Stimmungsumschwünge in seiner Organisation zu reagieren. Der ANC selbst war eher eine Koalition verschiedener Kräfte als eine geschlossene politische Partei, er umfaßte Leute von unterschiedlicher ideologischer Färbung, die lediglich das Ziel der Befreiung von der Apartheid vereinte. Und jetzt befand er sich in einer sogar noch breiteren Allianz mit anderen Organisationen, die ebenfalls auf dieses Ziel hinarbeiteten. Mandela mußte sich sorgfältig auf die Stimmungen an der Basis einstellen, wenn er solch eine amorphe Gruppe zusammenhalten wollte. Überdies war Mandela von denen, die ihn in sein Amt gebracht hatten, viel abhängiger als de Klerk. Er und alle anderen in der Spitze des ANC wurden von dem hundertköpfigen Nationalen Exekutivkomitee in ihre Ämter gewählt, was bedeutete, daß er sich ständig der Unterstützung dieser Komiteemitglieder versichern mußte, die wiederum von Wahlen auf der regionalen Ebene abhingen. De Klerk wurde ebenfalls von seiner Parlamentsfraktion gewählt, aber sobald er einmal im Amt war, hielt er alle Entscheidungen über die weitere Karriere seiner Parteifreunde in der Hand, was sie in ein Verhältnis totaler Abhängigkeit von ihm brachte.

Trotz seiner Verpflichtung auf eine Verhandlungslösung mußte Mandela also der Forderung nach mehr Militanz nachgeben, die in der Befreiungsbewegung immer lauter wurde. Zwei Wochen nach dem Scheitern von Codesa 2 beschloß eine Strategiekonferenz des ANC eine Kampagne »von wellenartigen Massenaktionen« – eine fortgesetzte Serie von Streiks, Boykotten und Demonstrationen. Die Konferenz beauftragte eine Kommission, die Strategie der Kampagne auszuarbeiten, und wählte bezeichnenderweise Ronnie Kasrils aus, sie zu leiten. Kasrils war der frühere Aufklärungschef der Guerillakräfte, die an Operation Vula teilgenommen hatten, er galt als militanter Draufgänger.

Die Kampagne begann am 16. Juni 1992, dem Jahrestag des Sowetoaufstands von 1976, der in der schwarzen Gemeinde als »Heldentag« gefeiert wurde. Überall im Land gab es Kundgebungen, niemand ging zur Arbeit, und die Industriestädte lagen praktisch still. Dies war ein Faktor, den de Klerk bei seinem kühnen Schritt vom 2. Februar 1990 übersehen hatte. Damals hatte er geglaubt, daß er aus einer Machtposition heraus den Übergangsprozeß würde kontrollieren können. Aber die schwarze Bevölkerung ist Südafrikas Arbeiterklasse, und als er das Verbot der politischen Bewegungen aufhob, ermöglichte de Klerk es ihnen, ihre Massenbasis zu mobilisieren und das Land buchstäblich lahmzulegen. Wollte er nicht auf die alten Mittel dagegen – Ausrufung des Notstands und massive Polizeieinsätze – zurückgreifen und sein mühsam gewonnenes internationales Prestige wieder zerstören, hatte der Präsident wenig in der Hand, diesem formidablen Gegner beizukommen. Es war der Geist, den er aus der Flasche gelassen hatte. Aber bevor diese Konfrontation sich richtig entwickelte, geschah etwas anderes, was das Land noch tiefer erschütterte.

In der folgenden Nacht, der des 17. Juni, schlich sich eine Gruppe bewaffneter Zulus aus einem Wanderarbeiterwohnheim in der Nähe eines Townships mit Namen Boipatong, südlich von Johannesburg. In einer Mordorgie brachten sie mit Hacken, Messern und Schußwaffen 38 Menschen in ihren Häusern um. Unter den Toten befanden sich ein neun Monate altes Baby, ein Kind von vier Jahren und 24 Frauen, eine von ihnen war schwanger. Nach dem Massaker weigerten sich die Einwohner von Boipatong auszusagen, weil sie überzeugt waren, daß die Polizei etwas mit den Morden zu tun hatte. Einige behaupteten, Polizisten hätten die Angreifer in das Township eskortiert und sie auch wieder hinausgeleitet. Verschiedene Leute berichteten Reportern, sie hätten

Männer in weißen Trainingsanzügen gesehen, die die Angreifer lenkten. Die Tonbänder des Kontrollraums der Polizei wurden gelöscht oder vernichtet, wie Experten aus Großbritannien feststellten, die später ins Land gerufen worden
waren, um bei der Untersuchung zu helfen. Waffen, die in
dem Wohnheim gefunden worden waren, hatte man nicht auf
Fingerabdrücke überprüft, alle wurden in einen Polizeilastwagen geworfen, so daß es später unmöglich war, sie
zuzuordnen. Die britischen Experten äußerten sich mit
schneidender Mißbilligung über die Unzulänglichkeit der
Polizeiarbeit.

Was immer an den Vorwürfen der Einwohner haltbar war,
bald wurde deutlich, daß fast die gesamte schwarze Bevölkerung absolut überzeugt war, die Polizei sei in den Inkatha-
Angriff verwickelt. Dies sei ein Versuch der Regierung, den
ANC und seine Anhängerschaft zu schwächen. Als de Klerk
drei Tage nach dem Massaker versuchte, Boipatong einen
Versöhnungsbesuch abzustatten, wandte sich die Menge in
eisiger Feindseligkeit gegen ihn.

Ich war an dem Tag, als der Mob de Klerk vertrieb, in Boipatong. Es war ein Samstag, und ich war mit meiner Frau Sue
und unserem elfjährigen Sohn Julian zu einer Schulfeier in
einer nahegelegenen schwarzen Gemeinde gefahren, bei der
Sue als Beraterin arbeitete. Nach der Feier beschlossen wir,
nach Boipatong zu fahren, um uns de Klerks Besuch anzusehen, der in der Presse breit angekündigt worden war. Als wir
in das Township hineinfuhren, konnten wir die wilden Sze-
nen auf der Straße vor uns sehen.

De Klerk war wenige Momente zuvor angekommen. Als er
in das Township hineinfuhr, war er bereits von einem um seinen silbernen BMW herumlaufenden Mob umgeben, die
Leute schrien Beschimpfungen und schwenkten Spruchbänder: »Zur Hölle mit de Klerk und seinen Inkatha-Mördern«,
»Wir wollen Polizeischutz, keine Morde«, »Bring die Apart-

heid um, de Klerk, nicht uns«. Mit wachsbleichem Gesicht
bedeutete de Klerk seinem Fahrer umzukehren. Mit großen
Schwierigkeiten gelang es dem Chauffeur, den großen Wagen
durch die wütende Menge zu steuern, während die Begleitung
des Präsidenten und Sicherheitsbeamte hinter einer Kette
schwerbewaffneter Polizisten auf ihre Fahrzeuge zuliefen.
Aber das war nur der Anfang eines weiteren tragischen Tages
für Boipatong.

Zwei Stunden später sah ich, wie die Polizei auf die noch
immer brodelnde Menge das Feuer eröffnete. Zwanzig Menschen lagen blutend auf einem offenen Stück *Veld* am Rande
des Townships. Mindestens drei waren tot. Wie war es dazu
gekommen?

Als de Klerk wegfuhr, bahnten sich die schweren Mann-
schaftstransporter, die Casspirs genannt werden, vorsichtig
einen Weg aus dem Township, vorbei an einer hastig improvi-
sierten Kundgebung, auf der ein Redner Anklagen gegen de
Klerk und seine Regierung ausstieß. Eine Gruppe Jugendlicher schleppte einen schweren Ast auf die Straße, schnitt auf
diese Weise den letzten Casspir ab. Als Männer aus dem Fahrzeug sprangen, um das Hindernis zu beseitigen, schwappte
die Menge auf sie zu, Spruchbänder wurden geschwenkt,
Beleidigungen geschrien. Bewaffnete strömten aus den anderen Casspirs. Sie bildeten eine Kette um die Fahrzeuge. Das
Klicken der Pumpaktion ihrer Flinten war deutlich hörbar.
Einige trugen leichte Maschinengewehre. Die beiden Seiten
standen einander etwa zehn Minuten lang in einem zerbrech-
lichen, spannungsgeladenen Patt gegenüber. Dann ging der
Moment vorüber. Die Menge zog sich zurück, wandte sich
um und begann, die Straße entlang ins Township zurückzu-
sickern. Es schien, als wäre die Krise vorüber.

Unerklärlicherweise aber ließen die Casspirs den Motor an
und folgten der sich zurückziehenden Menge die Straße hinunter. Reporter, die Augenzeugen waren, konnten es nicht
glauben – es war eine klare Provokation. »Was zum Teufel

machen die da?« fragte ein Mann von der *New York Times*
ungläubig.

Ich ging der Menge mit meiner Familie zu Fuß nach, die
Casspirs nur ein paar Meter hinter uns. Die ganze Prozession
bewegte sich langsam die Straße hinunter, durch das Township und wieder hinaus auf ein offenes Stück Land auf der
anderen Seite, das aussah, als wäre es ein behelfsmäßiger Fuß-
ballplatz. Dort sammelte sich die Menge wieder, und ich sah,
daß eine Reihe von großen gelben Polizeilastwagen auf dem
Feld parkte. Die Casspirs hielten bei ihnen, so daß sie ein
Quadrat aus gepanzerten Fahrzeugen bildeten.

Die Menge war erregt. Ein Mann, der sagte, er sei von der
Bürgervereinigung des Townships, kam zu mir gelaufen und
brachte stotternd heraus, ein Jugendlicher sei erschossen
worden. Er packte mich am Arm, um mich durch die Menge
zu der Leiche zu bringen, aber ein Polizeisergeant befahl mir
stehenzubleiben. Er sagte, ich könne mir den Mann nicht
ansehen, »bis die Untersuchung beendet sei«. Als ich später
durch den Polizeikordon schlüpfen und den Körper sehen
konnte, lag eine Machete neben seiner geballten linken Hand.
Es sah etwas zu präzise aus, um natürlich zu wirken.

Aus der Menge heraus waren jetzt Beschuldigungen zu
hören, die Polizei habe den Jugendlichen erschossen und
dann die Machete neben ihn gelegt, um es wie Notwehr aussehen zu lassen. Sie versuchten, an die Leiche heranzukommen,
um sie zu begraben, während ein Kordon von etwa dreißig
Polizisten in Kampfanzügen und mit vor der Brust gehalte-
nen Schrotflinten sich bemühte, sie zurückzudrängen. Man
muß sagen: es war eine ungeheure Provokation. Wütende
schwarze Männer und Frauen schrien Beschimpfungen in die
Gesichter junger weißer Polizisten. Ich sah, wie ein Mann
einem Polizisten einen Stock ins Gesicht stieß, der zurücktrat
und die Flinte entsicherte. Ab und zu versuchte ein mutiger
Einzelner, durch den Kordon zu kommen, wurde aber von
den Polizisten zurückgetrieben. Jedesmal wenn das geschah,

ging eine wütende Bewegung durch die Menge, und der
Druck auf diesen Punkt verstärkte sich. Mir erschien es verrückt, daß die Polizei weiterhin diese Linie zu halten versuchte und die Menge nicht an die Leiche heranließ. Früher
oder später mußte es eine Katastrophe geben.

Die jungen weißen Polizisten versuchten ungerührte
Gesichter zu machen, sie reagierten nicht auf die höhnischen
Bemerkungen, während sie der vordersten Reihe der Menge
fast Gesicht an Gesicht gegenüberstanden, buchstäblich nur
Zentimeter von ihnen entfernt, aber man sah, daß ihre
Gesichtsmuskeln zuckten und ihre Hände zitterten. Sie standen unter enormem Druck. Als die Spannung wuchs,
bewegte ich mich langsam auf ein Ende des Polizeikordons
zu, um außerhalb des Feuerbereichs zu sein, wenn das Schießen anfing.

Sue und Julian waren irgendwo in der Menge, ich hoffte
weit hinten, wo sie sicher waren, aber es war unmöglich, sie
durch die kochende, wütende Masse von Menschen zu erreichen. Ich stand in der Nähe des letzten Polizisten in der Kette,
weniger als einen Meter von der Menge entfernt, als ich einen
Schuß vom anderen Ende der Linie hörte. Auf der Stelle
eröffnete der ganze Kordon das Feuer, die Polizisten jagten
ihren großkalibrigen Schrot aus nächster Nähe in die Menge.
Es gab keinen Feuerbefehl und auch keine Warnung.

Ich ließ mich auf den Boden fallen. Während ich da lag, den
Kopf flach in das stoppelige Veldgras gedrückt, konnte ich
den Polizisten neben mir beobachten, er war auf einem Knie,
betätigte immer wieder die Pumpaktion seiner Schrotflinte,
um Schuß auf Schuß in die fliehende Menge zu feuern. Ich sah
das Gesicht eines Mannes nur zwei oder drei Meter von mir
auseinanderfliegen. Hinter ihm stürzten Menschen und roll-
ten im Staub.

Sue und Julian, in der Menge gefangen, liefen mit den anderen um ihr Leben. Sue sagte mir später, daß sie Menschen um
sich herum niederstürzen sah, als sie mit der panischen Menge

lief. Ein Mann wurde in den Rücken getroffen, und sie blickte verzweifelt zurück, sah ihn sich in seiner Qual auf dem Boden winden. Sie lief weiter, kehrte aber später um und zerrte ihn hinter einen parkenden Wagen in Sicherheit. Julian, schneller als sie, erreichte eine Häusergruppe, wo ihm die schwarzen Bewohner Zuflucht gewährten.

Als das Schießen aufhörte, legte sich eine unheimliche Stille über das Feld. Ich hob den Kopf und sah ein Schlachtfeld vor mir. Ein Haufen von Körpern lag nur etwa zwanzig Meter vor mir. Dahinter lagen weitere, über das Feld verstreut, bis zu hundert Meter weit weg. Einen Moment blieben sie völlig still, dann bewegten sich einige. Ich hörte Stöhnen, dann Schreie aus der entsetzten Menge, die in den Bereich der Häuser hinter dem Feld geflohen war. Ich stand vorsichtig auf. Die Polizisten bildeten immer noch ihre Kette, auf ein Knie niedergelassen, in Schußposition. Zehn Schritt von mir entfernt richtete sich einer von ihnen auf und begann, die Männer auf afrikaans anzubrüllen. »Wer hat Feuer frei befohlen?« schrie er. »Ich hab gesagt, ihr schießt nicht ohne Befehl.« Er war offensichtlich der befehlshabende Offizier, und er war außer sich vor Erregung.

Ich ging unter den Getroffenen herum, zählte sie und versuchte zu helfen, wo ich konnte. Die Polizei machte weder jetzt noch später irgendwelche Anstalten, zu ihnen zu gehen oder Hilfe heranzuschaffen. Sie blieben in ihrer Kette, die Gewehre noch immer in Bereitschaft. Ich zählte mehr als 20 Tote und Verwundete. Die meisten hatten klaffende Wunden. Einem, dem Mann, den ich gesehen hatte, als er getroffen wurde, war das halbe Gesicht weggeschossen worden. Eine junge Pressefotografin kniete bei ihm, hielt seinen Kopf in ihren Armen und versuchte weinend seinen Puls zu messen. Er stöhnte auf und starb in ihren Armen. Ein anderer Mann, der aus größerer Distanz getroffen worden war – wahrscheinlich von einer Kugel, nicht aus einem Schrotgewehr –, starb ebenfalls.

Als ich unter den Verwundeten herumging, kam der Knall
eines Schusses von den Häusern her, und man hörte das
wütende Hissen einer Kugel, die in der Nähe vorbeizischte.
Jemand aus dem Township hatte begonnen zurückzuschie-
ßen. »Runter«, schrie eine Stimme aus der Polizeikette und
ich warf mich zusammen mit vier schwarzen Männern, die
sich um die Verwundeten gekümmert hatten, zu Boden. Als
wir da lagen, konnten wir hören, wie ein Polizeioffizier, etwa
25 Meter von uns, seinen Männern Instruktionen zurief,
woher der Schuß gekommen sein könnte. Er schien jemanden
zu sehen, und die Polizisten eröffneten wieder das Feuer.
Jetzt kamen auch von der anderen Seite mehr Schüsse, und ich
hörte das »Ssss«, »Ssss« der Kugeln über uns. Die Polizei
schoß eine weitere Salve auf die Häuser ab und lief dann auf
Befehl des Offiziers ungeordnet auf ihre gepanzerten Fahrzeuge zu.

»Untenbleiben« rief uns der Offizier durch sein Megaphon
zu, und ich krallte mich in den Boden, fragte mich, ob ich aus
dieser Lage, die schon fast einem Bürgerkrieg glich, jemals
wieder herauskommen würde. Auf der einen Seite die schieß-
wütige Polizei, auf der anderen Seite Leute, für die ich die falsche Hautfarbe hatte. Aber die schwarzen Männer, die sich
neben mir in den Staub geworfen hatten, erwiesen sich als
sehr hilfreich. Als der Schußwechsel zu Ende schien, erhoben
wir uns vorsichtig, nahmen einen der Verwundeten auf, der
stöhnend neben uns gelegen hatte, und trugen ihn zusammen
über das offene Feld zu einem Wagen.

Die Polizei war nun in ihren Casspirs. Ein Spähhubschrau-
ber in den gelbblauen Polizeifarben hing über uns, suchte
offenbar nach den Heckenschützen. Er landete in einer
Staubwolke, hob dann wieder ab. Inzwischen hatten Sue und
Julian mich gefunden. Um uns herum standen die Bewohner
des Townships, sie waren in einem Zustand des Schocks und
eines fast unausdrückbaren Zorns. Ein alter Mann kam
bebend vor Entsetzen zu uns. »Haben sie das Recht, unsere

Leute einfach so zu erschießen?« fragte er. »Haben sie das Recht?«

Andere begannen uns feindselig anzusehen, und ich wußte, es war an der Zeit zu fahren. Aber wie? Ich hatte meinen Wagen auf der anderen Seite des Townships stehengelassen, und es schien mir nicht sehr klug, als weiße Familie durch diese traumatisierte Gemeinde zu wandern. Da fuhr ein nigerianischer Journalist, Dele Olojede, den ich ein paar Tage vorher kennengelernt hatte, mit einem Wagen heran. »Wollt ihr mit?« fragte er. In dem Augenblick war seine schwarze Haut das Schönste, was ich je gesehen hatte. Wir kletterten dankbar hinein. Olojede zitterte vor Schock. »Ich hab in meinem Leben noch nicht solche Angst gehabt«, gestand er, und mir wurde klar, daß zu verschiedenen Momenten in diesem von der Rasse besessenen Land jede Hautfarbe gefährlich ist.

Als wir später nach Johannesburg zurückfuhren, führte uns unsere Route an Sebokeng vorbei, dem größten schwarzen Township in diesem Industriekomplex, der als das Vaal-Dreieck bekannt ist. Ich konnte Casspirs sehen, die schnell eine der Ringstraßen entlang fuhren, auf ihnen Männer mit schußbereiten Gewehren. Straßen waren durch schwere Felsbrocken versperrt, und man sah den schwarzen Rauch brennender Autoreifen. Hier wurde offenbar auch gekämpft. Ja, angesichts der steckengebliebenen Verfassungsverhandlungen schien es, als würde in ganz Südafrika gekämpft.

Zwei Tage später wurde auch Mandela von der Schockwelle schwarzen Zorns getroffen. Als er bei einer Kundgebung im Township Evaton sprach, wurde er von wütenden Stimmen unterbrochen: »Ihr seid wie Lämmer, während die Regierung uns umbringt.« Es wurde klar, daß der ANC auf die Stimmung im Lande reagieren mußte, wenn er nicht seine Massenbasis verlieren wollte. Mandela verkündete, daß der ANC sich aus den Verhandlungen zurückziehe, und zählte vierzehn Forderungen auf, die erfüllt werden müßten, bevor die Gespräche wieder aufgenommen werden konnten. Die kritischsten Punkte waren: die Beendigung der »Terrorkampagne des Regimes« gegen ANC-Anhänger, die Umsetzung früherer Beschlüsse über die Kontrolle der Arbeiterheime, die als Inkatha-Festungen galten, und ein Verbot des Tragens »traditioneller Waffen« durch Inkatha-Mitglieder.

In der erhitzten Atmosphäre des Konflikts konnte es niemanden überraschen, daß die Regierung die Forderungen zurückwies. Die nächsten zwei Monate hindurch führten beide Seiten einen »Krieg der Denkschriften«, wie Cyril Ramaphosa es ausdrückte. Briefe und Dokumente wurden ausgetauscht, die jeweils der anderen Seite die Verantwortung für das Scheitern der Verhandlungen zuschob. Der verbale Schlagabtausch wäre wohl endlos weitergegangen, wenn eine weitere Krise das Land und die Gegner nicht noch tiefer erschüttert hätte.

Das Entsetzen über Boipatong so kurz nach dem Zusammenbruch von Codesa stärkte den militanten Flügel des ANC, der schon vorher die Unterhändler beschuldigt hatte, zuviel zu verschenken, und der ein Höchstmaß an Druck auf die Regierung ausüben wollte. So wie das Referendum dazu geführt hatte, daß die Regierung in den Verhandlungen mit härteren Bandagen kämpfte, gewannen nun die Radikalen im ANC deutlich an Boden. Von der positiven Reaktion der Massen auf die landesweite Kampagne ermutigt, begannen die Radikalen von einer »Leipzig-Option« zu reden – sie meinten damit die Massendemonstrationen in Leipzig und anderen Städten, die drei Jahre zuvor Erich Honeckers ostdeutsches Regime gestürzt hatten.

Ein großes Ärgernis für den ANC war die Tatsache, daß er nicht in der Lage war, Organisationen in den selbstregierten Homelands aufzubauen, mit denen de Klerk seine Anti-ANC-Allianz schmieden wollte. Die örtlichen Potentaten verboten jede Aktivität des ANC, sogar bloße Versammlungen. Am 23. August verabschiedete die ANC-Führung ein

Diskussionspapier, das von einer Gruppe des radikalen Flügels entworfen worden war. In diesem Papier wurde gefordert, daß die Regierungen dreier Homelands, die sich besonders entschieden gegen ANC-Aktivitäten wehrten – Ciskei,
Bophuthatswana und Kwa Zulu –, zum Ziel von Massenaktionen erklärt werden sollten.

Im Laufe der nächsten zwei Wochen wurde Ciskei zum
Hauptziel. Daß der ANC dort keine Versammlungen abhal-
ten und Organisationen aufbauen konnte, war besonders
ärgerlich, weil Ciskei im Zentrum eines ANC-Stammlandes
lag, im Ostkapgebiet. Meinungsumfragen zeigten, daß der
Militärherrscher des Territoriums, Oupa Gqozo, praktisch
keinen Rückhalt in der Bevölkerung hatte. Er herrschte aber
mit der Unterstützung einer Armee und Polizei, die von weißen Offizieren geführt wurden, mit eiserner Faust. Der ANC
konnte in Ciskei nicht agieren und war daher auch nicht in der
Lage, sich dort auf den Wahlkampf vorzubereiten. Am
3. September schickte der ANC eine Denkschrift an de Klerk,
in der sie forderte, Gqozo als Herrscher von Ciskei abzusetzen und ihn durch eine Interimsregierung zu ersetzen, die
freie politische Betätigung in der Region erlaubte. De Klerk
lehnte mit dem Hinweis ab, daß Ciskei unter südafrikanischem Gesetz ein unabhängiges Land sei.

Während weitere Memoranden zwischen Mandela und de
Klerk hin und hergingen, baute die »Leipzig-Schule« ihr Plä-
doyer für eine Kampagne gegen Gqozo weiter aus. Wenn sie
ihn stürzen könnten, glaubten sie, würde das einen Domino-
Effekt auf die anderen beiden Territorien haben. Wenn die
»Leipzig-Option« nicht gegen Pretoria selbst wirkte, so vielleicht gegen die Satelliten. Auf jeden Fall mußten auch die
Gemäßigten im ANC zugestehen, daß diese Territorien für
den Wahlkampf geöffnet werden mußten.

Mitglieder der radikalen Gruppen fuhren nach Ciskei und
befanden das Land reif für einen Volksaufstand, sie meinten,
Gqozos Unbeliebtheit sei so groß, daß die Armee und die

Beamtenschaft von Ciskei lieber überlaufen als einen »Volksaufstand« zerschlagen würden. Ronnie Kasrils, einer der
vehementesten Vertreter der »Leipzig-Option«, sagte einem
Reporter, nachdem er aus Ciskei zurückgekehrt war: »Ich
war gerade eine Woche in Ciskei, und ich habe noch nie solchen Haß auf einen Despoten erlebt.«

Der Plan sah einen Massenmarsch auf die Ciskei-Haupt-
stadt Bisho vor, die in der Nähe von King William's Town
lag. Eine »Volksversammlung« sollte die Stadt besetzen, bis
Gqozo seinen Rücktritt erklärte. Als Gqozo eine Warnung
herausgab, daß er jedem Versuch, auf seine Hauptstadt zu
marschieren, mit Gewalt begegnen würde, ignorierten ihn die
Planer in der Zuversicht, daß die Soldaten schon nicht auf die
Demonstranten schießen würden.

Der Marsch war auf den 7. September, einen Montag, angesetzt. Esther Waugh, Reporterin des *Star*, Johannesburgs
führender Zeitung, hatte das vorhergehende Wochenende
eine Tour durch Ciskei gemacht, und sie berichtete, daß es
eine Welle der Begeisterung für die Demonstration gebe.
»Von den Hügeln hallten die Sprechchöre *Phantsi Gqozo* –
nieder mit Gqozo«, schrieb sie. »Es war deutlich, daß die
Aktivisten auf fruchtbaren Boden gestoßen waren.«*

Sonntagnacht suchte Gqozo um einen dringenden
Gerichtsbeschluß nach, der den Marsch verbot. Der ANC
verkündete im voraus, daß er die Entscheidung eines Gerichts
in einem Lande, dessen Unabhängigkeit er nicht anerkannte,
da sie unter dem Apartheid-System etabliert worden war,
nicht anerkennen würde. Gqozo erhielt das Gesuch aufrecht,
und an dem Abend gab es im Eßzimmer des Privathauses von
Richter D.B. Tali eine bizarre Gerichtsanhörung, während im
Wohnzimmer die Reporter warteten. Am frühen Morgen,
um 1.50 Uhr, verhängte der nervöse Richter ein Kompromiß-
urteil, das den Marsch erlaubte, ihm aber die Einschränkung
auferlegte, nicht weiter vorzudringen als bis zum Unabhän-

* *Saturday Star*, 12. September 1992.

gigkeitsstadion des Homelands, zweieinhalb Kilometer vor
der Hauptstadt und ungefähr auf Höhe der unbezeichneten
Grenze zwischen dem »weißen« Südafrika und dem »schwarzen« Ciskei. Das bedeutete, daß der Marsch Bisho selbst nicht
berühren durfte. Aber Kasrils hatte schnell eine neue Idee. Er
hatte die Gegend auskundschaften lassen und eine große
Lücke im Zaun des Stadions entdeckt. Es wäre eine Kleinigkeit, meinte er, die Menschen ins Stadion zu leiten, dann
durch die Lücke, über eine Straße und in die Hauptstadt. Kasrils brachte die ANC-Führung dazu, sein Vorhaben zu billigen. Aber weder er noch sie hatten mit der blinden Gewalttätigkeit von Gqozos schlecht ausgebildeten Truppen gerechnet.

Der 7. September war ein klarer, heißer Tag. Eine riesige
Menge sammelte sich auf dem Cricket-Platz von King William's Town. Die Menschen tanzten und sangen und riefen
die Freiheitsschlagwörter des ANC, es herrschte eine Karne-
valsatmosphäre. Aber zur selben Zeit rückten Hunderte von
Soldaten der Ciskei Defence Force mit ihren weißen Offizieren in Positionen um das Stadion und zu beiden Seiten der
Straße ein, die die Städte verband. Sie wurden von der Militär-
aufklärungseinheit Südafrikas unterstützt. Auf Höhe der
unmarkierten Grenze wurde ein Kampfdrahtzaun über die
Straße gezogen.

Etwa 80.000 Menschen brachen singend und Sprechchöre
rufend vom Cricket-Spielfeld aus auf. Sie marschierten die
Straße entlang und einen steilen Anstieg hinauf zum Stadion.
Esther Waugh, die sich nahe dem Eingangstor aufgestellt
hatte, beschreibt die Szene: »Die Stimmung auf der anderen
Seite der Barrikade war ganz anderer Art. Da war kein Karne-
val. Soldaten lagen in Stellung, die meisten von ihnen hinter
leichten Maschinengewehren. Ronnie Kasrils, der dem
Marsch vorausgeeilt war, kam heran und befühlte die Draht-
barrikade. Sie sei leicht zu durchbrechen, witzelte er. Der
ANC würde nach Bisho hineinmarschieren. Die Hitze war

drückend, als wir darauf warteten, daß die letzten Marschie-
rer ins Stadion einrückten. Um einen Witz zu machen, deutete ich auf einen Sandhaufen in der Nähe und sagte einem
Kollegen, ich würde da in Deckung gehen, falls es eine Schießerei gebe. Er zeigte lachend auf ein besseres Versteck.

Zu diesem Zeitpunkt hatte der Marsch die Grenze
erreicht... In dem Moment hörte ich das tödliche Rattern
automatischer Waffen hinter mir, jenseits des Stadions. Ohne
zu begreifen, was da vor sich ging, drehte ich mich um und sah
Menschen in einer Staubwolke laufen. Ich stand wie gelähmt
am Zaun, ganz still. Dann begannen auch hier die Soldaten,
das Feuer zu eröffnen. Sie waren 50 Meter von uns entfernt.
Ich ließ mich schwer auf die Straße fallen. Zuerst dachte ich,
daß die Soldaten mit Schreckschußpatronen schossen, dann
sah ich, wie Menschen hinstürzten, liefen, und ich sah, wie
Kugeln in den Lehm schlugen. Ich kroch zu dem Sandhaufen,
den ich zuvor gesehen hatte. Ich wollte den Leuten zurufen,
sie sollten nicht weiterlaufen, sie würden erschossen, wenn sie
weiterliefen, aber ich brachte keinen Laut hervor. Es gab keinen anderen Laut, kein Schreien, nur das lange Todesrattern
der Gewehre.«[*]

Kasrils war an der Spitze des Marsches ins Stadion gegangen und war dann auf die Lücke im Zaun zugesprintet. Ein
Teil der Menge folgte ihm. Sein Ziel war es, sie über ein offenes Feld zu führen, nach einer Seite zu laufen, um eine Kette
von Ciskei-Soldaten zu umgehen, die ihnen direkt gegen-
überlag, dann wieder zur anderen Seite zu laufen, die Straße
zu überqueren und in Bisho einzudringen. »Indem wir nicht
direkt auf sie zuliefen«, schrieb Kasrils später, »indem wir
einen weiten Bogen um sie machten, würden wir der Konfrontation ausweichen.«

Das war ein schreckliches Fehlurteil. »In einem Moment
liefen wir, meine Genossen und ich«, schrieb Kasrils. »Im
nächsten Moment eröffneten die Soldaten ohne Warnung das

[*] A.a.O.

Feuer.« Kasrils ließ sich fallen, aber die Kugeln fetzten in die Masse hinter ihm. Sein Leibwächter, Petros Vantyu, war unter den Getroffenen. »Als ich auf ihn zurobbte, wurde wieder geschossen, wieder ein langes und wütendes Feuer, und ich blieb still liegen, wo ich war. Das unheimliche Gezirpe der Geschosse über mir, von dumpfen Aufschlägen gefolgt, machte mir klar, daß sie auch Granaten verschossen.«*

Eine offizielle Untersuchung stellte später fest, daß die erste Salve anderthalb Minuten lang gewesen war, die zweite eine Minute. 425 Schüsse waren abgefeuert worden. Kasrils und die anderen ANC-Führer überlebten, aber 28 Teilnehmer des Marsches starben und mehr als 200 wurden verwundet. Ein Aufschrei ging durchs Land, aber dieses Mal richtete er sich nicht nur gegen das Regime. Schon bevor die Untersuchungskommission zu dem Schluß kam, daß die Soldaten ungerechtfertigt das Feuer eröffnet hatten und daß Kasrils leichtfertig gehandelt hatte, diskreditierte der Vorfall die Radikalen im ANC, und das Pendel des Einflusses in der Bewegung schwang wieder zur anderen Seite zurück.

---

* Ronnie Kasrils: *Armed and Dangerous: My Undercover Struggle Against Apartheid*, Oxford 1993, S. 354-356.

12. KAPITEL

Hinter
der Gewalt

War Präsident de Klerk in die Gewalt verwickelt? Viele Schwarze in Südafrika waren davon überzeugt. Warum, fragten sie zu der Zeit, stand ein Regime, das bei der Verfolgung von Untergrundkämpfern so erfolgreich gewesen war, diesen Gewalttätern so hilflos gegenüber? Auch konnten sie nicht glauben, daß irgendjemand eine so große und komplizierte Gewaltkampagne durchzuführen vermochte, ohne daß die Polizei etwas tat oder die Regierung davon erfuhr. Daß es ein solches Wissen gegeben hat, erscheint jetzt sicher, unklar ist nur, auf welcher Ebene.

Im Juni 1991 stellte ein früherer Offizier des Militärgeheimdienstes, Hauptmann Nico Basson, eine Reihe von aufsehenerregenden Behauptungen auf: Er habe, sagte er, an einer Schmutz- und Verleumdungskampagne gegen die *Swapo* (South West African People's Organisation) im Vorfeld der Unabhängigkeitswahlen von 1989 in Namibia teilgenommen. Diese Operation, behauptete er, sei eine Generalprobe für eine ähnliche Kampagne gegen den ANC in Südafrika gewesen. Hauptmann Basson sagte, er könne nicht mehr zu dem stehen, was er damals gemacht habe, und wolle nun die schmutzigen Tricks Pretorias bloßstellen. Die Kampagne, die vom Militärgeheimdienst geleitet wurde, sei unter dem Namen »Operation Agree« gelaufen. Ihr Ziel sei es gewesen, die Swapo durch Gewalt und Desinformation zu destabilisieren, während Pretoria insgeheim eine Koalition von ethnischen Parteien unterstützte, die sich die Demokratische Turnhallen Allianz (DTA) nannte.

Nach Bassons Aussagen wurde die Kampagne von General Kat Liebenberg geführt, damals Stabschef der Südafrikani-

schen Armee, der gerade zum Stabschef der Verteidigungs-
kräfte befördert worden war, als Basson seine Vorwürfe
erhob. Er deutete an, daß die Beförderung dazu gedient habe,
Liebenberg eine ähnliche Operation in Südafrika zu ermöglichen. »Als Operation Agree begann«, sagte Basson, »erklärte
General Liebenberg uns, es sei unser Ziel, eine Zweidrittelmehrheit der Swapo bei der Wahl zu verhindern.« Dies war
die Mehrheit, die man brauchte, um die neue Verfassung in
Namibia bestimmen zu können. »Er sagte, wir sollten davon
ausgehen, daß die Swapo im Moment 70 Prozent habe. Als die
Wahl dann kam, gewann die Swapo mit lediglich 55 Prozent.«

Die Urheber der Kampagne waren nach den Worten Bassons begeistert über diesen Erfolg. Er behauptete, eine hoch-
rangige Regierungsdelegation sei nach der Wahl nach Namibia geflogen, um das Wahlergebnis zu analysieren und später,
im Dezember 1989, de Klerks Bosberaad zu unterrichten.
»Sie meinten, wenn sie in Südafrika eine größere und bessere
Operation durchführten, könnten sie den ANC bei den Wahlen besiegen, während die Turnhallen Allianz noch knapp
unterlegen war«, sagte Basson. Keiner der Männer aus dem
Bosberaad, mit denen ich sprach, bestätigte dies. Roelf Meyer
und Leon Wessels konnten sich nicht erinnern, daß die Wahlen in Namibia überhaupt erwähnt worden waren. Basson
versprach, daß andere Offiziere seine Version öffentlich stützen würden, aber das geschah nicht. Seine Behauptungen
müssen daher als unbewiesen betrachtet werden.

Sie gewannen indessen einiges an Glaubwürdigkeit, als eine
Johannesburger Zeitung, die Weekly Mail, enthüllte, daß die
südafrikanische Sicherheitspolizei sowohl die Turnhallen
Allianz als auch die Inkatha Freiheitspartei finanziell unterstützt hatte. Zumindest 250.000 Rand (etwa 130.000 DM)
wurden aus einer schwarzen Kasse der Polizei abgezweigt
und der Inkatha übergeben, damit sie Demonstrationen und
Märsche gegen den ANC durchführen konnte. Das war in der
Zeit kurz nach Mandelas Entlassung. Die Zeitung enthüllte

auch, daß die Polizei Buthelezi geholfen hatte, eine neue Arbeiterbewegung zu gründen: die *Uwusa*, die zum Rivalen der ANC-Gewerkschaftsbewegung *Cosatu* werden sollte.

Als ich de Klerk auf einer Pressekonferenz am Tag nach der Veröffentlichung der *Weekly Mail*, am 30. Juli, danach fragte, stritt er ab, irgendetwas von den geheimen Zahlungen gewußt zu haben. »Mir war das nicht bewußt, bis es veröffentlicht wurde, und nach den üblichen Verfahren war es auch nicht zwingend, daß ich informiert wurde«, sagte er zu den Geldern für Inkatha und Uwusa. Aber in einer Rede am selben Abend erwähnte er etwas, was dem widersprach. »Ich erinnere Sie«, sagte er, »an meine Parlamentsrede vom 1. März 1990, als ich eine Untersuchung von Geheimprojekten bekanntgab, die ich im November 1989 in Auftrag gegeben hatte. Diese Untersuchung hatte zur Folge, daß zahlreiche Geheimprojekte eingestellt wurden. Uwusa ist ein Beispiel dafür...«

Daraus ging hervor, daß er zumindest den Uwusa-Teil des Skandals kannte. Und da er die Untersuchung im November 1989 einleitete, muß sie einen Bericht über die erste Zahlung an den Inkatha vom 5. November 1989 enthalten haben, es sei denn, seine eigenen Polizeioffiziere hielten diese Information auch vor ihm und seinen Beauftragten geheim.

De Klerks Antwort auf die Frage nach den Zahlungen in Namibia war ebenso unbefriedigend. Ich fragte ihn, ob er als Präsident oder Handelnder Präsident gewußt habe, daß seine Regierung insgeheim eine Anti-Swapo-Partei finanzierte – unter Verletzung eines internationalen Abkommens, das jede Einmischung in die Wahlen in Namibia verbot. Er vernebelte seine Antwort, indem er sich darauf konzentrierte, daß er noch nicht im Amt war, als das Abkommen unterzeichnet wurde, und wich auf diese Weise seiner Verantwortung als Staatschef aus. Dann fügte er hinzu: »Es wird international nicht als unethisch betrachtet, daß eine Regierung die Prinzipien einer Partei in einem anderen Land unterstützt und daß

sie sie finanziell unterstützt, wenn es im Interesse des eigenen
Landes liegt.« Er ignorierte die Kernfrage des Verstoßes
gegen ein internationales Abkommen, das Südafrika unterzeichnet hatte. »Tricky Frickie«, nannte ihn ein Johannesburger Blatt später. Mehr und mehr Leute in Südafrika glaubten, daß hinter dem öffentlichen Bild eines integren Politikers
ein Mann mit einer geheimen Agenda steckte. Die *Weekly
Mail* enthüllte fünf Monate später, daß die Zahlungen an die
Inkatha weitergegangen waren – allen Beteuerungen de
Klerks zum Trotz.

De Klerks wiederholte Dementis, daß Elemente seiner
Sicherheitskräfte hinter dem steckten, was die Medien als eine
schattenhafte »dritte Kraft« schilderten, die die Gewalt im
Lande anheizte, wurden weniger und weniger überzeugend.
Es gibt keinen Beweis dafür, daß de Klerk selbst zu dieser Zeit
von den kriminellen Aktivitäten seiner Geheimdienste
wußte, die inzwischen enthüllt worden sind, aber es ist
sicherlich wahr, daß er nichts unternahm, um diese Elemente
aus den Diensten zu entfernen. Alle wußten, was da vor sich
ging, selbst Kabinettsmitglieder hatten keine Zweifel mehr.
Leon Wessels, ein Schlüsselunterhändler der Nationalpartei
und immer der offenste der Ministerriege, sagte mir, daß er
nach dem, was er selbst gesehen habe, fest davon überzeugt
sei, daß es zumindest bei den beiden Massakern in den Gebie-
ten, die er besucht habe, eine Mittäterschaft der Polizei gebe.
Aber de Klerk ignorierte alle Appelle, etwas dagegen zu
unternehmen. Schon im Dezember 1990 hatte Mandela seine
Sorge über genau dieses Problem ausgedrückt. »Ich betrachte
ihn noch immer als einen integren Mann, und ich glaube, so
sieht er auch mich«, sagte er über de Klerk. »Wir haben enormen Respekt voreinander entwickelt. Ich kann ihn jederzeit
anrufen, ich kann ihn aus dem Bett oder aus Kabinettssitzun-
gen herausholen lassen. Ich glaube, daß er und die Mehrheit
des Kabinetts noch immer auf den Friedensprozeß festgelegt
sind, aber er hat Probleme mit Elementen in seiner Regierung

– insbesondere mit dem Sicherheitsapparat, der von Rechtsaußen durchsetzt ist, die ihn keineswegs stützen –, und er ist in dieser Frage mir gegenüber nicht offen.«

De Klerk war nicht nur nicht offen, manchmal schien er die Schuldigen sogar bewußt schützen zu wollen. Als er im Januar 1990 den Richter Louis Harms an die Spitze eines Untersuchungsausschusses setzte, der die Enthüllungen der Presse über Todeskommandos und Schmutzkampagnen prüfen sollte, wurde das Mandat des Ausschusses zeitlich so eng begrenzt, daß eine gründliche Untersuchung unmöglich war. De Klerk ließ nicht zu, daß die Untersuchung benachbarte Länder einbezog, er gab den beteiligten Offizieren alle Möglichkeiten, Aussagen zu verweigern oder belastendes Material zu vernichten, bevor Harms an sie herankommen konnte. Als der Ausschuß dann in der Tat nichts vorzuweisen hatte, feierte de Klerk dies als Entlastung der Sicherheitskräfte und sagte, er hoffe, das Ergebnis werde der »Hexenjagd auf Einzelne« ein Ende setzen.

Das tat es natürlich nicht. Die Presse recherchierte weiter und zwang de Klerk schließlich, eine effektivere Kommission unter einem weiteren Richter, Richard Goldstone, einzusetzen. Selbst als Goldstone eine Razzia im geheimen Hauptquartier jenes Teils des militärischen Geheimdienstes, der sich illegal verselbständigt hatte, durchführen ließ und Dokumente fand, die belegten, daß diese Leute verdeckte Anti-ANC-Operation durchführten, feuerte oder suspendierte de Klerk zwar 23 ranghohe Offiziere, nicht aber den Chef des Militärgeheimdienstes, General Joffel van der Westhuizen. Und die suspendierten Offiziere kamen in den Genuß ihrer vollen Pensionen.

Dennoch ist es schwer zu glauben, daß de Klerk selbst Anteil an diesen schäbigen Operationen hatte. Gewiß hatte er ein Interesse an der Schwächung des ANC, da dieser in Südafrikas erster demokratischer Wahl sein Hauptwidersacher war. Aber er hatte sicher kein Interesse daran, den Verhand-

lungsprozeß selbst oder das ganze Land zu destabilisieren.
Seine Reputation und seine Zukunft hingen vom Erfolg des
Prozesses, den er selbst eingeleitet hatte, ab.

Wie sind dann die nur halbherzigen Bemühungen zu erklären, die abtrünnigen Teile von Südafrikas Sicherheitskräften
zu kontrollieren? Die wahrscheinlichste Erklärung ist die,
daß de Klerk, der sich des Ausmaßes seiner Autorität über
Bothas alten Sicherheitsapparat nie ganz gewiß sein konnte,
keine Kraftprobe wollte. Wie es Frederick van Zyl Slabbert
ausgedrückt hat: »Was macht man, wenn man sich vor seine
Spitzengeneräle stellt und sagt: ›Ihr seid gefeuert‹, und sie antworten, ›Nein, das sind wir nicht‹?« Um Lyndon Johnsons
Ausdruck abzuwandeln: De Klerk versuchte die Securokraten in seinem Zelt zu halten und sie hinauspissen zu lassen,
statt sie draußen zu haben und hereinpissen zu lassen.

Aber wenn de Klerk zögerte, entschieden gegen die Rene-
gaten vorzugehen, wußte er, was sie taten? Auch hier kann
man nur spekulieren. Ein Offizieller, der damals die Gewalt
untersuchte, sagt: »Er war wie jemand, dessen Frau eine
Affäre hat – jeder weiß es, und er ist der letzte, der es merkt,
weil er es nicht wissen will.«

Es gibt heute eine überwältigende Beweislast dafür, daß
eine »dritte Kraft« wirklich existierte. Sie setzte sich aus Elementen der Inkatha, der Polizei und des Militärgeheimdienstes zusammen. Thabo Mbeki, der Vorsitzende des ANC,
glaubt, daß es ihr Ziel war, genug Chaos zu schaffen, um eine
Machtübernahme des Militärs zu rechtfertigen. Meine Sicht
der Dinge kommt dem nahe. Ich glaube, daß während der
Botha-Jahre eine Art Militär-Sicherheits-Unterwelt etabliert
wurde, welche es sich zum Ziel gesetzt hatte, die Nachbarstaaten Südafrikas zu destabilisieren, damit sie nicht als Aus-
gangsbasen für Guerilla-Angriffe auf das Apartheid-Regime
dienen konnten, und ich glaube, daß diese Unterwelt ein
Eigenleben annahm. Sie konnte unabhängig operieren und
ihre eigenen Ziele verfolgen. Während der de Klerk-Jahre

war es ihre Strategie, den Übergang zu einer Mehrheitsregierung zu sabotieren.

Um die Befreiungsbewegung zu bekämpfen, hatte Präsident Botha ein weitverzweigtes nationales Sicherheitssystem entworfen, das National Security Management System (NSMS). Es wurde vom Staatssicherheitsrat, dessen Vorsitzender Botha selbst war, geleitet. Dies war im Grunde ein Überkabinett, welches die Macht hatte, auf jeder Ebene der südafrikanischen Verwaltung einzugreifen. Es war auch das Hirn eines Sicherheitsnetzes, dessen Nervenbahnen bis in etwa 500 regionale Sicherheitszentren reichten.

Im Denken der Männer dieses Apparats stand Südafrika in einem totalen Krieg ums Überleben. Feind war der Kommunismus, dessen Speerspitze im Lande der ANC war. In einem solchen Überlebenskampf war alles erlaubt. Die Securokraten des NSMS hatten praktisch unbegrenzte Machtbefugnisse, sie konnten alles tun, was sie für notwendig hielten, um die »Staatsfeinde« zu neutralisieren. Der Angriff, dessen sich das Land erwehren mußte, war in ihren Augen nicht nur militärischer Natur, Südafrika sah sich nach Meinung dieser Securokraten auch auf diplomatischer, wirtschaftlicher, propagandistischer, sozialer und geistiger Ebene einem Feind gegenüber, der auf all diesen Ebenen mit einer »totalen Strategie« bekämpft werden mußte. Zuallererst hieß dies, daß man den Feind auf Distanz halten mußte: Massive Kampagnen galten der Destabilisierung der Nachbarländer, um sie schwach zu halten und sie von jeder Unterstützung der Befreiungsbewegung abzuschrecken. Kommandounternehmen wurden gegen ANC-Ziele in diesen Ländern durchgeführt, Todesschwadrone überquerten die Grenzen, um ANC-Führer zu entführen oder zu töten, und Rebellenorganisationen wurden dazu eingesetzt, die Nachbarstaaten unter Druck zu halten.

Als Ian Smiths weiße Minderheitsregierung in Rhodesien zusammenbrach, und das Land unter einer schwarzen Mehr-

heitsregierung 1980 das unabhängige Zimbabwe wurde,
übernahm das südafrikanische Militär die Kontrolle über die
Rebellenbewegung *Renamo* in Mosambik direkt von der rho-
desischen CIA.[*] Südafrika versorgte und unterstützte
Renamo all die Jahre hindurch, da die Bewegung Mosambik
verwüstete, noch lange, nachdem Botha im März 1984 einen
Nichtangriffs-Pakt mit dem Land unterzeichnet hatte. Jonas
Sawimbis *Unita* in Angola war eine weitere Rebellenbewegung, die von Südafrika unterstützt und am Leben gehalten
wurde. Die Hilfen für die Unita begannen 1976, bekanntge-
macht wurde das aber erst zehn Jahre später, als auch die
Amerikaner anfingen, Sawimbi zu unterstützen. Kommandos drangen nach Lesotho, Botswana, Swaziland und Zimbabwe ein, und im Januar 1986 blockierte Südafrika die Grenzen des winzigen Lesotho, um die Regierung von Premierminister Leabua Jonathan zu stürzen, weil sie es zuließ, daß
schwarze Flüchtlinge über das Territorium von Lesotho ent-
kamen. An die Macht gebracht wurde die südafrikanische
Marionette Generalmajor Metsing Lekhanya. Ein Common-
wealth-Bericht, der 1989 veröffentlicht wurde, schätzte, daß
Südafrikas Destabilisierungs-Operationen seinen Nachbarn
einen Blutzoll von 1.5 Millionen Toten abforderten und Schä-
den in Höhe von 45 Milliarden Dollar anrichteten.[**]

Als die großen Aufstände von 1984 bis 87 das südafrikanische
Regime erschütterten, eröffnete das NSMS eine parallele
Kampagne gegen die inneren politischen Gegner der Regierung. Wieder war es ein Angriff auf mehreren Ebenen zugleich – ganz im Sinne der »totalen« Strategie. Unter
dem Schirm von zwei Notstandserklärungen wurden 80.000
Verhaftungen ohne Gerichtsverfahren vorgenommen, 3.500

---

[*] Siehe Ken Flower: *Serving Secretly: An Intelligence Chief on Record*. London, 1987,
S. 262.

[**] Phyllis Johnson und David Martin: *Apartheid Terrorism: A Report on the Devastation of
the Frontline States Prepared for the Commonwealth Committee of Foreign Ministers on
Southern Africa*. London, 1989, S. 161.

Menschen fanden den Tod. Gleichzeitig gab es verdeckte
Kampagnen, die viele der Techniken und Methoden einsetz-
ten, die sich zuvor in den Nachbarstaaten als wirkungsvoll
erwiesen hatten – nur daß sie dieses Mal der Destabilisierung
der United Democratic Front und seiner Mitgliedsorganisa-
tionen galten, die sich gegen die Apartheid-Strukturen wand-
ten.

James Selfe, ein Mitarbeiter der liberalen Demokratischen
Partei, der eine Studie über die verdeckte Repression der 8oer
Jahre vorgelegt hat, schildert einige der Methoden. Er belegt
den verbreiteten Gebrauch der Infiltration, Desinformation
und den Einsatz von *agents provocateurs*. Gruppen von
»Vigilanten« wurden gebildet, welche die Dreckarbeit erle-
digten – afrikanische Traditionalisten und andere Kollabora-
teure, die ein Interesse daran hatten, die Apartheid-Strukturen zu verteidigen. »Die Aktivitäten dieser Gruppen durften
mit der Regierung nie in Verbindung gebracht werden, sie
mußten sozusagen dementierbar sein«, erklärt Selfe. »In der
Praxis entwickelte sich daraus ein drittes Element – je weiter
man in der Hierarchie nach oben ging, desto weniger wußten
die Offiziellen über die genauen Abläufe der Destabilisierungskampagne. In Ermangelung eines besseren Ausdrucks
könnte man das als ›Desinformationspflicht‹ bezeichnen.«
Das erklärt auch, warum es so schwierig gewesen ist, harte
Beweise für die Existenz der »dritten Kraft« zu finden. Wie
Selfe sagt: »Aufgrund der strikten Geheimhaltung und der
Nichteinbeziehung der höheren Ebenen ist es wahrscheinlich, daß kein einzelner Entscheidungsträger im NSMS das
volle Ausmaß der Operationen kannte, die in ihrem Namen
oder unter ihrem Mandat ausgeführt wurden.«[*]

Allmählich indessen setzte sich aus der Arbeit von Reportern, den Geständnissen von Insidern, den Erkenntnissen von

---

[*] James Selfe: »The State Security Apparatus: Implications for Covert Operations«, in: *The
Hidden Hand: Covert Operations in South Africa.* Hg. Anthony Minnaar, Ian Liebenberg, Charl Schutte, Pretoria 1994, S. 109-110.

Goldstones Untersuchungsausschuß und verschiedenen
Strafprozessen zumindest ein teilweises Bild der verdeckten
Operationen zusammen. Ausgeführt wurden sie offenbar
von Mitgliedern des Militärgeheimdienstes und den Special
Forces der Südafrikanischen Verteidigungsstreitkräfte, einer
Einheit der Sicherheitspolizei und einer bunten Sammlung
von Veteranen der verschiedenen Kolonial- und Bürger-
kriege, in die Südafrika im benachbarten Ausland verwickelt
gewesen war: Selous-Scouts aus Rhodesien, Renamo-Kämp-
fer aus Mosambik, versprengte Reste von Südafrikas Verbündeten in Angola und frühere Söldner der Kongo-Kriege in
den 60er Jahren. All diese »Hunde des Krieges« fanden den
Weg zu Südafrikas »Rambo«-Einheiten.

In den frühen 80er Jahren hatten die Special Forces der südafrikanischen Armee unter dem Codenamen »D 40« eine
geheime Sondereinheit aufgestellt. Die Bezeichnung der
Truppe wechselte ein paar Mal, erst hieß sie »Barnacle«
(Klette), dann »3. Aufklärungsregiment« und schließlich »Ci-
vil Cooperation Bureau« (Büro für bürgerliche Zusammenarbeit). Das CCB gab sich als Privatunternehmen aus, sein
Kommandeur wurde »der Vorstand« genannt, sein Stellvertreter »Geschäftsführer«; die Regierung lief unter dem
Namen »Konzernleitung«. Das Büro gründete weitere
»Frontfirmen«, deren Aufgabe es war, die »Staatsfeinde«,
also die Befreiungsbewegungen, durch »fortgesetzte offen-
sive Aktionen« zu bekämpfen.

Unter diesem zivilen Deckmantel operierend, führten
CCB-Agenten Attentate durch oder belästigten und bedrohten Gegner der Apartheid sowohl in Südafrika als auch im
Ausland. Sie legten Autobomben, schlitzten Reifen auf,
kappten Bremskabel, vergifteten Kleidung und versuchten in
einem Fall einen führenden Menschenrechtsanwalt dadurch
umzubringen, daß sie seine Herzmedikation durch Pillen
ersetzten, die eine Herzattacke auslösen konnten. Dullah
Omar, der heute Justizminister ist, überlebte. Bis zum Ende

des Jahres 1989, so wurde später einem Untersuchungsausschuß mitgeteilt, hatte das CCB mehr als 200 Operationen
durchgeführt. Nach der Enthüllung seiner Existenz wurde es
im Juli 1990 aufgelöst.

Ein weiterer Strang des geheimen Netzes kam am Abend
des 19. Oktober 1989 ans Tageslicht, als das schwarze Mitglied eines Mordkommandos, Butana Almond Nofomela,
seinen Anwalt zu sich rufen ließ. Nofomela saß hinter Gittern, weil er einen weißen Farmer ermordet hatte, eine Tat,
die mit den Attentatsaufträgen des Büros nichts zu tun hatte.
Er sollte am nächsten Morgen gehängt werden. Hohe Polizeioffiziere hatten Nofomela versprochen, daß sie ihn vor der
Hinrichtung bewahren würden, wenn er nichts von seinen
Mordkommando-Aktivitäten verriet. Aber als der letzte Tag
verstrichen war und er nichts von ihnen gehört hatte, begriff
Nofomela, daß sie ihn mit dem Galgen zum Schweigen bringen wollten. Als sein Anwalt eintraf, beschwor er in einer
eidesstattlichen Erklärung, daß er an acht politischen Atten-
taten beteiligt gewesen war.

Der Anwalt erzwang einen Aufschub der Hinrichtung,
damit die Behauptungen Nofomelas untersucht werden
konnten. Als sein Führungsoffizier, Hauptmann Gert Coetzee, hörte, daß Nofomela geredet hatte, beschloß auch er,
auszupacken, um die eigene Haut zu retten. Er suchte die
Verbindung zu einer kleinen unabhängigen afrikaans-sprachigen Zeitung, *Vrye Weekblad*, das mit mutigen Enthül-
lungsreportagen hervorgetreten war, und bot den Redakteuren an, ihnen alles, was er wußte, zu erzählen.

Was folgte, waren die umfassendsten Enthüllungen über
Südafrikas Mordkommando-Aktivitäten, die bis dahin
bekannt geworden waren. Um Coetzee vor Mordanschlägen
zu schützen, brachte ihn das *Vrye Weekblad* zuerst nach
Mauritius, dann nach London, wo er dem Reporter des Blat-
tes, Jacques Pauw, Massen an Material nicht nur über seine
eigene Verwicklung in 23 schwere Verbrechen, darunter

sechs Morde, sondern auch über die Sondereinheit, die er neun Jahre befehligt hatte, anvertraute.*

Die Sondereinheit, »Section C 1«, hatte ihren Stützpunkt auf einer abgelegenen Polizeifarm mit Namen Vlakplaas, westlich von Pretoria. Coetzee war von der Sicherheitsabteilung der südafrikanischen Polizei abgestellt worden, um das Kommando der Einheit im August 1980 zu übernehmen. Seine Aufgabe war es, eine Gruppe von »Askaris« (früheren ANC-Aktivisten, die von der Polizei »umgedreht« worden waren) und früheren Renamo-Kämpfern zu einem Mordkommando auszubilden. Diese Einheit führte er in eine Reihe von Operationen im Inneren von Südafrika und in den Nachbarstaaten. Coetzee verriet schauerliche Details der Attentate, die seine Truppe ausgeführt hatte, der entsetzlichste darunter war der Mord an dem Menschenrechtsanwalt Griffiths Mxenge, den sie am Abend des 19. November 1981 auf einem Sportfeld in Durban mit vielen Messerstichen töteten.

Coetzees Enthüllungen und die Berichte über das CCB führten dazu, daß auch die Vlakplaas-Einheit im Juni 1990 formell aufgelöst wurde. Das aber war, wie wir sehen werden, eine eher theoretische als reale Auflösung. Die Mordkommandos hatten ein Eigenleben angenommen.

Natal ist immer Südafrikas gewalttätigste Provinz gewesen. Von den Tagen der Zulukönige Shaka und Dingaan, den Zusammenstößen mit den *Voortrekker*-Pionieren und der Unterwerfung unter die Kolonialherrschaft der Briten ist Natals Geschichte eine von Blut und Heldentum gewesen. In jüngerer Zeit ist sie von Kämpfen zwischen Klans und Familiengruppen gezeichnet gewesen. Aber die Gewalt, die in den 8oer Jahren begann, war von ganz anderer Art, und sie war von einer Destruktivität, die selbst die schlimmsten Kriegsjahre übertraf. Die westlichen Medien, immer nur allzu

---

* Jacques Pauw: *In the Heart of the Whore: The Story of Apartheid's Death Squads*, London 1991.

bereit, vereinfachte Erklärungen anzunehmen und zu verbreiten, schluckten die Regierungspropaganda, daß es sich bei dieser Gewalt von Schwarzen gegen Schwarze um einen Stammeskonflikt zwischen Zulus und Xhosas handle, und spuckten sie in vielen Abwandlungen wieder aus. Der Hintergrund der Regierungsbehauptung war natürlich, daß Zulus und Xhosas einander schon immer an die Kehle gegangen seien und daß man deshalb die Fortsetzung der weißen Herrschaft brauche, um zu verhindern, daß die schwarze Bevölkerung sich selbst zerfleischte.

Das alles war Unfug. Nicht nur haben Zulus und Xhosas keine geschichtlichen Konflikte hinter sich, sondern Natal hat auch eine homogene schwarze Bevölkerung, die fast ganz aus dem sieben Millionen Menschen zählenden Stamm der Zulus besteht. Was in Natal vor sich ging, war in Wirklichkeit ein Bürgerkrieg unter Zulus – ein offener politischer Konflikt, in den der südafrikanische Sicherheitsdienst in beträchtlichem Maße verwickelt war.

In den 60er Jahren hatte Häuptling Mangosuthu Buthelezi, ein Zulu-Prinz, der während seiner Studienjahre enge Bindungen zu Oliver Tambo und Nelson Mandela hatte, die Position des Chefministers im Homeland der Zulus angenommen. Das Homeland, das unter dem Apartheidsystem geschaffen wurde, hieß KwaZulu. Buthelezi trat sein Amt mit der Billigung der ANC-Führung an, die sich davon eine politische Plattform im Inneren des Landes erhoffte. Im Laufe der Zeit aber verschlechterten sich die Beziehungen. Junge Schwarze begannen, Buthelezi als Kollaborateur zu beschimpfen, während er in zunehmender Verbitterung die Inkatha-Bewegung, die er begründet hatte, als Verkörperung der Zulu-Nation sah und damit als eine schwarze politische Kraft, die den gleichen Status wie der ANC beanspruchte.

Zwei Jahrzehnte lang dominierte die Inkatha die schwarze Politik in Natal unangefochten. Aber mit der Bildung der United Democratic Front im Jahre 1983 begann sich das zu

ändern. Insbesondere die jungen Schwarzen identifizierten
sich mit der fortschrittlicheren Bewegung, während die
Inkatha ihre Anhänger vor allem unter den Stammestraditionalisten in den ländlichen Gegenden fand. Da Millionen auf
der Suche nach Arbeit in Südafrikas überfüllte Städte strömten, kam es zu Zusammenstößen zwischen den jüngeren
UDF-Anhängern und den älteren Inkatha-Leuten – Konflikte, die durch die Konkurrenz um Wohnraum und Arbeits-
stellen noch verschärft wurden.

Seinen Höhepunkt erreichte der Streit im Jahre 1987. Die
UDF gewann in diesem Jahr spektakulär an Boden, besonders in der Midlands-Gegend von Natal um die Provinzhauptstadt Pietermaritzburg herum, und die Inkatha begann
um ihren Anspruch auf Repräsentanz der Zulu-Nation zu
fürchten. Eine aggressive Werbungskampagne führte zu Vorwürfen, daß mit Einschüchterung gearbeitet würde, und die
Gemeinden begannen, Verteidigungskomitees aufzubauen,
um sich gegen die Werber der Inkatha zur Wehr zu setzen.
Die Inkatha-Leute schlugen zurück, und die Kämpfe breite-
ten sich wie Buschfeuer aus. »Der Kreislauf aus Angriff,
Rache, Gegenschlag und Vergeltung wurde zum Teil der
gesellschaftlichen Struktur in dieser Region«, sagt Anthony
Minnaar, Leiter eines Zentrums für Konfliktanalyse in Pretoria.*

Es wäre falsch, den Eindruck zu erwecken, daß allein die
Inkatha für die Gewalt verantwortlich war, oder daß nur sie
Mordkommandos einsetzte, um Gegner auszuschalten. Akti-
visten der UDF und nach 1990 des ANC taten das auch,
sowohl in Natal als auch in den Townships des Witwaters-
rand. Militante Anhänger des ANC in Natal verbargen ihre
Bereitschaft, Gewalt mit Gewalt zu beantworten, in keiner
Weise. »Wie soll man mit einem Mann verhandeln, der ein

---

* Anthony Minnaar: »Patterns of Violence: An Overview of Conflict in Natal During the
  1980s and 1990s«, in *Patterns of Violence: Case Studies of Conflict in Natal*, Hg. Anthony
  Minnaar, Pretoria 1992, S. 10-13.

Schwert hat, wenn man selbst kein Schwert hat?« sagte der
Führer des ANC in Midlands, Harry Gwala, Anfang 1990.
Gwala, ein unbelehrbarer Stalinist und reueloser Militanter,
steckte tief in den Gewalttaten der Region, und im Juli 1994
hob die Kommunistische Partei seine Mitgliedschaft vorläu-
fig auf, nachdem bekannt geworden war, daß er in Aktionen
von Mordkommandos verwickelt war. Aber der entscheidende Unterschied lag darin, daß die UDF- und ANC-Aktivisten nicht mit dem Einverständnis und der Ermutigung von
Elementen der Streitkräfte operierten. Ihre »Selbstverteidi-
gungseinheiten« waren gewöhnlich buntscheckige Gruppen
von unausgebildeten und oft undisziplinierten Jugendlichen.
Sie waren nicht Teil eines organisierten und von dunklen
Regierungskräften unterstützten Versuchs, den Übergang
Südafrikas zur Demokratie aufzuhalten.

Starke Polizeikräfte waren 1987 in die Midlands von Natal
verlegt worden, und im November wurde General Jac Buchner zum Chef des Sicherheitsdienstes in dieser Region
ernannt. Buchner wurde später abgestellt, um die Polizei von
KwaZulu unter Buthelezi zu leiten, der sowohl Polizeiminister als auch Chefminister war. Polizeioffiziere hatten Schlüs-
selpositionen in den örtlichen Managementzentren inne, den
Nervenenden des riesigen National Security Management
System. Wieder und wieder gab es Presseberichte über die
Verwicklung der Polizei in die Gewalttaten. Zeugen sagten
aus, daß die Polizei nur zusah, als bewaffnete Inkatha-Män-
ner eine UDF-Gemeinde attackierten, daß sie die Angreifer
nach Hause eskortierte, daß sie jede ernsthafte Untersuchung
des Massakers verhinderte. Tim Smith, ein katholischer Priester an einer Mission in den Midlands, erinnert sich an einen
Vorfall, den er am Neujahrstag 1988 erlebte. Er persönlich
rief die Polizei, um einen Mob von Inkatha-Anhängern daran
zu hindern, nach einer Demonstration eine UDF-Siedlung
anzugreifen. »Sie unternahmen nichts«, sagt er. »Im Gegen-

teil, sie halfen den Angreifern den UDF-Bereich zu durchsuchen, und danach wurde ein Junge, Makhithiza Ndlovu, festgenommen und der Inkatha übergeben. Sein blutbedeckter Körper wurde am nächsten Tag neben der Straße aufgefunden. Die Mörder sind nie vor Gericht gekommen.«[*]

Unter den vielen Fällen, über die berichtet wurde, beleuchtet keiner das, was geschah, besser als ein Massaker in einer kleinen ländlichen Siedlung namens Trust Feed, dreißig Kilometer nordwestlich von Pietermaritzburg. Wie ein Reporter, der den Vorfall recherchierte, es ausdrückt, »illustriert das Geschehen das verdeckte Zusammenspiel zwischen der Inkatha und der südafrikanischen Polizei, eine Partnerschaft, die weit über die Grenzen von Trust Feed hinausreichte.«[**]

Die kleine Gemeinde lebte auf Land, das schwarze Farmer um die Jahrhundertwende zurückgekauft hatten. Unter den Regeln der Apartheid wurde die Gegend jetzt als »schwarzer Fleck« auf weißem Territorium angesehen, und damit waren seine Bewohner der Zwangsumsiedlung unterworfen. Ein Mann der Gemeinde, Phillip Shenge, baute eine Organisation auf, um die Umsiedlung zu verhindern. Er nannte sie das Trust Feed Crisis Committee (TCC). Er gewann den Kampf gegen die Umsiedlung, bekam aber bald Schwierigkeiten aus einer anderen Richtung. Trust Feed war vorwiegend eine Inkatha-Gegend, und der örtliche Inkatha-Führer, Jerome Gabela, wollte sie dem KwaZulu-Homeland einverleiben. Das TCC, das der United Democratic Front nahestand, wandte sich dagegen – und es entstand ein erbitterter Konflikt.

Der örtliche Polizeichef, Brian Mitchell, war zugleich Vorsitzender des Managementzentrums, des im Untergrund operierenden Ausläufers des südafrikanischen Geheimdienstes. Wie er bei seinem späteren Prozeß gestand, sah er sich als Sol-

---

[*] *Weekly Mail*, 15.-21. Mai 1992.
[**] Deneys Coombe: »Of Murder and Deceit: The Trust Feed Killings«, in *Patterns of Violence*, S. 229.

dat in einem Bürgerkrieg, in dem Organisationen wie das TCC und die UDF Staatsfeinde waren, die versuchten, Südafrika unregierbar zu machen. Er half Gabela, ein Komitee der Grundbesitzer aufzubauen. Es bestand aus neun dort ansässigen Inkatha-Mitgliedern, die forderten, daß Trust Feed unter die Kontrolle von KwaZulu gestellt werden sollte. Schwerwiegender war, daß Mitchell meinte, Gabela sei nicht hart genug in seinem Vorgehen gegen Shenge und das TCC. Er brauchte »Ermunterung«, sagte Mitchell.

Um drei Uhr morgens am 3. Dezember schlich sich Mitchell zusammen mit vier Polizisten an ein Haus heran, das sie für Shenges hielten. Sie täuschten sich: Shenge lebte nebenan. Das Haus, auf das Mitchell und seine Leute zugingen, war voller Männer, Frauen und Kinder, die sich zu einer Totenwache versammelt hatten. Als eine der Frauen auf das Klopfen der Polizisten die Tür aufmachte, eröffneten die Polizisten das Feuer. Überlebende berichteten, daß die Angreifer zunächst blind in das Haus hineinschossen, dann hereinkamen, mit Taschenlampen nachsahen, wer noch lebte, um auch die zu erschießen. Elf Menschen starben, darunter ein vierjähriges Kind und eine Frau von 66 Jahren.

Dem folgte ein großangelegter Vertuschungsversuch der Polizei. Hauptmann Patrick Wattrus leitete die Untersuchung des Falles. Als sein Verdacht auf Mitchell fiel, übergab er den Fall an den Brigadegeneral Christo Marx, den Chef der Kriminalpolizei in Pietermaritzburg, der ihn an zwei Stellvertreter weitergab. Mitchell wurde nie gründlich verhört, und die vier Polizisten, die ihn begleitet hatten, traten kurz darauf in den Dienst der KwaZulu-Polizei: zwei von ihnen gestanden später, daß man ihnen geraten hatte, dort unterzuschlüpfen. Während die Untersuchung mehr als ein Jahr auf der Stelle trat, wurde Mitchell zum Hauptmann befördert und Marx zum Generalmajor. Der Fall hätte damit zu Ende sein können, einer mehr der vielen ungelösten Mordfälle in Natal, wenn nicht ein Polizeioffizier von Integrität und Mut auf der

Szene erschienen wäre. Hauptmann Frank Dutton kam von einer Sonderuntersuchungseinheit in einer anderen Gegend. Bei der Arbeit an einem Fall, der mit Trust Feed nichts zu tun hatte, stolperte Dutton über Anhaltspunkte, die ihn zu dem Massaker führten. Innerhalb von zwei Wochen hatte er Mitchell und die vier Polizisten verhaftet. Seit der Tat waren zweieinhalb Jahre vergangen.

Der Richter fand nicht nur überwältigende Beweise vor, die auf die Vertuschung durch die Polizei deuteten, er stellte auch fest, daß das Massaker »der letzte Schritt einer geplanten Operation war, die darauf zielte, eine Gemeinde zu entzweien, ihr Komitee zu zerschlagen und der Inkatha die Kontrolle über die Gegend zu geben«. Er verurteilte Mitchell in allen elf Fällen zum Tode, die vier Polizisten bekamen jeweils 15 Jahre Haft. Alle wurden im Zuge einer Amnestie für politisch motivierte Gewalttäter im Jahre 1994 freigelassen.

Die Regierung versuchte, Trust Feed als isolierten Fall abzuschütteln, sie stritt ab, daß man daraus Schlüsse auf eine weitergehende Verwicklung der Polizei in die Gewalt im Lande ziehen könne. Aber dem würden nur wenige, die zu Zeugen von Massakern wurden oder die über Gewalttaten berichteten, zustimmen. Wie Pater Smith es ausdrückt: »Aller Augenschein meiner eigenen Erfahrung und der vieler anderer deutet darauf hin, daß die Polizei von Anfang an tief in die Gewalt verwickelt war. Ihr Ziel war es, die Inkatha zu unterstützen und die United Democratic Front und ihre Verbündeten zu schwächen. Der Trust Feed-Fall ist nur ein Beispiel unter vielen.«

De Klerk hat versucht, die Dinge, die vor der Wiederzulassung des ANC Anfang 1990 geschahen, von jenen zu trennen, die danach kamen. Er argumentiert, daß die frühere Phase eine Zeit der Konfrontation und des Konflikts war, die man nun als vergangen und vergessen betrachten sollte. »Wühlt nicht in der Vergangenheit herum«, sagt er immer wieder.

Aber alles verweist darauf, daß die Mordkommandos, die Destabilisierungskampagne und das Zusammenspiel zwischen Elementen in den Sicherheitskräften und der Inkatha nach 1990 nicht nur weitergingen, sondern sich sogar intensivierten. Die Menschenrechtskommission des ANC berichtet, daß politische Attentate zunahmen: im Lauf der 80er waren es im Durchschnitt zehn pro Jahr, 1990 waren es 28, 1991 waren es 60, und 1992 stieg die Zahl auf 97. Und die Gewalt in Natal verstärkte sich deutlich, nachdem Mandela entlassen worden war. Im März 1990 fuhr ich nach Natal, es war sechs Wochen nach der Freilassung Mandelas, und die Gegend wurde von dem sogenannten Sieben-Tage-Krieg erschüttert, den längsten und systematischsten Angriffskampagnen bewaffneter Inkatha-Krieger auf Pro-ANC-Siedlungen in einem ganzen Jahrzehnt von Konflikten, und was ich dort sah und hörte, verwies eindeutig auf die Verwicklung der Polizei in die bürgerkriegsartigen Kämpfe.

Die Straße, die von Pietermaritzburg nach Westen führt, verläuft durch das schöne Edendale Valley, das von sanften Hügeln eingerahmt wird. Zu dieser Jahreszeit, nach dem Spätsommerregen, war es eine Idylle, Gras und Adlerfarn begannen gerade die Farben des Herbstes anzunehmen, und Gruppen von kleinen Häusern waren hier und da über die Hänge verstreut. Aber in dieser Woche wurde das Tal zu einem »Killing Field«.

Im vorderen Teil des Tals, Pietermaritzburg am nächsten, liegt Edendale selbst, eine Gegend mit selbständigen schwarzen Farmen und einer Reihe von Dörfern entlang der Hänge und in der Talsohle, alle mit starker ANC-Orientierung. Hinter ihnen, tiefer im Tal, gibt es verschiedene ländliche Gemeinden – Vulindlela, Sweetwaters, Taylor's Halt, Elandkop –, die unter die Kontrolle der KwaZulu-Homeland-Verwaltung fielen. Hier herrschte die Inkatha. Um zur Stadt und zurück zu kommen, mußten die Menschen dieser Gemeinden durch Edendale hindurchfahren, wo, wie sie behaupteten, ihre Busse oft mit Steinen beworfen wurden. Das wurde zum Vorwand der Angriffe, die am 25. März 1990 begannen.

Das Ausmaß dieser Angriffe, die sich zu regelrechten Schlachten auswuchsen, schien die Gewalt auf eine neue und noch unheilverheißendere Ebene zu heben. Tausende von Bewaffneten sammelten sich um das Haus eines örtlichen Inkatha-»Kriegsherren«, David Ntombela, und wurden in Fahrzeugen über eine höhergelegene Straße auf den Hügel vor Edendale transportiert. Von dort stiegen sie in Schlachtformation nach Edendale hinunter, auf vorher ausgewählte Ziele zu. Die Organisation und Versorgung einer Armee dieser Größe verlangte eine umfassende logistische Vorbereitung: es konnte sich unmöglich um eine spontane Reaktion auf Steinwürfe handeln.

Pierre Cronje, ein dort ansässiger weißer Farmer und Parlamentsabgeordneter der liberalen Democratic Party, war am ersten Tag vor Ort. (Aufgrund seiner Erfahrungen dort schloß er sich später dem ANC an.) Er hatte vom Krisenkomitee seiner Partei in Pietermaritzburg die Nachricht erhalten, daß ein Inkatha-*Impi* (ein Kriegerregiment) in Bussen, einem Sechstonnen-Lastwagen und einer Reihe kleinerer Fahrzeuge nach Edendale gefahren und nun auf dem Weg zur Siedlung Caluza war. Als Cronje dort ankam, war das *Impi*, das er auf 2.000 bis 3.000 mit Speeren, Flinten und Gewehren bewaffnete Männer schätzte, bereits im Kampf mit einer Gruppe örtlicher Verteidiger und hatte sich ein Stück den Hügel hinauf zurückgezogen.

»Ich sah, daß sie sich auf einem Kamm oberhalb von Caluza wieder sammelten«, sagte Cronje mir. »Ein gepanzerter Mannschaftswagen der Polizei fuhr auf sie zu. Die Polizei entwaffnete die Angreifer nicht, aber sie hielt sie davon ab, wieder gegen Caluza vorzugehen.« Das *Impi* teilte sich dann in zwei Gruppen und marschierte rechts und links des Kammes auf eine Siedlung namens Ashdown, die im Osten lag,

und auf drei andere ANC-Siedlungen im Westen zu, um sie
zu attackieren. Am nächsten Tag griff eine Streitmacht von
etwa 12.000 Inkatha-Kriegern dieselben Gemeinden noch
einmal an, sie legten die Gebäude in Schutt und Asche und
töteten im Laufe der nächsten fünf Tage mindestens 35 Menschen. Wieder und wieder schwärmten die Zulukrieger in
Schlachtformation über die Talhänge, plündernd, mordend
und brandstiftend. Die Schlachten wurden bei Tageslicht in
einer Gegend ausgefochten, die in Sichtweite von Pietermaritzburg lag, dennoch unternahmen die Sicherheitskräfte
nichts, um die Angreifer zurückzutreiben oder die bedrohten
Dörfer zu schützen. Beobachter stellten einige Vergeltungsangriffe der Gemeinden fest, aber es war eine völlig einseitige
Schlacht, die schließlich 130 Tote, viele Hunderte von Verletzten und 200 abgebrannte Häuser hinterließ. Geschätzte
12.500 Menschen flohen in provisorische Flüchtlingszentren.

Es war kurz vor Mitternacht, erinnert sich Philemon Malinga,
als er hörte, wie ein schweres Fahrzeug vor seinem Haus hielt,
und eine Stimme auf afrikaans fragte: »Ist es hier?« Er blickte
vorsichtig durch das Küchenfenster hinaus und sah einen großen Mannschaftswagen der Polizei, einen Casspir, aus dem
Männer stiegen. Ein weißer Volkswagenbus kam hinter dem
Casspir zum Stehen, und auch aus diesem Wagen stiegen
Männer. Einige erkannte er als Polizisten, andere waren örtliche Mitglieder der Inkatha Freiheitspartei. Nur Augenblicke
später trat ein Polizist die Haustür ein und stürmte mit anderen zusammen herein.

Was dann folgte, kann man nur als die Vernichtung des
Malinga-Haushalts in dem kleinen schwarzen Township
Kwadela bezeichnen, etwa 200 Kilometer östlich von Johannesburg. In einem Schlafzimmer kroch Malingas alte Mutter
in ihrem Schrecken unters Bett, aber die Eindringlinge fanden
und erschossen sie. Malingas jüngerer Bruder, Sibusisa, klet-
terte auf einen Schrank, wo er mit einem Speer durchbohrt

wurde. Als er zu Boden stürzte, wurde er noch einmal von
dem Speer getroffen. Wie durch ein Wunder überlebte er.
Malinga selbst konnte entkommen, er lief um sein Leben.

Es war der 16. August 1991, anderthalb Jahre nach dem Sieben-Tage-Krieg in Edendale, und die Regierung stand in Verhandlungen mit dem ANC, aber hier waren wieder alle
Anzeichen für ein Zusammenspiel zwischen Polizei und
Inkatha bei politisch motivierten Verbrechen. Ich war mit
einem jungen Anwalt aus Johannesburg nach Kwadela gefahren. Er sollte für seine Sozietät Zeugenaussagen über den
Überfall der Nacht des 26. Juli zusammentragen. Die Aussagen sollten später unter Eid vor einer offiziellen Stelle wiederholt und dann an den Staatsanwalt weitergegeben werden,
damit er eine Untersuchung einleiten konnte.

Der junge Anwalt nahm elf Zeugenaussagen von Gemein-
demitgliedern auf, alle sagten ihm, daß der Casspir in jener
Nacht in Kwadela herumgefahren sei und an verschiedenen
Stellen des Ortes Männer abgesetzt habe, die dann die Häuser
von Mitgliedern des örtlichen ANC-Komitees angriffen.
Danach habe der Casspir die Männer wieder aufgenommen.
Jeremiah Mashinini, der Vorsitzende des ANC in Kwadela,
berichtete, daß ein Ziegelstein mit einer Warnung ein paar
Tage zuvor in sein Fenster geworfen worden sei. Sein Haus
wurde niedergebrannt, sein Sohn verletzt und seine Schwie-
gertochter getötet. Andere erzählten, daß ein Polizeiwagen
mit Lautsprecher durch die Siedlung gefahren sei und ange-
sagt habe, daß eine Sperrstunde über den Ort verhängt worden sei und niemand nach 21 Uhr das Haus verlassen dürfe.
Das machte die Einwohner zu leichten Opfern der Angriffe
und gab den Eindringlingen zugleich die Sicherheit, daß sich
keine Zeugen auf den Straßen aufhalten würden.

Aber Kwadela ist die Art kleiner Gemeinde, in der jeder
jeden kennt, und die Aussagen nannten in der Tat die Namen
der Leute, die die Angriffe ausgeführt hatten – die der Polizisten und die der Leute, die die tödlichen Schüsse abgefeuert

hatten. Ein Reihe von Zeugen erwähnte auch den Namen des örtlichen Polizisten, eines Constable Swart, der, wie sie sagten, in und um den Casspir gesehen worden war. Der Anwalt stellte fest, daß Swart selbst von der Polizei als der für die Untersuchung der Vorgänge verantwortliche Offizier benannt worden war.

Gegen Abend mußte der Anwalt nun jemanden finden, der die Eide der Zeugen beglaubigen konnte. Wir fuhren zuerst zum örtlichen Postamt, weil wir hofften, daß der Postvorsteher diese Aufgabe übernehmen könne, aber die Vorsteherin war noch neu in ihrer Funktion und hatte nicht die Befugnis, Eide zu beurkunden. Das ließ nur die Polizeiwache übrig. Widerwillig machte sich die Gruppe auf den Weg dorthin – und alle beschworen ihre Aussagen vor Constable Swart. Zu einem Prozeß kam es nie.

Letztlich war es die Goldstone-Kommission, die in den Jahren 1992 und 1993 am meisten zur Aufklärung der »dritten Kraft«, also der Verwicklung des Sicherheitsapparates in die Massaker, beitrug. Die Kommission nahm ihre Arbeit nur zögernd auf. Richard Goldstone ist ein ausgezeichneter Anwalt und ein Mann von liberaler Gesinnung, aber gerade diese Charakterzüge drohten das Unternehmen am Anfang lahmzulegen, da er extrem legalistisch an seine Aufgabe heranging und sich weigerte, irgendetwas anzuerkennen, was nicht bis in letzte Detail beweisbar war. Er arbeitete wie in einem Strafprozeß. Im Laufe der Zeit aber und je mehr Erfahrung er sammelte, desto mehr paßte er sich den politischen Bedingungen seines Auftrags an und wurde kühner.

Nachdem er an der Untersuchung des Massakers in Boipatong (im Juni 1992) völlig gescheitert war, forderte und bekam Goldstone schließlich eine eigene kleine Untersuchungsmannschaft, zu der verschiedene ausländische Kriminalbeamte zählten – auch das ein Indiz dafür, wie suspekt die südafrikanische Polizei ihm erschien. Am 11. November 1992 führte Goldstones Team eine dramatische Razzia in einem

Haus in Lynnwood Ridge durch, einem wohlhabenden Vorort von Pretoria. In diesem Haus befand sich das Hauptquartier einer verdeckt operierenden Einheit des Militärgeheimdienstes, die sich auf die Diskreditierung und Verleumdung
von ANC-Führern spezialisiert hatte. Der Codename der
Operation lautete »Project Echoes«. Mindestens 48 Offiziere
des Militärgeheimdienstes arbeiteten in der Geheimtruppe
mit. Einige waren direkt vom CCB gekommen, als diese Einheit im Juli 1990 angeblich aufgelöst worden war. Fünf
Aktenordner, die von der Kommission beschlagnahmt wurden, wiesen nach, daß ein berüchtigter früherer CCB-Agent,
Ferdi Barnard, von der Truppe angeheuert worden war, um
eine Arbeitsgruppe zu kommandieren, die ANC-Führer, insbesondere Mitglieder der früheren Guerilla-Truppe des
ANC, durch schmutzige Tricks in kriminelle Aktivitäten ver-
wickeln sollte. Die Gruppe setzte dazu »ein Agentennetz von
Prostituierten, Homosexuellen, Nachtklubmanagern und
Kriminellen« ein.

Barnard, ein 1.90 Meter großer Riese mit einem Stiernak-
ken, breiten Schultern und achtunggebietenden Muskeln,
hätte die Hauptrolle in *Terminator 2* spielen können. Er war
zweimal wegen Mordes, einmal wegen Mordversuchs und
dreimal wegen Diebstahls schuldig gesprochen worden. 1948
zu zwanzig Jahren verurteilt, wurde er nach vier Jahren
begnadigt und schloß sich bald darauf dem CCB an. Jetzt
arbeitete er bei der verdeckten Einheit des Militärgeheimdienstes – mit der persönlichen Billigung des Stabschefs,
Generalleutnant Rudolph Badenhorst.

Die Dokumente enthüllten auch, daß ein weiteres Mitglied
der Truppe Leon Flores war, ein Mann, der von der britischen
Polizei festgenommen worden war, weil er verdächtigt
wurde, Hauptmann Gert Coetzee ermorden zu wollen, als
der sich in London versteckte, nachdem er seine Aussagen
über die Todeskommandos gemacht hatte. Der Hinweis, der
Goldstones Leute zu dem geheimen Hauptquartier geführt

hatte, war von einem früheren mosambikanischen Soldaten gekommen, der ausgesagt hatte, er sei von einem Polizisten angeheuert worden, Township-Bewohner in Natal zu ermorden. Der Mann hatte seine Hotelrechnung in Pietermaritzburg mit einer Kreditkarte bezahlt, die – wie die Kommission aufdeckte – über ein Konto einer Scheinfirma der verdeckten Einheit des Militärgeheimdienstes lief.

All diese Enthüllungen wurden bekannt, während de Klerk sich zu einem Staatsbesuch in Großbritannien aufhielt. Die unmittelbare Reaktion des Präsidenten war ein zorniger Protest dagegen, daß Goldstone seine Funde veröffentlicht hatte. Er sagte, es handele sich um »ein fragwürdiges Gebilde aus Andeutungen, Unterstellungen und Anklagen« und um »fortgesetzte Propaganda«, die »die Glaubwürdigkeit der Sicherheitskräfte bedrohten«. Sobald er aus London zurückgekehrt war, beauftragte de Klerk den Stabschef der südafrikanischen Luftwaffe, General Pierre Steyn, Goldstones Erkenntnisse zu überprüfen. Einen Monat später feuerte oder suspendierte der Präsident 23 hohe Armeeoffiziere, darunter sechs Generäle. Aber er machte General Steyns Bericht nie öffentlich, und er unternahm nichts gegen den Chef des Militärgeheimdienstes, General Joffel van der Westhuizen.*

Hier stellt sich wiederum die Frage, warum de Klerk selbst angesichts unwiderlegbarer Beweise zögerte, gegen den Geheimdienst vorzugehen. Ein weiterer Offizier des Militärgeheimdienstes, der Gert Coetzees Beispiel folgte und mit seiner Geschichte an die Öffentlichkeit ging, deutete einen möglichen Grund dafür an. Oberst Gert Hugo, der, wie er sagte, nach einem religiösen Erweckungserlebnis aus der Armee ausschied, behauptete, de Klerk könne gar nicht gegen Offiziere vorgehen, die in Operationen der »dritten Kraft« verwickelt seien, weil der Militärgeheimdienst in der Lage sei, Mitglieder seines Kabinetts zu erpressen. »Der wichtigste Grund, warum er nichts tun kann, liegt darin, daß er und

* Westhuizen trat kurz vor den Wahlen des Jahres 1994 aus »Gesundheitsgründen« zurück.

seine Minister nicht mal einen Bruchteil von dem wissen, was
da noch immer vor sich geht. Aber sie sind trotzdem in die
Sache verwickelt, weil viele von ihnen unter P. W. Botha Teil
des Systems waren. Wenn er gegen Westhuizen vorginge, wär
das ein Signal an alle anderen hohen Offiziere, die Dreck am
Stecken haben. Und die Folge wär, daß sie alle singen würden
und all die schmutzigen Tricks rauskämen. Die Militärfüh-
rung hat einfach zuviel zu verbergen.«

Zwei Jahre später ließ die Goldstone-Kommission eine noch
verheerendere Bombe hochgehen. Im Januar 1994 suchte ein
hochrangiger Polizeioffizier, dessen Name immer noch
geheimgehalten wird, den Direktor eines politischen Instituts
in Pretoria auf, um ihm zu sagen, daß er über Informationen
über eine »dritte Kraft« verfüge. Er sei aber nicht bereit, diese
Information an einen Südafrikaner weiterzugeben, sondern
nur an eine dazu geeignete ausländische Person. Der Direktor, Ivor Jenkins, brachte den Offizier in die dänische Botschaft. Nach verschiedenen Diskussionen mit einem führenden Diplomaten der Botschaft wurde der Offizier, der später
als »Q« bekannt wurde, überredet, sich mit Richter Goldstone zu treffen. Daraus folgte die Enthüllung von Aktivitäten, die Goldstone in seinem Bericht an de Klerk als »ein
erschreckendes Netz krimineller Vorgänge« unter hochran-
gigen Offizieren der südafrikanischen Polizei beschrieb, Vorgänge, die darauf zielten, die Gewalt im Lande anzuheizen.
»Q« bezeichnete den stellvertretenden Befehlshaber der Polizei, Generalleutnant Basie Smit, und den Chef der Gegenspionage der Polizei, Generalmajor Krappie Engelbrecht, der
ironischerweise für die Untersuchung aller politischen Verbrechen im Lande verantwortlich war, als Schlüsselgestalten
dieser Aktivitäten. »Q« machte seine Aussagen in zwei Sitzungen in Anwesenheit von Goldstone, beeidigte sie und
bestätigte sie in einem schriftlichen Memorandum. Goldstone sprach auch mit zwei Vertrauten des Informanten,

Major P. du Plessis und Major E. van Vuuren, die später in die Kommission aufgenommen wurden, um die Untersuchungen zu unterstützen.

Der Bericht Goldstones reichte für einen Prozeß und für Verurteilungen nicht aus. Die Vorwürfe waren nicht beweisbar. Aber die Indizien und Aussagen legen sehr nahe, daß es in der Tat eine »dritte Kraft« gab, die aus dem Militär-und Sicherheitsapparat heraus operierte und sich zum Ziel gesetzt hatte, Südafrika zu destabilisieren, Wahlen unmöglich zu machen und den Übergang der Nation zu einer wirklichen Demokratie aufzuhalten.

Die Geschichte, die sich aus den Aussagen von »Q« ergibt, lautet so: Nachdem Gert Coetzee die Todeskommando-Einheit, die in Vlakplaas stationiert war, verlassen hatte, wurde sie in »C 10« umbenannt und dem Kommando von Oberst Eugene de Kock unterstellt. Sie setzte ihre Destabilisierungskampagne fort. Als die Einheit dann im Juli 1990 formal aufgelöst wurde, verteilte man ihre Angehörigen auf andere Polizeieinheiten – gab ihnen aber falsche Papiere und Pässe, die aus dem Polizeihauptquartier in Pretoria stammten. Sie arbeiteten weiterhin an Operationen der »dritten Kraft« mit. De Kock selbst wurde mit 1.200.000 Rand abgefunden – die Summe wurde eigens von de Klerks Kabinett gebilligt –, blieb aber weiter in verdeckte Operationen verwickelt. Er war im Besitz von sieben falschen Pässen.

Auf Anregung der beiden Generäle Smit und Engelbrecht baute die Einheit C 10 in East Rand eine Fabrik auf, die Handfeuerwaffen herstellte. Zugleich wurden große Mengen an Waffen – AK-47 Sturmgewehre, RPG-7 Raketenwerfer, Mörser und Handgranaten –, die im Buschkrieg in Namibia gegen die Swapo im Einsatz gewesen waren, nach Vlakplaas gebracht. Von dort wurden sie in die Fabrik in East Rand geschafft, wo sie gereinigt und ihre Seriennummern entfernt wurden. Sowohl die Waffen aus Namibia als auch die neu hergestellten wurden in schwarze Säcke verpackt und an die

Inkatha Freiheitspartei verteilt. Der Weg der Waffen ging durch die Hände zweier ihrer Provinzpolitiker im Transvaal, Themba Khoza und Victor Ndlovu. »Q« behauptete, daß Khoza und Ndlovu mit falschen Identitäten ausgestattet wurden und daß de Kock sie als Informanten aus einem Geheimfonds bezahlte. Er sagte, daß Khoza, der Vorsitzende der Inkatha in der Region Transvaal, auch ein Auto bekam. C 10-Agenten verteilten die Waffen auch direkt an Inkatha-Mitglieder in Natal. Nach den Aussagen von »Q« war General Jac Buchner, der Chef der KwaZulu-Polizei, in die Waffenlieferungen in Natal eingeweiht. Auch in die Gewalt in den Pendlerzügen nach und von Johannesburg im September 1990 war die C 10 nach »Q« verwickelt. Er nannte einen East Rand-Sicherheitsoffizier als den Organisator der Verbrechen, er habe C 10-Agenten, schwarze Polizisten und Inkatha-Mitglieder, die beim Sicherheitsdienst einer Johannesburger Bank arbeiteten, eingesetzt, um die bösartigen Angriffe auf die unglücklichen Pendler auszuführen.

Als Goldstone die Generäle befragte, leugneten sie jede Beteiligung an den Verbrechen. Dasselbe taten de Kock, Khoza und Ndlovu. Während dies niedergeschrieben wird, geht die Untersuchung der Aussagen von »Q« weiter, und ein großer Prozeß ist in Vorbereitung. De Kock sitzt in Untersuchungshaft, die Anklage lautet auf achtfachen Mord, Mordversuch und Anstiftung zu Mord und terroristischen Taten sowie illegalen Waffen- und Munitionsbesitz. Acht andere Mitglieder der C 10 sind angeklagt, und weitere Festnahmen werden erwartet.

Inzwischen hat Richter Goldstone auch eine Untersuchung von Todeskommando-Operationen innerhalb der KwaZulu-Polizei angeordnet. Die Indizien sind ebenso eindeutig wie die im Vlakplaas-Fall. 1986 bildete eine Einheit des Militärgeheimdienstes etwa 200 Inkatha-Mitglieder auf einem Stützpunkt im Caprivi Strip aus, einem abgelegenen Teil Nordnamibias. Zu der Zeit stand Namibia noch unter

südafrikanischer Kontrolle, und der dreißigjährige Buschkrieg mit der Swapo war noch nicht zu Ende. Als im Jahre
1990 durchsickerte, daß die südafrikanischen Streitkräfte
Mitglieder einer politischen Partei ausgebildet hatten,
beharrte Präsident de Klerk darauf, daß die Männer lediglich
als Leibwächter für führende Inkatha-Politiker dienen sollten. In Wirklichkeit wurden sie im Guerillakampf ausgebildet, in Sabotage und Mord – und bei ihrer Rückkehr wurden
sie wieder in die KwaZulu-Polizei eingegliedert. Später wurden sie eingesetzt, um Kommandos in verschiedenen Teilen
Natals zu bilden und zu trainieren. Sie waren die Leute, die
sich in den Arbeiterwohnheimen des Witwatersrand einniste-
ten. Und an sie wurden die Waffen aus Vlakplaas geliefert.

Goldstone kam damit zum ersten Mal im Dezember 1993
in Berührung. Er erklärte, er habe ausreichende Indizien
dafür, daß ein Mordkommando der KwaZulu-Polizei in den
Jahren 1992 und 93 mindestens neun ANC-Anhänger ermordet habe. In einem ausführlichen Bericht, der im Gefängnis
geschrieben und an Goldstone geschickt worden war, hatte
ein ehemaliger Inkatha-Attentäter, Brian Mkhize, niedergelegt, daß der Vizechef der KwaZulu-Polizei, General Sipho
Mathe, alles über die Todeskommando-Aktivitäten wußte.
Wie Goldstone in seinem abschließenden Bericht an de Klerk
im März 1994 schrieb, war General Mathes Name »immer
wieder seit Jahren in Verbindung mit krassen Verstößen auf-
getaucht«, dennoch bliebe er in seiner Position.

Mit Sicherheit erstickte jemand auf höchster Ebene der
KwaZulu-Polizei jede Untersuchung der politischen Gewalt.
Phillip van Niekerk, ein Journalist, der der Beteiligung staat-
licher Stellen an der Gewalt bis in die dunkelsten Abgründe
nachgestiegen war, fand alarmierende Anzeichen dafür, als er
ein Massaker in einer Siedlung namens Nqutu im nördlichen
Natal untersuchte.*

---

* Phillip van Niekerks ausführlicher Bericht über das Nqutu-Massaker und die darauffol-
  gende Vertuschung wurde im *Observer*, London, am 6. März 1994 veröffentlicht.

Elf Freunde und Verwandte von Häuptling Elphus Molefe, einem ANC-Anhänger, wurden bei einem Überfall auf das Haus des Häuptlings am 7. November 1993 umgebracht. Innerhalb von 48 Stunden verhaftete ein wacher KwaZulu-Polizist, Leutnant Westleigh Mbata, zwei Verdächtige und brachte sie dazu, die Tat zu gestehen. Sie erzählten, daß ihr örtlicher Führer beschlossen hatte, die Inkatha Freiheitspartei in Johannesburg um Hilfe zu bitten, als der ANC eine Veranstaltung in ihrer Gegend plante. Darauf suchte Themba Khoza, der Vorsitzende der IFP im Transvaal, persönlich vier Hitmen aus einem Arbeiterwohnheim im East Rand aus, gab ihnen Waffen und schickte sie nach Nqutu, wo sie das Haus Häuptling Molefes überfielen.

Mit diesen Geständnissen bewaffnet, bat Leutnant Mbata seinen Vorgesetzten, Oberst B. L. Ndlovu, um die Erlaubnis, nach Johannesburg fahren zu dürfen, um dort Khoza und die vier Attentäter zu verhaften. Stattdessen wurde er gezwungen, sich krank zu melden, die beiden Verdächtigen wurden freigelassen, und der Fall wurde einem anderen Polizeioffizier übergeben, der ihn einschlafen ließ.

Diese Vorwürfe gewannen weiter an Glaubwürdigkeit, als der ausscheidende Polizeichef von KwaZulu, General Roy During, in einem Zeitungsinterview im Juli 1994 sagte, daß Angehörige seiner Truppe mit Sicherheit Todeskommando-Morde begangen hätten. During sagte auch, daß die Morde wahrscheinlich »auf hoher Ebene« angeordnet worden seien. Seine Entscheidung zurückzutreten, sagte er, gehe zum Teil auf Aktivitäten einer kleinen, aber mächtigen Gruppe von rechtsgerichteten Radikalen in der Polizei KwaZulus zurück.[*]

Was immer ihre Motive waren, diese und andere Radikale schafften es nicht nur nicht, die Verhandlungen zwischen der Regierung und dem ANC zu torpedieren, paradoxerweise spornten sie sie sogar an. Die Verhandlungen waren von

---

[*] *Star*, Johannesburg, 26. Juli 1994.

Anfang an ein von Krisen angetriebener Prozeß gewesen. Von dem Augenblick an, als de Klerk seine schicksalhafte Erklärung vom 2. Februar 1990 abgab, war eine Umkehr unmöglich geworden. Es gab einfach keine Möglichkeit, den ANC oder irgendeine andere schwarze Bewegung wieder zu verbieten, Mandela zurück ins Gefängnis zu bringen und die Apartheid wieder einzuführen. De Klerk und seine politischen Gegner saßen nun im selben Boot, entweder sie kamen an neuen Ufern an oder sie versanken zusammen. Dazu gab es keine wirkliche Alternative. Jede neue Krise erinnerte diese streitenden Reisenden an ihre gegenseitige Abhängigkeit, sie stemmten sich in die Riemen und strebten auf das Ufer zu.

13. KAPITEL

Die Roelf
und Cyril Show

Das Gipfeltreffen, das am 26. September 1992 in Johannesburg abgehalten wurde, war der Wendepunkt, aber es hatte schon seit einiger Zeit Fortschritte gegeben. Unter dem Schleier aus Blut und Rhetorik, der Südafrika umhüllte und ausländischen Beobachtern den Eindruck vermittelte, das Land schlittere auf einen Bürgerkrieg zu, hatten Geheimtreffen zwischen zwei Männern stattgefunden, die später als Helden der politischen Einigung gefeiert werden sollten.

Roelf Meyer, 45, und Cyril Ramaphosa, 40, beide noch relativ junge Leute in einer politischen Arena, die von Veteranen beherrscht wurde, hatten ein Vertrauensverhältnis – wenn nicht sogar eine Art Blutsbruderschaft – bei Sidney Fraenkels Angelwochenende im August 1991 gefunden. Zehn Monate später, als der ANC die Gespräche über eine neue südafrikanische Verfassung, Codesa, verließ, wurde Meyer zum Verfassungsminister ernannt und führte von da an die Verhandlungsmannschaft der Regierung. Er wurde damit zum direkten Gegenüber von Ramaphosa. Äußerlich bildeten sie einen deutlichen Kontrast: der stämmige, lebhafte Ramaphosa, der in der Bergarbeitergewerkschaft aufgestiegen war und den Bobby Godsell von der riesigen Anglo American Corporation »den geschicktesten Unterhändler, den ich je kennengelernt habe«, nannte; und der schlanke, jungenhaft wirkende Meyer, ein stiller, verschlossener Politiker, der aus einer 300 Jahre zurückreichenden Afrikaaner-Farmerfamilie stammte. Dennoch waren sie sich in ihren toleranten, unerschütterlichen Persönlichkeiten und in ihrer Kompromißbereitschaft ähnlich. Die beiden achteten sorgfältig darauf, Distanz zueinander zu wahren: sie hielten ein strenges Arbeitsverhältnis aufrecht, trafen sich nie privat, um ihre Parteifreunde nicht in Verlegenheit zu bringen. Aber sie vertrauten einander in hohem Maße, und sie besaßen ein fast intuitives gegenseitiges Verständnis. Von Juni bis September, die schwierigen Monate hindurch, als die Verhandlungen offiziell abgebrochen waren, trafen sich Meyer und Ramaphosa immer wieder unter vier Augen, mehrere Male in der Woche, in Hotelzimmern, um, von der Öffentlichkeit unbemerkt, die Scherben von Codesa behutsam zu sichten und zu sehen, was zu kitten war. Diese Monate waren auch in anderer Hinsicht eine wichtige Zeit, in der sich die Haltung in beiden Lagern auf subtile Weise verschob.

In der Nationalpartei begannen sich Zweifel zu regen, ob de Klerks Strategie eines Aufbaus einer chancenreichen Anti-ANC-Allianz richtig war. Die Gewalt im Lande und der Verdacht, daß die Regierung in sie verwickelt war, schadeten dem Image der Partei und verschlechterten die Wirtschaftslage. Buthelezis wirres Verhalten, das nach Meinungsumfragen dazu führte, daß seine Unterstützung in der Zulu-Bevölkerung schwächer wurde, ließ auch an seinem Wert als politischem Verbündeten zweifeln.

Inzwischen begann eine Gruppe von jüngeren Afrikaner-Politikern – unter ihnen Roelf Meyer und Leon Wessels – ihre Karriere und ihre Zukunft zu überdenken. Während ältere Mitglieder von de Klerks Kabinett sich vor allem damit beschäftigten, ihre Vergangenheit zu rechtfertigen und dafür zu sorgen, daß sich nicht allzuviel änderte, stellten diese jüngeren Leute sich der Tatsache, daß die Zukunft einem nicht-rassistischen Südafrika gehörte, und sie wollten die Belastung der Apartheid loswerden. Eine dubiose Allianz aufzubauen, um die wichtigste schwarze Bewegung des Landes zu bekämpfen, erschien ihnen wenig sinnvoll. In ihren Augen war es klüger, sich mit ihr zu arrangieren. Im Kabinett entwickelt sich eine Bruchlinie – die Pro-Buthelezi-Fraktion, die noch auf die ursprüngliche Strategie verpflichtet war, stand auf der einen Seite, und die jüngeren Politiker, die mit dem

ANC zu einer Einigung kommen wollten, auf der anderen. Die Kluft weitete sich, als die jüngeren Minister nach Boipatong und Bisho an Einfluß gewannen.

Ironischerweise stand Kobie Coetsee, der Mann, der den ganzen Übergangsprozeß durch seine Gespräche mit Nelson Mandela angestoßen hatte, eine Zeitlang im Lager der Konservativen im Kabinett – der »Antis«, wie eine Afrikaaner-Zeitung sie nannte. Im Gegensatz zu de Klerk hielt Coetsee mit der Entwicklung nicht Schritt und wurde immer unzufriedener, als er merkte, daß die konstitutionellen Gespräche sich vom ursprünglichen Plan der Nationalpartei wegbewegten. »Die Sache ist in eine andere Richtung gelaufen, und ich glaube, das wird das Land teuer zu stehen kommen«, sagte mir Coetsee in einem Interview, nachdem die Einigung zwischen ANC und Regierung schließlich perfekt war. Aber er behielt sein freundschaftliches Verhältnis zu Mandela, die beiden aßen regelmäßig miteinander. Einige Monate später, nach der Wahl, als er Präsident des neuen Senats war, erschien Coetsee besänftigt. Er sagte mir, daß er damals am Weg de Klerks gezweifelt habe, weil er einen Aufstand der Rechten befürchtete. Zu jener kritischen Zeit aber, im Herbst 1992, zählte er eindeutig zu den »Antis«.

Als sich das Kabinett in eine Art alter Garde und in die Jungtürken spaltete, trug sich etwas ähnliches in der Befreiungsbewegung zu. Einige der Gemäßigten begannen darüber nachzudenken, wie sie die Kluft zwischen einer Machtteilung mit den Weißen und einer reinen Mehrheitsregierung überbrücken konnten. Überraschenderweise kam der erste Anstoß von Joe Slovo, dem Vorsitzenden der Kommunistischen Partei, der nun zunehmend eine versöhnliche Rolle spielte. »Ein Schaf im Wolfsfell« nannte ich ihn in einem Artikel für den Londoner *Observer*. In einem Essay in der Augustausgabe des *African Communist* schlug Slovo eine »Sonnenuntergangs-Formel« vor, die für eine bestimmte Anzahl von Jahren eine gesetzlich vorgeschriebene Machttei-

lung vorsah, die danach wegfallen sollte. Er wies darauf hin,
daß die Bewegung es nicht »mit einem geschlagenen Feind«
zu tun habe, und argumentierte, daß man deshalb eine bedin-
gungslose Kapitulation des Regimes nicht erzwingen könne.
Ein Kompromiß war unumgänglich, man müsse nur zwischen dem unterscheiden, was er »qualitative« und »quantita-
tive« Kompromisse nannte – Prinzipien durften nicht aufgegeben werden, aber darunter waren Zugeständnisse möglich.
Eine zeitlich begrenzte Verpflichtung auf eine Machtteilung
auf Proporzbasis wäre ein mögliches Zugeständnis, meinte er.
Dasselbe gelte für eine Generalamnestie und eine Sicherheits-
garantie für die vorwiegend weiße Beamtenschaft, damit diese
die Veränderung nicht blockiere.*

Der Artikel löste stürmische Kontroversen innerhalb des
ANC und auch in Slovos eigener Kommunistischer Partei
aus, aber da er von jemandem kam, der einen so makellosen
revolutionären Ruf hatte, war es schwer für die Militanten,
ihn zu diskreditieren. Die Verhandlungskommission des
ANC entwickelte Slovos Ideen zu einem Strategievorschlag,
der von der Führung akzeptiert wurde. Kern der Strategie
war es, den Widerstand gegen eine schwarze Machtübernahme dadurch zu entschärfen, daß man de Klerk eine Partnerschaft in »einer Regierung der nationalen Einheit und Versöhnung« auf drei bis fünf Jahre anbot und den Beamten, der
Polizei und dem Militär garantierte, daß sie ihre Stellungen
behalten konnten. Es war ein Angebot, das die jüngeren
Minister in de Klerks Kabinett unwiderstehlich fanden.

Auch eine weitere Neuorientierung der ANC erleichterte
ihnen die Zustimmung. Eine Studienreise einer Gruppe von
ANC-Strategen nach Deutschland beschwichtigte Befürchtungen, daß der Föderalismus die Macht der Zentrale entscheidend schwächen und ein Weiterleben der Apartheid in
Provinzen, die von ethnischen Parteien regiert wurden, erlau-

---

* Joe Slovo: »Negotiations: What Room for Compromise?«, in *African Communist*, 3.
Quartal, 1992, S. 36-40.

ben würde. Nach der Rückkehr der Gruppe gab der ANC ein Papier heraus, in dem er für ein Südafrika eintrat, »das vereinigt, aber nicht überzentralisiert« sein sollte. »Wir wehren uns nicht gegen ein demokratisches Prinzip, das verschiedenen Parteien erlaubt, auf nationaler und regionaler Ebene Ämter anzustreben«, hieß es in dem Dokument. Für die Nationalpartei, die immer noch von ihrem Bild des ANC als einer kommunistischen Front konditioniert war, die ein zentralistisches politisches System mit einer Kommandowirtschaft einführen wollte, war dies eine Offenbarung. »Als wir Regierungsmitgliedern unsere Regionalpolitik erklärten, waren die verblüfft«, sagte Ramaphosa auf einer Pressekonferenz.

Der Mandela-de Klerk-Gipfel fand in dieser veränderten und ernüchterten Atmosphäre statt – aber erst nachdem es vorher einige harte Konferenzen zwischen beiden Seiten gegeben hatte. Der ANC hatte seine vierzehn Vorbedingungen für die Wiederaufnahme der Verhandlungen auf drei reduziert, aber selbst die fand de Klerk schwer zu schlucken: es ging um die Freilassung einer Anzahl von umstrittenen politischen Gefangenen, darunter einige, die wegen politischer Morde zum Tode verurteilt waren, um die Einzäunung der Inkatha-Wohnheime und das Verbot der »kulturellen Waffen«. Die Gefangenen in den Todeszellen freizulassen, war eine Frage, die in der weißen Gemeinde leidenschaftliche Gefühle auslöste, während die anderen beiden Forderungen ein Vorgehen gegen die Inkatha nach sich zogen, das de Klerks Kabinett spalten mußte. Der Präsident zögerte, aber Mandela war unerbittlich – alle drei Forderungen mußten erfüllt werden, oder es gab keine Verhandlungen. »Er war stahlhart«, sagt Ramaphosa, der gesteht, daß es Momente gab, in denen er fürchtete, daß Mandela überzog und den ganzen Kompromiß gefährdete, den er und Meyer mühsam zusammengeflickt hatten.

Auch Mac Maharaj machte sich Sorgen wegen der Intransigenz seines Chefs. Die Treffen unter vier Augen zwischen Meyer und Ramaphosa waren nun ausgeweitet worden, man nannte sie jetzt den »Cyril-Roelf-Kanal«. Leute von beiden Seiten wurden hinzugezogen, um die Verhandlungen wieder in Gang zu bringen. Maharaj war einer von ihnen, und er erinnert sich an ein Treffen mit Mandela und Ramaphosa im Hauptquartier des Johannesburger ANC, dem Shell House, am Sonntag vor dem Gipfel. De Klerk wollte die Gefangenen in den Todeszellen zeitversetzt freilassen, um die Wirkung zu vermindern, aber Mandela hatte darauf bestanden, daß alle sofort entlassen wurden. Er war sonst nicht bereit, den Gipfel stattfinden zu lassen. »Er rief de Klerk mehrmals an und redete in einer solchen Härte mit ihm, daß sowohl Cyril als auch ich ihm sagten, daß wir glaubten, er gehe zu weit. Aber er war ganz entspannt. Er lachte und sagte: ›Nein, Jungs, das ist unsere Linie, die halten wir.‹ Dann rief de Klerk wieder an, um zu sagen, okay, er würde sie alle freilassen.« Ramaphosa und Maharaj glauben beide, daß dies ein kritischer Punkt war. Mandela bekam nicht nur die Konzession, die er wollte, sondern er stellte, wie Maharaj es ausdrückt, eine psychologische Überlegenheit gegenüber de Klerk her. »Von da an gab es eine andere Gewichtsverteilung in der Beziehung.«

Der Gipfel selbst war für de Klerk keine einfache Sache. Mitglieder des »Kanals« hatten sich auf eine »Verständigungsliste« geeinigt, aber als de Klerk sie seinem Kabinett vorlegte, erhoben einige Leute der Alten Garde Einwände. Als die beiden Seiten sich am Morgen des 26. September im World Trade Center gegenübersaßen, ließ de Klerk geschickt zunächst die »Antis« – insbesondere Kobie Coetsee und den Minister für Gesetz und Ordnung, Hernus Kriel – sprechen. Auf die Weise mußten sie persönlich nachgeben, um zu einer Verständigung zu kommen. Als die Streitfrage der Umzäunung von Inkatha-Arbeiterwohnheimen diskutiert wurde – das empfindlichste Problem, soweit es die Pro-Inkatha-Minister betraf –, versuchte de Klerk den Punkt zu umgehen, indem er vorgab, er habe keine Zeit gehabt, die Vorlage genau zu lesen. Könne er das später nachholen? »Aber ja, Mr. de Klerk, das können Sie«, erwiderte Mandela kühl, »Sie müssen dann nur verstehen, daß ich in der Pressekonferenz sagen werde, dieses Treffen ist ein totaler Fehlschlag gewesen.« Wieder wich de Klerk zurück. Schließlich einigte man sich darauf, daß ein Arbeitskomitee die Unterlage in der Mittagspause prüfen solle, und de Klerk sorgte listig dafür, daß diesem Komitee nur Jungtürken angehörten. Als die Parteien sich wieder versammelten, erklärte de Klerk beiläufig, das Arbeitskomitee habe die Vorlage gebilligt und er werde sie unterschreiben. Er hatte die Alte Garde umgangen – und sie schäumte vor Wut. Als ich Monate später mit Coetsee sprach, hatte sich sein Ärger noch immer nicht gelegt. »Das ist zu umstritten – fragen Sie mich nicht danach«, sagte er.

Der Gipfel ging mit der Unterzeichnung eines Memorandums zu Ende, in dem sich beide Seiten verpflichteten, die multilateralen Verhandlungen wiederaufzunehmen. Das ganze Land zollte dem Beifall. »Die Kommunikationswege sind wieder offen«, sagte de Klerk begeistert. »Das ist es, was die Menschen wollen, das ist es, was die Wirtschaft braucht, das ist es, wonach unser Land sich sehnt«, sagte Mandela. Buthelezi begriff, daß die Regierung mit ihrer Zustimmung zur Einzäunung indirekt die Partnerschaft mit ihm aufgegeben hatte, um einen Koalitionshandel mit dem ANC abzuschließen. Zornig brach er die Beziehungen zu de Klerk ab. Bei Beginn des Verhandlungsprozesses hatte der Präsident Buthelezi eine einzigartige »offene Tür« angeboten, er hatte für das ganze Jahr bestimmte Daten freigehalten, damit Buthelezi ihn jederzeit sprechen und die beiden jeden Streitpunkt privat erörtern konnten. Jetzt kündigte Buthelezi diese Vereinbarung einseitig auf. Von da an wurde er zunehmend gereizter und manövrierte sich durch sein Verhalten selbst an den Rand des Geschehens.

Es war ein ungewöhnlicher Akt politischer Selbstzerstö-
rung, denn Buthelezi hatte am Anfang des Verhandlungsprozesses alle Trümpfe auf seiner Seite gehabt: breite internationale Unterstützung, eine beträchtliche Anhängerschaft im
Lande und eine privilegierte Stellung im Umgang mit der südafrikanischen Regierung. Innerhalb eines Jahres setzte er das
alles aufs Spiel. Warum?

Leon Wessels, der als Hauptunterhändler der Nationalpartei (Roelf Meyer vertrat die Regierung) mit ihm viel zu tun
hatte, bietet zwei Erklärungen an. Erstens, sagt er, war Buthelezi der einzige politische Führer, der nie an den Verhandlungen teilnahm. »Niemand ist je rauh mit ihm umgesprungen
oder hat ihm im World Trade Center richtig zugesetzt, also
benahm er sich immer weiter wie eine Primadonna.« Dazu
kam die Tatsache, meint Wessels, daß Buthelezi an Wider-
spruch nicht gewöhnt war. »Er ist daran gewöhnt, als Chefminister behandelt zu werden, wie ein Boss, wie ein Häuptling seines Stammes. Wenn er seinen Willen nicht bekommt,
wirft er sein Spielzeug an die Wand. Buthelezi hat es nie
gelernt, mit Leuten in den Ring zu gehen und auch mal einzu-
stecken, dann aber wieder gut Freund mit ihnen zu sein. Das
ist etwas, was man in der Politik lernen muß – es ist die Kunst
der Überredung, man muß die Leute überzeugen, aber wenn
Buthelezi seinen Willen nicht bekommt, nimmt er das als eine
persönliche Beleidigung, und er ist sehr nachtragend.«

Auch waren es im Kabinett nicht nur die Jungtürken, die
sich von Buthelezi abwandten. De Klerk selbst hatte immer
weniger Geduld mit dem, was er als Buthelezis Obstruktion
betrachtete. Im Gegensatz dazu fanden es die Regierungsleute sehr viel leichter, mit den ANC-Unterhändlern auszu-
kommen. Wessels schildert den Unterschied: »Wenn wir zu
einem bilateralen Treffen mit dem ANC eintrafen, waren sie
immer gut vorbereitet. Sie hatten ein echtes Mandat, und da
war immer ein Geist des Kompromisses, der Suche nach
Lösungen. Sie sagten etwa: ›Nein, wir können uns darauf

nicht einlassen, aber laßt uns mal sehen, ob wir nicht einen
Ausweg finden. Was ist Ihre Position dazu? Warum können
Sie sich da nicht bewegen? Lassen Sie uns erst mal versuchen,
die Lage besser zu verstehen.‹ Die Persönlichkeiten paßten
zusammen, wir verstanden einander, und es gab unter uns
wirklich einen Geist der Zusammenarbeit. Mit der Inkatha
war das ganz anders. Sie hörten uns an, sie stritten untereinander, sie hatten oft gar nicht das Mandat zu verhandeln. Und
sie versuchten gar nicht, mit uns zusammen zu Lösungen zu
kommen. Manchmal lasen sie etwas vor, was sich wie ein Vor-
trag anhörte, wie etwas, das Buthelezi geschrieben hatte, und
in dem wir alle summarisch angegriffen wurden. Dann wieder
verlangten sie eine Vertagung, um sich bei ihren Chefs rück-
zuversichern, gerade wenn wir einer Lösung nahe waren, und
am nächsten Tag fingen wir dann wieder bei Null an. Es war
zum Verzweifeln.«

Die Regierung und der ANC untermauerten ihre Verständigung bei zwei *Bosberaad*-Treffen im Dezember 1992 und
Januar 1993. Vier Tage und Nächte redeten sie, aßen und ent-
spannten sich zusammen in der Abgeschiedenheit von D'Nyala. Einige joggten morgens zusammen, und abends saßen sie
um ein Lagerfeuer unter einem Tamboti-Baum. Alte Animo-
sitäten lösten sich auf, und eine gewisse Annäherung, manchmal sogar Freundschaft, entwickelte sich. Wessels erinnert
sich, daß er früh morgens schwimmen ging und Slovo im Pool
traf. »Wir plauderten eine Stunde, und ich sah ihn von da an
ganz anders«, sagt er. Meyer schildert einen nächtlichen Aus-
flug, um Wild zu beobachten. Er und Ramaphosa fuhren
zusammen hinten in einem Landrover. »Es war verdammt
kalt, und wir saßen da – Cyril, seine Frau und ich, und wir
unterhielten uns, nicht über das Wild, das wir sahen, sondern
über das, was vor uns lag. Wir waren uns in dem Moment sehr
nahe, wir waren uns einig über den hohen Wert dessen, was
wir zu erreichen versuchten. Es war einer der seltenen Augenblicke, in denen Cyril und ich frei reden konnten.«

Mir wurde die neue Haltung in Regierungskreisen zum
ersten Mal bei einer langen Unterhaltung mit Meyer bewußt.
Sie fand auf der jährlichen Cocktail-Party des Präsidenten für
die Medien im Februar 1993 in Tuynhuys statt. Die meisten
Presseleute drängten sich um de Klerk, der in der Mitte des
langen Bankettraumes stand. Ich sah den zurückhaltenden
Meyer allein an einer Stirnseite stehen und ging zu ihm hinüber. Er sagte mir, er sei sicher, daß die Regierung und der
ANC bald zu einem tragfähigen Kompromiß kommen würden. Als ich ihn fragte, welcher Kompromiß zwischen dem
Konzept der Machtteilung und dem einer Mehrheitsregie-
rung denn überhaupt denkbar sei, deutete er an, daß die
Regierung sich vom Gedanken einer erzwungenen Koalition
löse.»Ich hab Schwierigkeiten, einige meiner Kollegen davon
zu überzeugen, aber es ist eine Tatsache, daß eine erzwungene
Koalition auf die Dauer keine haltbare Position ist«, sagte er.
Hieß das, daß die Regierung sich von ihrem Beharren auf
einer Teilung der Macht wegbewegte? Nein, antwortete
Meyer, aber die Machtteilung könne viele Formen annehmen.
Eine davon sei der Föderalismus. Mir wurde deutlich, daß die
Nationalpartei ihre Position signifikant verändert hatte.

Im folgenden Monat versammelte sich ein neuer Verhandlungsrat im World Trade Center. 26 Parteien waren an diesen
Gesprächen beteiligt. Vom ersten Tag an strebten die Regierung und der ANC eine Einigung an, und sie zogen die meisten der verhandelnden Parteien in ihrem Sog mit. Wenn
schwierige Punkte auftauchten, sah man, daß Meyer und
Ramaphosa sich unauffällig von ihren Sitzen erhoben, um in
einer Ecke leise miteinander zu sprechen. Dann folgte meist
ein Kompromißvorschlag. Oder die Sitzung wurde vertagt,
um eine längere Beratung zu ermöglichen. Die Medien nannten das »die Roelf und Cyril Show«, und sie wurde zur Achse,
um die sich die ganze Verhandlung drehte.

Einfach war es dennoch nicht. In seinem Zorn bildete Buthelezi eine Allianz mit der rechtsextremen Konservativen

Partei und zwei nominell unabhängigen Homelands, Ciskei
und Bophuthatswana, die er zuvor verachtet hatte. Sie nannten sich die Concerned South Africans Group (Cosag) – die
Gruppe Besorgter Südafrikaner – und begannen, düster von
einem Bürgerkrieg zu reden, wenn ihre Forderungen nach
einem Föderalismus, der verdächtig einer Sezession ähnelte,
nicht erfüllt wurden. Wieder zog Buthelezi die Inkatha aus
dem Verhandlungsrat zurück. Und wieder erschütterten
politische Gewaltakte, diesmal von links wie von rechts, das
Land und bedrohten den ganzen Prozeß.

Einen Monat, nachdem die Verhandlungen wieder aufgenommen worden waren, kam der härteste Schlag. Am Morgen des Ostersamstags, des 10. April 1993, fuhr Chris Hani,
Generalsekretär der Kommunistischen Partei und einer der
charismatischsten schwarzen Führer, seinen Wagen in die
Auffahrt seines Hauses in Dawn Park, einem Vorort der Stadt
Boksburg am East Rand. Als er ausstieg, lehnte sich ein Mann
in einem roten Ford Laser, der auf der anderen Straßenseite
geparkt hatte, aus dem Wagenfenster und feuerte zwei
Schüsse aus einer Z 88, einer 9mm-Armeepistole, ab. Hani
taumelte gegen sein Garagentor und stürzte zu Boden. In aller
Ruhe ging der Mann über die Straße, schoß noch zweimal aus
nächster Nähe auf den auf dem Boden liegenden Hani, sprang
dann wieder in seinen Wagen und fuhr davon.

Hanis Nachbarin in diesem Mittelklassenvorort, eine
Weiße namens Retha Harmse, war auf dem Weg zum örtlichen Einkaufszentrum gewesen, hatte dann aber gemerkt,
daß sie ihre Geldbörse vergessen hatte, und war umgekehrt.
Als sie an Hanis Haus vorbeifuhr, hörte sie die Schüsse und
sah den roten Laser davonfahren. Blitzschnell prägte sie sich
die Nummer ein, PBX-231T, rief ihrem Mann etwas zu, während sie ins Haus lief, um das Überfallkommando anzurufen.
Fünfzehn Minuten später hielt die Polizei den roten Laser auf
einer Landstraße an und verhaftete einen 38jährigen Einwan-

derer aus Polen, Janusz Waluz. Die Pistole war noch in seinem Wagen.

Die Nachricht von Hanis Ermordung traf Südafrika wie
ein Donnerschlag. Jemand, der einen Aufruhr in der schwarzen Gemeinde auslösen wollte, hätte sich kein besseres Ziel
ausdenken können, denn Hani war insbesondere unter den
militanten jungen »Genossen«, die die schwarze Revolte
angeführt hatten, ein Held. Als Guerilla-Kommandeur hatte
er sich den Ruf eines sehr mutigen Mannes erworben, weil er
seine Einheit bei ihren Einsätzen immer persönlich anführte.
Er war zum Stabschef der Guerilla-Armee aufgestiegen, und
für die zornigen jungen Militanten war er zu einer lebenden
Legende geworden. Überdies war er ein machtvoller Redner,
der beste unter allen Führern der Befreiungsbewegung, ein
Mann, der jede Menge auf die Füße bringen konnte. Jetzt war
er tot, ermordet von einem weißen Rassisten, der, wie sich
bald herausstellte, Verbindungen zur extremen Rechten
hatte: ein führendes Mitglied der Konservativen Partei, Clive
Derby-Lewis, und seine Frau Gaye wurden ebenfalls verhaftet. Die Mordwaffe erwies sich als Teil einer ganzen Waffen-
ladung, die ein bekannter Rechtsextremer, Piet-Skiet
Rudolph im April 1990 aus dem Luftwaffenarsenal in Pretoria gestohlen hatte. Es war eine explosive Konstellation.

Die Bestattung war auf den 19. April angesetzt, einen Montag, und Südafrika hielt den Atem an. Dies würde sicherlich
zu dem apokalyptischen Blutbad führen, das soviele Beobachter vorhergesagt hatten, das blutige Ende von Südafrikas
rassistischer Saga. Es gab ein unheilverheißendes Vorspiel am
vorhergehenden Abend, als vier unbekannte Attentäter im
Township Sebokeng 19 Menschen töteten. 100.000 Menschen
drängten sich in das Fußballstadion, in dem die Trauerfeier
abgehalten wurde, und 20.000 folgten dem Sarg zum Friedhof
von Boksburg in 50 Kilometern Entfernung. Aber eine Katastrophe blieb aus. Am frühen Morgen gab es ein paar Straßen-
schlachten zwischen Jugendlichen und der Polizei im Umfeld

des Stadions; ein paar Autos und Häuser wurden angezündet, ein paar Windschutzscheiben zerschlagen, und ein Jugendlicher feuerte in einem Moment des Schwachsinns mit einem AK-47 auf einen Polizeihubschrauber; die Luft füllte sich mit der beißenden Mischung aus Rauch und Tränengas. Aber als der Sarg in das Stadion getragen wurde, stand die riesige Menge in respektvollem Schweigen da. Später auf dem Friedhof gab es weitere Schwierigkeiten, und am Ende des Tages lautete die Bilanz: sechs Tote und vierzehn Verletzte – in Anbetracht der Umstände ein glimpflicher Ausgang.

Wie bei allen vorhergehenden Krisen, stärkte dieses nationale Trauma das politische Zentrum und spornte die verhandelnden Parteien an, ihre Arbeit zu intensivieren. Mandelas Statur als nationale Leitfigur wurde gestärkt. Die Krise machte eines deutlich: De Klerk konnte nur wenig tun, um die Nation zu beruhigen. Es war Mandela, der auf dem Höhepunkt des schwarzen Zorns im Fernsehen vor die Nation trat und in einer bewegenden Rede Schwarz und Weiß aufforderte, zusammenzustehen und die gemeinsame Zukunft nicht durch ihre Emotionen aufs Spiel zu setzen. Er drückte es so aus: »Ein weißer Mann voller Vorurteil und Haß kam in unser Land und beging eine so entsetzliche Tat, daß unsere ganze Nation jetzt am Rand einer Katastrophe steht. Aber eine weiße Frau, eine Afrikaanerin, riskierte ihr Leben, damit wir den Mann seiner gerechten Strafe zuführen können.« Er klang präsidial, und von dem Moment an erschien Mandela bereits als der Führer der Nation, zu dem er formell erst ein Jahr später werden sollte.

Im World Trade Center berief Ramaphosa eine Pressekonferenz ein, um zu erklären, daß die vom ANC geführte Allianz dafür eintrat, die Verhandlungen zu beschleunigen, das Attentat dürfe nicht dazu benutzt werden, sie zu verzögern. Joe Slovo, der neben ihm saß, stimmte zu: »Jeder Gedanke, jetzt die Verhandlungen abzubrechen, hieße genau das zu tun, was die Mörder wollen, deren Absicht es war, den Pro-

zeß zu stoppen. Wir müssen ihnen eine Niederlage beibrin-
gen.« Meyers Stellvertreter, Fanus Schoeman, fügte hinzu:
»Ich meine, es ist wichtig, daß wir so bald wie möglich eine
demokratisch gewählte Regierung bekommen, damit wir das
Problem der Gewalt lösen können.«

Die Täter wurden vor Gericht gestellt. Waluz und Clive
Derby-Lewis wurden schuldig gesprochen und am 14. Oktober zum Tode verurteilt. Gaye Derby-Lewis wurde freige-
sprochen: in den Worten des Richters war es nicht zweifels-
frei beweisbar, daß sie Teil der Verschwörung gewesen war.

Sechs Wochen später geriet der Verhandlungsrat in eine Krise
anderer Art. Als die Delegierten sich für die Sitzung am Morgen des 25. Juni sammelten, marschierte ein wütender Mob
von 3.000 Rechtsextremisten auf die Tore des World Trade
Center zu. Unter ihnen befanden sich Farmer mit breitkrem-
pigen Hüten, Frauen mit ihren Kindern und junge Männer in
Khaki, die Spruchbänder und Plakate trugen, auf denen ein
unabhängiger Afrikaaner-*Volkstaat* gefordert wurde. Ihre
Fahnen trugen das leicht abgewandelte Hakenkreuz der
Afrikaaner-*Weerstandsbeweging*, der AWB. Einige trugen
die schwarzen Uniformen der *Ystergarde* (der Eisernen
Garde), mit Schulterstücken und Kappen im Stil der SS.
Einige wenige waren auch im dunklen Anzug der Geschäfts-
leute. Viele trugen Pistolen am Gürtel, Jagdmesser und
Schrotflinten und Gewehre in bestickten Gewehrhüllen.
Außerdem hatten sie Picknickkörbe, Kühlkästen und Grill-
ausrüstungen dabei.

Zuerst war die Stimmung eher fröhlich, aber sie schlug um,
als die Menge durch die Tore auf die weite Fläche vor dem
Austellungszentrum strömte. Die Männer schaukelten
Autos, rissen Rückspiegel ab und schrien Reportern und
Schreibkräften, die in das Gebäude hineineilten, Beleidigun-
gen zu. Die Polizei, die das Gebäude bewachte, tat nichts.

Während der Mob, immer wieder AWB-Schlagworte

skandierend, sich um das Gebäude herum verteilte, fuhr ein gelbes gepanzertes Fahrzeug, ein »Viper«, langsam durch die Menschen, gab vor dem Eingang des Gebäudes Gas, und brach mit einem Aufheulen des mächtigen Motors in einem niedrigen Gang durch die Glasfassade ins Foyer. Die Menge strömte hinter ihm her. Innerhalb von Sekunden war das Zentrum überrannt. Uniformierte AWB-Männer stürmten mit dem Ruf: »Wo sind sie? Wir wollen sie!« die Treppe hinauf. Andere kletterten über Balustraden und liefen auf der Suche nach den Delegierten durch die Korridore. »Wir wollen hier keine Kaffer. Kaffer, wir legen euch heute um!« riefen sie. Sie drangen in den Verhandlungssaal ein und setzten sich in die Sitze. Sie leerten alles aus, was sie in der Bar der Delegierten fanden, gossen Fruchtsaft auf den Teppich und urinierten auf die Pulte. Als ein indischer Delegierter sie zu ermahnen versuchte, bekam er eine Faust ins Gesicht.

General Constand Viljoen, ein früherer Oberbefehlshaber der Südafrikanischen Streitkräfte, der vor kurzem an die Spitze der neuen *Afrikaaner Volksfront* gewählt worden war, einer Organisation, welche die Rechte im Lande einigen und einen separaten weißen Staat auf dem Territorium Südafrikas erzwingen sollte, lief mit einem Megaphon in der Menge herum und versuchte, sie zu beruhigen. Aber der AWB-Mob war keineswegs in der Stimmung, Befehlen zu gehorchen. Ihr Anführer, der stämmige Eugene Terre'Blanche, sonnte sich in dem Angriff und marschierte mit einer Eskorte seiner *Ystergarde* ins Foyer, um eine feurige Rede zu halten. Merkwürdigerweise erklang aus den Lautsprechern dann plötzlich und völlig zusammenhanglos ein Gebet. Die Zerstörer hielten inne, senkten die Köpfe und blieben einen Augenblick still stehen – bevor sie mit ihrem Werk fortfuhren. Es war eine leere Geste, um der Behauptung Glaubwürdigkeit zu geben, daß dieser wilde Haufen Teil eines christlichen Kreuzzugs war, der ihr Land vor dem gottlosen Kommunismus retten sollte.

Schließlich zogen sich die Eindringlinge zurück. Sie ent-
zündeten ihre Barbecue-Feuer auf der Fläche vor dem Aus-
stellungszentrum, öffneten ihre Picknick-Körbe und tranken
Unmengen von Bier. Es war ihre große Stunde, wie Terre'
Blanche behauptete. Sie hatten gezeigt, daß die Buren harte
Männer waren, daß sie entschlossen waren, für ihre Rechte zu
kämpfen und die de Klerk-Regierung daran zu hindern, ihr
Afrikaaner-Geburtsrecht zu verschleudern. Andere waren
weniger sicher. »Mit dem heutigen Tag trenne ich mich von
diesen verrückt gewordenen Afrikaanern«, erklärte Fanus
Schoeman, der stellvertretende Minister für Verfassungsfra-
gen. Ramaphosa sagte in kalter Wut: »Ich sage der Konservativen Partei, der Afrikaaner-*Volksfront*, wir werden diesen
Prozeß verteidigen. Wir lassen uns nicht vertreiben. Wir werden eine Lösung finden, die für alle Menschen gut sein wird,
auch für die Afrikaaner.« General Viljoen wirkte sehr unbe-
haglich und gestand ein, daß die Demonstration seinem
Volkstaat wahrscheinlich geschadet habe – aber er weigerte
sich, die AWB zu verurteilen.

Der nächste Schock kam von der Linken – oder so schien es
zumindest. Der 25. Juli war ein Sonntag, und am Abend war
die malerische kleine weiße St. James-Kirche in Kenilworth,
einem Vorort von Kapstadt, gedrängt voll. Mehr als 1.000
Menschen waren dort, alles Weiße, unter ihnen 150 russische
Seeleute. Als der Gottesdienst begann, brachen fünf mas-
kierte schwarze Männer die Türen an der Apsis und an beiden
Seiten der Kirche auf und feuerten mit automatischen Waffen
Feuerstoß auf Feuerstoß in den Raum hinein. Dann warfen
sie zwei Handgranaten, schlossen die Türen und flüchteten.
    Das Blutbad war furchtbar. Arme und Beine waren abge-
rissen worden, Körper zerfetzt. Zwölf Menschen starben und
56 wurden verletzt, viele von ihnen für immer verstümmelt.
Nie zuvor waren weiße Südafrikaner von einer Gewalt so hart
getroffen worden, die schon so lange die schwarzen Town-

ships heimsuchte. Es gab ein paar schwarze Stimmen, die deshalb mit Hohn auf den Aufschrei der Weißen antworteten,
aber in der überwiegenden Mehrheit ging die Erschütterung
durch die ganze Gesellschaft. Erzbischof Tutu bezeichnete
das Massaker als »teuflische Tat – niedrig und verächtlich«,
und der ANC erklärte, er würde auf eigene Faust nach den
Mördern suchen.

Der Verdacht richtete sich vor allem gegen den Pan-Africanist Congress, der es immer noch ablehnte, den bewaffneten
Kampf einzustellen, und dessen militärischer Flügel *Apla*
(Azanian People's Liberation Army) die Verantwortung für
eine Reihe von Angriffen auf Weiße auf sich genommen hatte.
Darunter waren eine Handgranaten-Attacke auf ein Weih-
nachtsfest im Golfklub von King William's Town, die vier
Tote und 17 Verletzte forderte; eine Bombe, die in ein Steak-
haus in Queenstown geworfen worden war, mit 17 Verletzten; ein Maschinenpistolenangriff auf eine überfüllte Bar in
Kapstadt mit vier Toten und fünf Verletzten. Aber dieses Mal
stritt die Apla jede Verantwortung ab, und obwohl die Polizei
das Fluchtfahrzeug in einem schwarzen Township vor Kapstadt fand, kam sie bei der Fahndung nach den St. James-Kir-
chen-Mördern nicht weiter – was die Möglichkeit offenläßt,
daß der Überfall das Werk von *agents provocateurs* war, die
sich schwarzer Komplizen bedienten.

Wie auch immer, in der weißen Gemeinde stieg der Zorn
auf den PAC, und eine weitere rassische Polarisierung drohte.
Junge PAC-Aktivisten hatten den eisigen Slogan »Ein Siedler, eine Kugel« populär gemacht, und obwohl die Organisation zu erklären versuchte, daß der Begriff »Siedler« nicht
notwendigerweise mit »Weiß« gleichzusetzen war, sondern
nur mit jemandem, der sich nicht mit Afrika identifizierte,
blieb die rassistische Bedeutung haften. Die Unruhe wuchs,
als eine Gruppe von PAC-Jugendlichen eine junge amerika-
nische Fulbright-Stipendiatin, Amy Biehl, angriffen und
töteten, als diese am Abend des 26. August drei schwarze

Freundinnen in das Guguletu-Township von Kapstadt nach
Hause brachte. Die Jugendlichen hatten rassistische Schimpf-
wörter gerufen und Biehl eine »Siedlerin« genannt, während
sie sie verfolgten und schließlich niederstachen.

Wie üblich machten die Sicherheitskräfte die Sache, die
schlimm genug war, noch schlimmer. Nur zwei Wochen vor
einem geplanten Treffen zwischen der Regierung und der
Apla, auf der die Apla – getrieben von der UN und der Orga-
nisation für Afrikanische Einheit – die formelle Aufhebung
des bewaffneten Kampfes verkünden wollte, überfiel ein
Armeekommando ein Haus in der Hauptstadt von Transkei,
Umtata, in dem sie einen Stützpunkt der Apla vermuteten.
Wie sich herausstellte, befanden sich keine Guerillas in dem
Haus, sondern eine Gruppe von Schulkindern, die für die
Ferien nach Hause gekommen waren. Fünf von ihnen, im
Alter von 12 bis 19, wurden bei dem Angriff vor der Morgen-
dämmerung erschossen. Die Armee behauptete, die Jugendli-
chen hätten »Widerstand geleistet«, aber eine Untersuchung
offenbarte, daß sie in ihren Betten gestorben waren. Die Apla
sagte die Konferenz mit der Regierung ab, und Anklagen und
Drohungen flogen wieder hin und her.

Aber wieder überlebten die Verhandlungen. »Perverser-
weise haben die Apla-Angriffe – wenn sie denn Apla-Angriffe
waren – einen fördernden Effekt auf den stagnierenden Verhandlungsprozeß gehabt«, schrieb Sean Johnson vom *Star*.
»Je entsetzlicher die Taten an der Peripherie sind, desto fester
schließt sich das Zentrum zusammen. Und je mehr das Zentrum hält, desto mehr Druck gibt es auf die Peripherie, das
Spiel nach den neuen Regeln zu spielen oder auszuscheiden.«

Der letzte Artikel der neuen Verfassung wurde kurz vor der
Morgendämmerung des 18. November 1993 verabschiedet.
Die Einigung war der Schlußpunkt von acht Jahren der Verhandlung. Begonnen hatte sie in Nelson Mandelas Gefängnis-
krankenstation, sie hatte sich in Zellen und im Haus eines

Kabinettsministers fortgesetzt, durch Spionagenetze und die
Kanäle geheimer Bruderschaften, durch verdeckte Kommu-
nikationssysteme und Geheimkuriere, und abgeschlossen
wurde sie von einem formellen diplomatischen Forum, das
bis zu 26 politische Parteien und staatliche Behörden ein-
schloß. Nun war es schließlich zu der neuen 142seitigen Verfassung gekommen, die das berüchtigte Apartheidsystem
beendete und Südafrika die Demokratie versprach. Ein halbes
Millennium weißer kolonialer Herrschaft über die dunkel-
häutigen Völker der Erde ging damit zu Ende.

Auch wenn man von seinem merkwürdigen Beginn
absieht, war der Verhandlungsprozeß selbst ein Phänomen.
Ein autoritäres Land ohne eine Geschichte oder Erfahrung
interrassischen Dialogs hatte sich auf etwas eingelassen, was
David Welsh von der Universität Kapstadt ein »gigantisches,
fortgesetztes Seminar« über Südafrikas Zukunft nannte. Und
man war zu einer Einigung gekommen. Leute, die einander so
fern waren wie die Mitglieder der Kommunistischen Partei
und die Alte Garde der Nationalpartei hatten sich auf die
wesentlichen Umrisse dieser Zukunft geeinigt. Mehr noch, es
war alles ohne jede Hilfe von außen geschehen. Es gab keine
Vermittlung der Vereinten Nationen, keine Lancaster-
House-Konferenz, keinen Vance-Owen-Plan, kein Treffen
alter Feinde auf dem Rasen des Weißen Hauses. Diese weit
voneinander entfernten Teile der südafrikanischen Gesellschaft hatten aus sich heraus eine neue Verfassung geschaffen,
wie die Gründerväter der Vereinigten Staaten 1787 – nur daß
sie es im Gegensatz zu den Gründervätern in aller Öffentlichkeit taten, in einem Forum, über das die Presse berichtete und
das das Fernsehen übertrug.

Ein großer Teil der Verfassung galt der Beschwichtigung
der Ängste der weißen Minderheit. Sie mußte sicher sein, daß
sich das neue Regime nicht gegen sie wandte und Rache übte.
Den Minderheitsparteien wurden für die ersten fünf Jahre
Kabinettsposten zugesprochen, die Stellungen und Pensio-

nen weißer Soldaten, Polizisten und Beamten wurden garantiert. Die neue Verfassung gestand den neun Provinzregierungen bedeutende Befugnisse zu, und sie enthielt eine »Bill of Fundamental Rights«, Menschenrechtsklauseln, die von einem mächtigen Verfassungsgericht garantiert wurden – dazu gehörten die Freiheit der Meinung, die Pressefreiheit, Freizügigkeit, rechtsstaatliche Gerichte, das Recht auf Leben und ein Mehrparteiensystem. Es gab einen Konsens über eine neue Fahne und eine neue Hymne: »Nkosi Sikelel iAfrika« (Gott segne Afrika), ein Lied, das lange die Schlachthymne der Befreiungsbewegung gewesen war. Sie sollte zusammen mit der alten Afrikaaner-Hymne »Die Stem van Suid-Afrika« (Die Stimme Südafrikas) gesungen werden.

Vorgesehen war ein Repräsentantenhaus mit 400 Abgeordneten und ein Senat von 90, für den jede der Provinzen 10 Senatoren abstellte. Die Zweikammer-Legislative sollte auch als konstituierende Versammlung dienen, um innerhalb von zwei Jahren die endgültige Verfassung zu entwerfen – aber da die grundlegenden Prinzipien bereits niedergelegt waren, erwartete niemand große Veränderungen, wenn man von der Frage der erzwungenen Koalition, also den garantierten Ministerien für Minderheiten, absah.

Der große Kompromiß zwischen der Machtteilung und der Mehrheitsregierung fand in den Artikeln seinen Niederschlag, die vorschrieben, daß die Minderheitsparteien auf proportionaler Basis bis zur nächsten Wahl im Jahre 1999 einen Anteil an der exekutiven Macht haben mußten. Es würde einen Präsidenten mit zwei Stellvertretern geben – der eine aus der Partei, die das zweitbeste Wahlergebnis erzielte, der andere von jeder dritten Partei, die über 20 Prozent der Stimmen auf sich vereinigte. Schaffte dies keine Partei, ging der Posten wiederum an die stärkste Partei.

Aber allen Kontrollen und Gegengewichten zum Trotz war klar, daß die siegreiche Partei schließlich die Macht haben würde. In der Tat war es ein letzter Disput über diese Frage,

der die Einigung über den Schlußartikel bis ins Morgengrauen verzögerte. De Klerk hatte sich an eine Formulierung
geklammert, die bei wesentlichen Fragen eine Zwei-Drittel-
Mehrheit im Kabinett notwendig machte, aber schließlich gab
er auch diese Forderung auf. Die endgültige Fassung erlegte
dem Präsidenten lediglich auf, das Kabinett »in einem Geiste
des Konsens« zu konsultieren, bevor Entscheidungen getroffen wurden. In der Praxis würde die Machtteilung mehr vom
guten Willen und dem Pragmatismus der in der Wahl siegrei-
chen Partei und von dem wirtschaftlichen und bürokrati-
schen Gewicht des weißen Bevölkerungsteils abhängen als
von den Bestimmungen der Verfassung.

Es war ein praktikabler Kompromiß, und als die Unterhändler zum letzten Mal auseinandergingen, waren sie in ver-
ständlicher Erregung. Als das erste Licht des Morgens durch
die Fenster drang, die fünf Monate zuvor von der AWB zerschlagen worden waren, öffneten die Delegierten die Bar, um
auf die Geburt der neuen Nation zu trinken. Es war Rama-
phosas 41. Geburtstag, und Meyer überreichte ihm einen
Kuchen mit 41 Kerzen. »Ich möchte einen Toast auf Cyril
ausbringen«, sagte er. »Ich möchte unserem Land einen
glücklichen Geburtstag wünschen«, antwortete Ramaphosa.
Aus der Musikbox kam »In the Mood«, und die beiden
Hauptunterhändler begannen, auf der kleinen Tanzfläche
miteinander zu tanzen.

In der Hochstimmung des Augenblicks achtete kaum noch
jemand darauf, daß es einige nichts Gutes verheißende Abwe-
senheiten gab: die Inkatha und die anderen Delegierten der
Cosag-Allianz waren nicht da.

14. KAPITEL

Die Schlacht von Bop

Nur die Cosag-Parteien mußte man nun noch in die Vereinbarung ziehen, um die ersten allgemeinen Wahlen
des neuen Südafrika so umfassend wie möglich zu machen.
Fünf Gruppen, die nicht teilnahmen, war bei einer Gesamt-
zahl von 26 Parteien kein so schlechtes Ergebnis – angesichts
der Tatsache, daß es sich hier um ein außergewöhnlich weit-
gehendes Verhandlungsergebnis handelte. Überdies hatten
zwei der Verweigerungsparteien, die Regierungen der Homelands Ciskei und Bophuthatswana, nur sehr geringe Unterstützung in ihrer Bevölkerung, und sowohl der ANC als auch
die Regierung von Südafrika hatten beschlossen, falls nötig,
auch ohne sie weiterzumachen. Aber es würde ein logistisches
Problem sein, Zugang zu den Territorien gewinnen, die von
den Cosag-Parteien kontrolliert wurden. Und natürlich
wollte man die Beteiligung aller, um der neuen Verfassung ein
Höchstmaß an Legitimation zu verleihen. Alles sollte deshalb
getan werden, um die Verweigerer doch noch zur Einsicht zu
bringen. Was zu der Zeit niemand begriff – und die meisten
Südafrikaner noch immer nicht wissen –, ist, daß dies die Nie-
derschlagung eines bewaffneten Aufstands bedeutete, der
eine Sezession erreichen wollte und durchaus in offenen Bürgerkrieg hätte umschlagen können.

Die Bedrohung ging von einer opportunistischen Allianz
aus politischen Parteien und Organisationen aus, die nichts
gemein hatten außer dem Gefühl, daß die Einigung zwischen
dem ANC und der Nationalpartei sie zu Verlierern abstem-
pelte. Häuptling Buthelezi hatte sein ganzes Leben gegen die
Apartheid gekämpft. Eine Zeitlang war er die einzige
schwarze Persönlichkeit im Innern von Südafrika, die sie
offen bekämpfte und die Versuche des Regimes blockierte,

alle Homelands formell für unabhängig zu erklären, um auf
diese Weise die gesamte schwarze Bevölkerung zu Ausländern zu machen. Dennoch ging er jetzt tatsächlich ein Bündnis mit den schlimmsten weißen Rassisten Südafrikas ein, den
letzten Verteidigern der Apartheid, und er drohte, lieber
einen Bürgerkrieg zu führen, als sich an den ersten allgemeinen und freien Wahlen des Landes zu beteiligen. Es ergab einfach keinen Sinn – außer in einer kruden Kalkulation, die nur
darauf sah, wer was an Macht nach dem Abtreten des alten
Regimes bekam. Als Buthelezi feststellte, daß die Nationalpartei ihn fallengelassen hatte, suchte er nach anderen Part-
nern – rassistisch oder nicht. Zum Teil war es Opportunis-
mus, zum Teil Rachsucht. Aber es war auch ein machtvolles
Symbol. Die Vorstellung einer Allianz aus Buren und Zulus,
eines Zusammenschlusses der alten kriegerischen Feinde der
Vergangenheit, um für ein gemeinsames Anliegen zu kämpfen, besaß eine gewisse romantische Ausstrahlung. Sie bedeutete auch eine ernstzunehmende militärische Bedrohung.

Die weiße Rechte stellte indessen keineswegs eine Einheit
dar. Sie war stark zerstritten. Sobald die Solidarität der Afrikaaner, welche die Nationalpartei seit 1948 an der Macht
gehalten hatte, unter P.W. Botha auseinanderzubrechen
begann, zerfielen die Abweichler schnell in mehr als zwanzig
verschiedene politische und »kulturelle« Organisationen.
Diese reichten von den rohen rassistischen Rambos der AWB
bis zu einer größeren Bevölkerungsgruppe *ordentliker Mense*
– ordentlicher Leute, die in rassischen Fragen zwar konservativ, aber zugleich strenge, aufrechte, gottesfürchtige Kalvini-
sten waren, die rüpelhaftes Benehmen nicht zuließen, aber
alles, was die gesellschaftliche Ordnung zu ändern drohte,
insbesondere den Kommunismus, als Werk des Teufels
betrachteten. Dann gab es die Ideologen, die die Propaganda
der Apartheid und die Theorie des »totalen Angriffs« aufge-
sogen hatten und in diesem Denken gefangen waren.

Durch all diese Gruppen zog sich das Leitmotiv der Apartheid als ziviler Religion – ein Selbstbild der Afrikaaner als eines besonderen Volkes mit dem göttlichen Recht, in ihrer Heimat Afrika die Macht auszuüben. Schließlich waren da noch die rassistischen Fanatiker aus anderen Gruppen – englischer Abstammung wie Clive Derby-Lewis, antikommunistische Eiferer aus Osteuropa wie Janusz Waluz, und Weiße, die vor der schwarzen Herrschaft in Zimbabwe, Angola, Mosambik und anderen früheren Kolonien geflohen waren.

All das bemühte sich die Konservative Partei, die sich 1982 von Bothas Nationalpartei abgespalten hatte und selbst eine in sich zerstrittene Organisation war, unter einem Dach zu halten. Sie selbst war von ihrem Gründungsvater, Andries Treurnicht, zusammengehalten worden, einem zum Politiker gewordenen Theologen, der die alte Doktrin der zivilen Religion der Afrikaaner mit neuer Kraft in einem Buch ausgedrückt hatte, das den Titel trug: *Credo van 'n Afrikaner.* Treurnicht war im politischen Establishment der Afrikaaner ein Schwergewicht, dazu ein Mann von alteuropäischer Höflichkeit, was die brutaleren Elemente seiner Partei in Zaum hielt. Aber er starb im April 1993, und Ferdinand Hartzenberg, ein rauher Hardliner, übernahm die Führung. Hartzenberg stand Eugene Terre'Blanche und seiner AWB viel näher als Treurnicht, und während die Partei immer weiter nach rechts trieb, stieg die innere Uneinigkeit.

In diesem Moment tauchte eine rätselhafte neue Gestalt auf. General Constand Viljoen, pensionierter Oberbefehlshaber der South African Defence Forces (SADF), ein Mann, der südafrikanische Truppen bei einer Reihe von Einfällen nach Angola persönlich angeführt hatte und den Ruf eines harten Militärs genoß, trat aus der Vergessenheit einer Viehranch im Buschveld hervor und wurde zu einem sofortigen Helden der wilden Männer der äußersten Rechten. Er tat dies zu einem Zeitpunkt, als die Atmosphäre im Lande nach dem Attentat auf Hani, der Festnahme von drei Mitgliedern der Konservativen Partei im Zusammenhang mit dem Mord und einer Serie

von Angriffen auf weiße Farmer aufgeheizt war. Wie um die
Lage noch weiter zu verschärfen, hatten die Farmer mit einer
extremen Trockenheit zu kämpfen, und die Regierung hatte
die Subventionen für die Landwirtschaft gekürzt. Am Morgen des 7. Mai 1993 sammelten sich 15.000 bis an die Zähne
bewaffnete Männer in einem Rugby-Stadion in Potchefstroom, einer Stadt in Westtransvaal, um ihrer Erbitterung
Luft zu machen. Der stellvertretende Landwirtschaftsmini-
ster, Tobie Meyer, ein jüngerer Bruder Roelf Meyers, versuchte zu ihnen zu sprechen, aber sie brüllten ihn nieder.
»Erschießt ihn«, schrien sie, »schickt ihn nach Haus.
Schmeißt den Verräter raus.« Dann sah jemand Viljoen, der in
der Menge saß, und forderte ihn auf, zu den Farmern zu sprechen.

Der immer sorgfältig gekleidete 59jährige General, mit sil-
bernem Haar und durchdringenden blauen Augen, hatte
keine vorbereitete Rede. Aber was er aus seiner spontanen
Wut heraus sagte, ließ die Menge vor Begeisterung toben. Er
glaube, rief er ihnen zu, daß der ANC nach wie vor eine revolutionäre Strategie verfolge und daß die Angriffe auf die Farmer ein Teil dieser Strategie seien. Die Regierung solle die
Verhandlungen sofort stoppen und erstmal die Sicherheit im
Lande wiederherstellen. Sie verhandle aus einer Position der
Schwäche und gebe zuviel auf. »Führ uns, führ uns!« brüllte
die Menge und wählte ihn durch bloße Akklamation zum
Anführer der weißen Rechten. Plötzlich fand sich Viljoen in
einer Rolle wieder, die sich in dem empfindlichen Gleichgewicht zwischen den Kräften der Gewalt und denen der Vernunft als kritisch erweisen sollte. Die Farmer, die Viljoen auf
den Schild hoben, wollten eindeutig, daß er sie in einen apokalyptischen »Dritten Burenkrieg«* führte, der das »Volk«

---

* Viele Afrikaaner betrachten die Schlacht von Majuba Hill im Jahre 1881, bei der eine
  Truppe von nur 78 Buren ein Regiment von 700 britischen Soldaten besiegte, das ihren
  Widerstand gegen die Annexion der Transvaal Republik brechen sollte, als den Ersten,
  den Konflikt mit Großbritannien von 1899 bis 1901 als den Zweiten Burenkrieg.

davor bewahren sollte, von de Klerk verraten zu werden.
Aber als ich den General ein paar Tage später interviewte,
wurde deutlich, daß die Farmer in Potchefstroom ihren Mann
mißverstanden hatten. »Ich werde nicht kämpfen«, sagte Viljoen. »Für die Rolle bin ich im Moment nicht zu haben.«
Dann fügte er etwas wie einen Nachgedanken hinzu, das die
Rätselhaftigkeit des Mannes gut zusammenfaßte. Wenn die
Interessen des »Burenvolkes« ignoriert wurden, wenn den
Buren nicht mehr Zeit gegeben wurde, ihre »Selbstbestimmung« zu formulieren, dann könne man nichts ausschließen.
Aber im Moment, nein. »Ich habe die Tatsache akzeptiert,
daß wir Verhandlungen an die Stelle einer militärischen Strategie gesetzt haben.« Viljoen benutzte den Begriff »Buren-
volk«, einen Ausdruck der Rechtsextremisten, den er der
Bezeichnung »Afrikaaner« vorzog, aber ansonsten wich er
von der Auffassung der wichtigsten extremistischen Gruppen
scharf ab. Er sagte mir, er glaube, daß die Freilassung Mandelas und die Aufnahme von Verhandlungen mit dem ANC
richtige Schritte seien, daß die Dinge aber von da an schlecht
gelaufen seien. Das war nicht sehr kriegerisch – im Moment.

Von einer Welle der Begeisterung erfaßt, trafen sich
Abordnungen aller miteinander streitenden Gruppen des
rechten Flügels, unter ihnen auch Hartzenberg und Terre'
Blanche im Hauptquartier der Agricultural Union des Transvaal in Pretoria und bildeten eine gemeinsame Front, die Afrikaaner Volksfront, um die Kampagne für einen eigenen Afri-
kaaner-Volksstaat einzuleiten. Ein Rat der Volksfront wurde
etabliert. Hartzenberg arbeitete geschickt darauf hin, daß alle
Parlamentarier des rechten Flügels ihm angehören sollten,
was darauf hinauslief, daß der Rat von der Konservativen Partei kontrolliert wurde. Er wurde zum Vorsitzenden gewählt.
Die Volksfront ernannte auch ein Komitee, das aus vier pen-
sionierten Generälen bestand. Geführt wurde es von Viljoen,
auch ein früherer Chef des militärischen Geheimdienstes
gehörte ihm an. Zu den Aufgaben der Generäle zählte, eine

»Weiße Volksarmee« zu bilden, die sich aus Farmern, Bergleuten und ehemaligen Soldaten, die jetzt Reservisten waren,
zusammensetzte.

Aber es kam bald zu Spannungen zwischen Viljoen und der
Führung der Konservativen Partei. Als die Regierung und der
ANC sich bei den Verhandlungen im World Trade Center
schnell auf eine Einigung zubewegten und den Gedanken
eines eigenen Afrikaaner-Volksstaates abwiesen, zog Hartzenberg seine Partei aus dem Verhandlungsrat zurück. Die
Inkatha folgte kurz darauf, aber die Delegationen aus Ciskei
und Bophuthatswana blieben. Viljoen war mit Hartzenbergs
Entscheidung nicht einverstanden. Obwohl er de Klerk aufgefordert hatte, die Verhandlungen zu suspendieren, bis die
Sicherheit im Lande wiederhergestellt wäre, hielt er es für
einen strategischen Fehler, daß die weiße Rechte sich aus dem
Verhandlungsprozeß zurückzog. So geriet sie an den Rand
des Geschehens. »Meine Rolle«, sagte mir Viljoen damals,
»ist es, diese Leute davon zu überzeugen, daß ihnen nur eine
Option bleibt, wenn sie sich aus den Verhandlungen zurück-
ziehen, die militärische Option – und an die glaube ich nicht.
Man muß ihnen Zeit geben, damit sie zu einer vernünftigen
Haltung kommen.«

Hartzenberg und Viljoen kamen schließlich zu einem müh-
samen Kompromiß: die Konservative Partei würde den Verhandlungen weiter fernbleiben, aber die Volksfront-Generäle
würden direkte bilaterale Gespräche mit dem ANC einleiten.
Und auf die Weise kam es zu einer weiteren Runde von
Geheimverhandlungen – dieses Mal zwischen dem ANC und
den rechtsgerichteten Generälen, welche die »Weiße Volksarmee« eigentlich in einen dritten Burenkrieg führen sollten.

Das erste Treffen fand in einem Privathaus in einem reichen
Vorort Johannesburgs, in Houghton, statt. Braam Viljoen
fungierte als Vermittler. Constand Viljoen, Tienie Groene-
wald und ein dritter General, Kobus Visser, sowie der Vorsit-

zende des Verteidigungskomitees der Volksfront, Douw
Steyn, vertraten die weißen Extremisten. Für den ANC
kamen Mandela selbst, der Kommandeur der Guerillatrup-
pen, Joe Modise, und ihr Stabschef Joe Nhlanhla. Braam Viljoen versuchte das Eis mit einer Geschichte zu brechen. »Ich
kann eigentlich keine Witze erzählen«, berichtet er, »aber ich
mußte etwas tun.« Also erzählte er eine Anekdote – auf deren
Wahrheitsgehalt er schwört – von einem Burengeneral, der
seine Truppen zusammenrief, um am Vorabend der Schlacht
um Pretoria zu beten. Mitten in dem Gebet ritt ein Kund-
schafter heran und berichtete, daß auch die Briten gerade um
den Sieg beteten. Der verblüffte Burengeneral wandte sich an
seine Leute: »Männer«, sagte er, »laßt uns jetzt den Herrn bitten, sich eine Weile zurückzuhalten, bis wir diesen Kampf
entschieden haben.« Die Generäle in dem Raum schmunzel-
ten, und die Atmosphäre entspannte sich ein wenig.

    Das Treffen überraschte beide Seiten. »Sie waren viel ver-
nünftiger, als wir erwartet hatten«, sagt Constand Viljoen.
»Wir waren offen und ehrlich miteinander. Hinterher waren
wir uns sogar einig, daß wir uns mit dem ANC besser verständigen konnten als mit der Nationalpartei.« Douw Steyn
stimmt dem zu. Er ist ein hochgewachsener, grimmig wirken-
der Mann mit einem gewaltigen schwarzen Bart, ein Veteran
des Buschkrieges in Angola, der alles tut, um dem romanti-
sierten Bild des rauhen burischen Kommandokämpfers früherer Zeiten zu entsprechen. Er sagt ganz nüchtern, das er
dem Verhandlungsteam zugewiesen wurde, »um den ANC
ein bißchen zu erschrecken«. Wie er es mit seiner tiefen, aus
einer breiten Brust aufsteigenden Stimme ausdrückt: »Wenn
man jemanden wie mich dabeihat, sagt man der anderen Seite
im Grunde, gebt uns lieber, was wir haben wollen, oder wir
zeigen euch, was 'ne Harke ist.« Aber Steyn war ebenso wie
die anderen überrascht von der Kompromißbereitschaft des
ANC. »Woran ich mich vor allem erinnere«, sagt er, »ist die
Bereitschaft des ANC, auf uns einzugehen, während die

Nationalpartei sich völlig abweisend verhielt.« Damals irri-
tierte ihn das: warum waren andere Afrikaaner soviel feindse-
liger als diese schwarzen Feinde, die zu hassen er gelernt
hatte? Heute glaubt er die Antwort zu kennen. »Wir von der
Rechten und der ANC sind keine politischen Rivalen. Unsere
Leute würden die niemals wählen, und ihre würden uns nie
unterstützen. Deshalb können wir ganz praktisch über die
Zukunft Südafrikas reden. Aber wenn wir mit der Nationalpartei reden, sprechen wir in Wirklichkeit über die Zukunft
dieser Partei, nicht über die Zukunft Südafrikas.«

Mandela war in seiner Einschätzung der Lage, der sie beide
gegenüberstanden, sehr offen. »Wenn ihr den Krieg wollt«,
sagte er den Generälen, »muß ich ehrlich zugestehen, daß wir
auf dem Schlachtfeld keine Chance hätten. Wir haben nicht
die Ressourcen für so etwas. Es wird ein langer und bitterer
Kampf werden, viele Menschen werden sterben, und das
Land wird wahrscheinlich in Schutt und Asche versinken.
Aber zwei Dinge dürft ihr nicht vergessen. Ihr könnt nicht
gewinnen, denn wir sind zu viele: ihr könnt nicht alle von uns
umbringen. Und ihr könnt nicht gewinnen, weil die internationale Gemeinschaft gegen euch ist. Sie wird uns zu Hilfe
kommen, und sie wird an unserer Seite stehen.« General Viljoen konnte sich dieser Argumentation nicht entziehen. Die
beiden Männer sahen einander an und stellten sich – wie
Meyer und Ramaphosa bei ihrem Angelausflug – der Tatsache, daß sie voneinander abhängig waren.

Es folgten noch zwanzig weitere Gespräche. Zwei weitere
Vermittler schlossen sich Braam Viljoen an, Jurgen Kögl und
Ivor Jenkins, die schon vorher getrennt voneinander versucht
hatten, die weiße Rechte und den ANC zusammenzubringen.
Mandela war nur bei der ersten Runde dabei, aber Thabo
Mbeki, mit seiner verbindlichen Art und seiner langen Erfah-
rung im Umgang mit den Ängsten der Weißen, führte die
Delegation des ANC in all den Gesprächen. Zuerst nahm
Mbeki an, daß er die Volksfrontmänner beruhigen könnte,

indem er ihnen Punkt für Punkt nachwies, daß ihre Furcht vor einer schwarzen Mehrheitsregierung grundlos war. Aber er merkte bald, daß ihr Ziel eines eigenen weißen Homelands auf einer tieferen Schicht ihres ethnischen Nationalismus aufbaute. Eines Tages sagte er den Generälen: »Wenn Ihr Recht, sich selbst zu regieren, die eigentliche Frage ist, dann müssen wir uns damit auseinandersetzen.«

Das war leichter gesagt als getan, da die Afrikaaner-Gemeinde über ganz Südafrika verstreut ist. Sie hat nirgendwo eine Mehrheit der Bevölkerung, so daß es keine Region gab, die sich von vornherein als »Volksstaat« anbot. Aber die ANC-Unterhändler akzeptierten zunächst einmal das Prinzip der »Selbstbestimmung«, wenn auch nicht die Form des Volksstaates. Sie stimmten der Bildung einer Arbeitsgruppe zu, welche die Durchführbarkeit der Bildung eines weißen Volksstaates untersuchen sollte – unter der Bedingung, daß er in einer Region ausreichend Unterstützung fand und nicht mit dem nationalen Prinzip der rassischen Gleichberechtigung in Konflikt geriet. Im Austausch dafür versprach die Volksfront alles zu unterlassen und zu entmutigen, was den politischen Übergang destabilisieren konnte. Ein Memorandum dieses Verhandlungsergebnisses wurde entworfen, aber es geriet sofort in schweres Wetter.

Zuerst weigerte sich Hartzenberg, es zu unterschreiben, da er nicht bereit war, das Prinzip der rassischen Gleichberechtigung offentlich anzuerkennen. Dann protestierte die Nationalpartei dagegen, daß sie an den Verhandlungen nicht teilgenommen hatte. Das brachte den ANC dazu, sich vorsichtig zurückzuziehen, da er nicht wollte, daß die neue Beziehung zur Regierung gestört wurde. Das Memorandum wurde nie unterzeichnet. Immerhin aber stellte es einen Minimalkonsens zwischen dem ANC und der Volksfront dar, und die Gespräche wurden fortgesetzt. Die Frage, ob sich die Rechten an der Wahl beteiligen würden, war nicht gelöst: Die Männer der Volksfront wollten zuerst ihren Volksstaat haben, während der ANC darauf bestand, daß zunächst die Durchführbarkeit solch eines Unternehmens bewiesen werden mußte. Als die Volksfront schließlich mit einer Landkarte herausrückte, war der Volksstaat so unverschämt groß geraten, daß die Verhandlungen gefährdet waren. Der ANC bestand außerdem auf Beweisen, daß überhaupt eine ausreichende Zahl von Afrikaanern den Volksstaatsgedanken unterstützte. Daraufhin wollte die Volksfront eine Volksbefragung nur unter Afrikaanern durchführen, aber dafür war es zu spät. Das Datum der allgemeinen Wahlen stand bereits vor der Tür. Mbeki schlug vor, daß die Stimmen für die Konservative Partei als Indiz für die Unterstützung eines Volksstaats dienen könnten, und eine Zeitlang schien das ein realistischer Kompromiß zu sein, aber dann protestierte die Nationalpartei erneut, da sie fürchtete, daß eine bedeutende Anzahl von Afrikaaner-Stimmen auf die Weise auf die Konservative Partei übergehen könnte.

Mbeki schien einen Durchbruch erzielt zu haben, als er vorschlug, daß man einen »Volksstaats-Rat« etablieren solle, der die Aufgabe übernehmen sollte, nach den Wahlen mit dem Parlament über die Bildung eines Volksstaates zu verhandeln. Die Volksfront akzeptierte das zunächst, aber dann fuhren sich die Verhandlungen fest. Der ANC war mehr und mehr von den Wahlkampfvorbereitungen in Anspruch genommen. Treffen wurden verschoben, und die Prioritäten wechselten. »Wir konnten niemanden mehr für die Verhandlungen finden, und die Moral in der konservativen Bewegung sank auf einen Tiefpunkt«, sagt Braam Viljoen heute. In den extremistischen Kreisen wuchs damit aber auch der Druck, wieder auf den ursprünglichen Gedanken militärischen Handelns zurückzugreifen. Und dazu bot sich plötzlich eine Gelegenheit.

Was die Volksfront trieb, Bophuthatwanas Präsidenten Lucas Mangope in der schicksalhaften zweiten Märzwoche

1994 zu Hilfe zu reiten, bleibt eine umstrittene Frage. Constand Viljoen und seine Generalskollegen sagen, es sei einfach eine Reaktion auf ein Hilfsersuchen von einem Cosag-Verbündeten gewesen, und wenn es ihnen gelungen wäre, Bophuthatswana zu stabilisieren, wären sie in ein paar Tagen wieder abgezogen, und die Wahlen des 27. April hätten ohne Blutvergießen stattfinden können. Mitglieder des ANC, die in die Vorgänge verwickelt waren, glauben, daß es einen weit umfassenderen und zwielichtigeren Plan gab – daß die Volksfront sich mit der 5.000 Mann starken Armee Bophuthatswanas vereinigen, sich aus deren Arsenalen versorgen und sich dann auf die gleiche Weise mit der Armee Ciskeis und Tausenden von Freiwilligen aus geheimen Camps in KwaZulu zusammenschließen wollte. Sie rechnete damit, daß eine hohe Zahl regulärer Soldaten der südafrikanischen Armee bei einem Aufruf der Generäle zu ihr überlaufen würde. Die Cosag-Allianz hätte dann eine schlagkräftige Kampftruppe gehabt und eine territoriale Basis mit einem Flugplatz, von der aus sie operieren konnte. »Sie hätten das ganze Land unter ihre Kontrolle bringen können«, sagt eine Schlüsselfigur, die in dieser Zeit den handelnden Personen nahe war. »Es gab nichts, was sie hätte stoppen können.«

»Absoluter Unsinn«, sagt Constand Viljoen. »Nichts dergleichen war geplant. Wir hatten zu keinem Zeitpunkt einen Plan für eine gemeinsame militärische Operation.« Er sagt das mit großem Nachdruck, aber man kann nicht bestreiten, daß sich das Gleichgewicht der politischen Macht im Lande radikal verändert hätte, wäre die Operation in Bophuthatswana gelungen. Douw Steyn, der die Volksfrontarmee nach »Bop« hineinführte, gesteht zu: »Wenn wir unser Ziel, Bophuthatswana innerhalb von zwölf Stunden zu stabilisieren, erreicht hätten, hätte die ganze Geschichte anders ausgesehen. Dann hätten wir eine einseitige Unabhängigkeitserklärung herausgeben können, und ich wette zehn zu eins, daß niemand sich an uns herangetraut hätte.«

Die »einseitige Unabhängigkeitserklärung« war natürlich eine Anspielung auf Ian Smiths Erklärung der Unabhängigkeit Rhodesiens im Jahre 1965 – immerhin hatte seine Regierung fünfzehn Jahre lang gegen internationale Sanktionen und einen ruinösen Bürgerkrieg im Inneren durchgehalten. »Man muß verstehen, daß unsere Alternative zur Teilnahme an der Wahl nicht unbedingt der Krieg war«, fügt Steyn hinzu. »Es gab auch die Möglichkeit, sich eine Machtbasis zu schaffen, die von niemandem zu erschüttern war, und sich dann einseitig unabhängig zu erklären.«

Auch Steyn beharrt darauf, daß dies nicht das Motiv war, weshalb die Volksfront in Bophuthatswana einmarschierte, stimmt aber zu, daß das Territorium, unter die Kontrolle der Volksfront gebracht, als nützliche Basis für weitere militärische Operationen hätte dienen können. »Eine Operation im Ausland kam für uns nie in Frage«, fügt er hinzu. »Das war gar nicht nötig. Wir hätten einfach unser Territorium abgesteckt, hätten gesagt: das hier ist unser Volksstaat, hier machen wir die Regeln, hier halten wir unsere eigene Wahl ab, laßt uns in Frieden.« Die Bedeutung einer erfolgreichen Bophuthatswana-Operation lag für ihn darin, daß sie eine Demonstration militärischer Schlagkraft gewesen wäre, die einen einseitig ausgerufenen Volksstaat unberührbar gemacht hätte. Und sie hätte zwangsläufig ähnliche Unabhängigkeitserklärungen in Ciskei und KwaZulu nach sich gezogen. Die Armee des Volksstaats hätte sich zweifellos hinter diese »Staaten« gestellt, und Südafrikas Übergang zur Demokratie, der seiner Vollendung so nahe war, wäre wahrscheinlich in ethnischer Zersplitterung und Bürgerkrieg zusammengebrochen.

Wie sich herausstellte, brach stattdessen die Operation kläglich zusammen. Sie wurde zu einem Fiasko, das die Streitkräfte der Volksfront demütigte, den Widerstand der Cosag-Parteien gegen die Wahl brach und die weiße Rechte wieder in untereinander zerstrittene Fraktionen auseinanderriß. Ursa-

che des Fehlschlags war das Eingreifen von Eugene Terre'
Blanche und seinen AWB-Hinterwäldlern, deren tölpelhaftes
Verhalten eine Meuterei der Armee von Bophuthatswana
auslöste, die das ganze Unternehmen zum Scheitern verurteilte. In dieser an Paradoxien reichen Geschichte ist das vielleicht die größte Ironie: es waren letztlich die schlimmsten
Rassisten, die den Weg für Südafrikas erste freie und allgemeine Wahlen frei machten.

Ein Streik von Bophuthatswanas 22.000 Beamten war das
erste Glied in der Kette der Ereignisse, die zur Schlacht von
Bop führte. Präsident Mangope hatte Anfang März erklärt,
daß sein Homeland an der April-Wahl nicht teilnehmen
werde: Seine Regierung werde sich an die Unabhängigkeit
halten, die dem Land im Zuge des Apartheidsystems 1977
zugesprochen worden sei. Es war eine Entscheidung auf sehr
schwankendem Boden, denn alles wies darauf hin, daß der
71jährige Häuptling des Tswana-Stammes nur wenig Unterstützung im Volk hatte. Nur 15.000 der 2.5 Millionen Wahl-
berechtigten des Territoriums hatten sich an der letzten Wahl
im Jahre 1985 beteiligt, erbärmliche 0,6 Prozent. Die südafrikanische Armee hatte Mangope bei einem Umsturzversuch
des Jahres 1988 gerettet, und seitdem herrschte er autokra-
tisch über ein zersplittertes Territorium von Enklaven, die
sich über drei der vier alten südafrikanischen Provinzen verteilten. Der Widerstand gegen ihn war immer stärker geworden, aber Mangope hatte sich halten können. Im Februar 1994
berichtete die Menschenrechtsorganisation »Lawyers for
Human Rights«, daß es ernste Menschenrechtsverletzungen
in Bophuthatswana gab: politische Gegner des Regimes wurden ohne Prozeß hinter Gittern gehalten, politische Versammlungen wurden verboten – mit Ausnahme derer von
Mangopes Christdemokratischer Partei –, und die Polizei
wurde als brutal und schießwütig geschildert.

Mangopes Weigerung stellte für die südafrikanischen
Behörden eine direkte Herausforderung dar. Nach dem

Wortlaut der Einigung im Verhandlungsrat waren alle
Schwarzen, die in Homelands gelebt hatten, seit dem 1. Ja-
nuar 1994 wieder südafrikanische Bürger. Die Homelands
selbst sollten am Wahltag, dem 27. April, in die neuen neun
Provinzen des Landes aufgehen. Ihre Verwaltungen sollten
verschwinden. Hier aber stellte sich der Präsident von
Bophuthatswana hin und sagte, damit habe er nichts zu schaf-
fen, wobei er sich störrisch auf das Gesetz berief, das ihm 17
Jahre zuvor die legale Unabhängigkeit gegeben hatte. De
Klerk wußte nicht, was da zu tun war: immerhin war es seine
Partei gewesen, die diesen Mann und dieses Territorium
damals geschaffen hatte. Und auch der ANC war in Schwierigkeiten. Er war jetzt Teil eines neuen Transitional Executive
Council (eines Übergangsrats), der mit der Regierung zusammenarbeiten mußte, um einer fairen und freien Wahl den
Boden zu bereiten. Mangope machte das in der Region, die er
kontrollierte, eindeutig unmöglich, aber was sollte man tun,
solange die Regierung zögerte, energisch gegen einen wider-
borstigen alten Präsidenten vorzugehen?

Während die Behörden Südafrikas die Verantwortung hin
und her schoben, nahm die Bevölkerung Bophuthatswanas
die Sache in die eigenen Hände. Wahrscheinlich waren dabei
auch ANC-Agenten im Spiel. Constand Viljoen ist sich
sicher, daß es so war, und er behauptet sogar, Beweise zu
haben, daß Guerillas des *Umkhonto we Sizwe* in das Territorium einsickerten, um einen Aufstand auszulösen – eine
Behauptung, die von ANC-Führern zurückgewiesen wird.
Wie auch immer, innerhalb weniger Tage nach Mangopes
Ankündigung, er werde sich an der Wahl nicht beteiligen,
begannen die Beamten des Territoriums einen Streik. Ihre
Forderungen waren recht einfach: da das Homeland ab dem
27. April nicht mehr existieren würde, wollten sie ihre Gehälter und Pensionen im voraus ausbezahlt bekommen. Mangope, der das Geld nicht hatte, tat nichts, und das Territorium
kam zum Stillstand. Schlimmer noch, die Polizei schloß sich

dem Streik an, und in den Straßen breitete sich Anarchie aus. Plünderer zogen durch die Hauptstadt Mmabatho, raubten ihr Einkaufszentrum aus, zu deren Anteilseignern die Mangope-Familie zählte. Das Fernsehen zeigte, wie Menschenmassen wie bei einem Ausverkauf durch die Läden und Kaufhäuser zogen, sich etwas aussuchten und Kühlschränke, Elektroherde, ganze Wohn- und Schlafzimmereinrichtungen davonschleppten.

Am Mittwoch, dem 11. März, herrschte das totale Chaos. Die Angestellten des Fernseh- und Radiosenders, Bophuthatswana Broadcasting Corporation, hielten das Funkhaus besetzt und hatten ihren Chef, Eddie Mangope, einen der Söhne des Präsidenten, als Geisel gefangengenommen; Studenten hielten die Universität besetzt; und die Beamten hatten ihre Forderungen erweitert, jetzt wollten sie auch die Absetzung Mangopes und Beteiligung an der Wahl. Zu diesem Zeitpunkt wandte sich Mangope an die Volksfront und bat um Hilfe. Constand Viljoen flog nach Mmabatho, um den belagerten Präsidenten zu treffen. Nach seiner Darstellung suchte Mangope die Unterstützung der Volksfront, weil er der südafrikanischen Armee nicht traute. Aber, sagt Viljoen heute, Mangope forderte, daß es unter den Truppen der Volksfront keine AWB-Männer geben dürfte. »Er machte klar, daß die AWB für ihn politisch inakzeptabel war und daß es Ärger mit seinen eigenen Truppen geben würde, wenn sie auftauchen sollten.«

Am folgenden Tag sandte der Verteidigungsminister von Bophuthatswana, Rowan Cronje, ein formelles Hilfersuchen an die Leitung der Volksfront – der auch Terre'Blanche angehörte. Der erregte AWB-Führer schickte prompt einen Helfer zum Radio Pretoria, dem Geheimsender der Organisation, und befahl, einen Aufruf an alle Mitglieder seiner Kommandoeinheiten zu senden: Sie sollten sofort nach Bophuthatswana aufbrechen. Als die Leitung der Volksfront ihn instruierte, seine Leute aus dem Homeland herauszuhal-

ten, erwiderte Terre'Blanche trotzig, sie seien bereits auf dem
Weg. Viljoen und Hartzenberg blieben hart: er müsse seine
Männer außerhalb des Homelands sammeln und sie dort fest-
halten, bis er weitere Instruktionen bekam. Viljoen suchte
dann Georg Meiring auf, den Stabschef der Südafrikanischen
Verteidigungsstreitkräfte, einen Offizier, der fast seine ganze
Laufbahn hindurch unter ihm gedient hatte, um ihn über die
bevorstehende Volksfront-Operation zu unterrichten und
sicherzustellen, daß es keinen Zusammenstoß mit den SADF
(South African Defence Forces) gab. Dann rief er noch aus
Meirings Büro Douw Steyn an und befahl ihm, eine Streitmacht zu mobilisieren, die in derselben Nacht nach Mmabatho fahren und den Flughafen besetzen sollte. Die Truppe
sollte keine Waffen mit sich führen. »Ich wollte sie nicht dem
Vorwurf der Meuterei aussetzen, wenn sie ihre eigenen Kom-
mandoeinheits-Waffen mitnahmen«, erklärt Viljoen. »Also
verabredete ich mit Präsident Mangope, daß sie von der
Armee Bophuthatswanas bewaffnet würden, sobald sie den
Flughafen erreichten.« Generalmajor Jack Turner, Befehlshaber der Armee Bophuthatswanas würde ihnen automatische
Gewehre, gepanzerte Fahrzeuge und Proviant übergeben.

Bis zum Donnerstag abend hatte Steyn 1.500 Männer
abmarschfertig und weitere 3.000 in Bereitschaft. Danach
gefragt, wie es der Volksfront möglich war, solch eine Truppe
so schnell auf die Beine zu bringen, antwortet er ausweichend: »Die Volksfront hat nie eine Privatarmee gehabt. Sie
hat aber die Loyalität von ausgebildeten Milizleuten, von
Männern in den Kommandoeinheiten. Es ist eine Mischung
aus dem politischen Ideal des Afrikaaners, frei zu sein, und
der Loyalität, die die ganze Armee Constand schuldet.« Um
die Männer zusammenzubringen, bediente man sich offenbar
eines Kommunikationsnetzes, das die Volksfront lange vorher aufgebaut hatte. »Ich könnte das auch jetzt noch an einem
einzigen Tag machen, um es Ihnen zu beweisen«, prahlt
Steyn.

Steyns Aufgabe war es, die Truppe zu mobilisieren und sie nach Mmabatho zu bringen. Dort sollte dann Oberst Jan Breytenbach, ein pensionierter Kommandoführer, der den Ruf eines kühnen Draufgängers hatte, den Befehl übernehmen. Wie sich erwies, war die Operation aber schon gescheitert, als Breytenbach auf dem Flughafen ankam, so daß der stämmige Steyn die ganze Zeit hindurch der unglückliche Oberkommandierende blieb. »Meine Männer waren um sechs Uhr Freitagmorgen in Stellung«, sagt er stolz. Die 1.500 Männer waren die Nacht hindurch in ihren Farm-Pickup-Trucks nach Mmabatho gefahren, sie trugen nur ein paar Pistolen bei sich. Am Flughafen warteten 150 automatische R 4-Sturmgewehre auf sie, und Steyn wurde mitgeteilt, daß weitere Gewehre aus einem nahegelegenen Arsenal der Armee von Bophuthatswana herangeschafft werden würden. Sie kamen aber nicht. Kurz nachdem seine Männer ihr Lager aufgeschlagen hatten, erfuhr Steyn, daß sich trotz aller Befehle und Appelle an Terre'Blanche bereits 600 AWB-Männer in Mmabatho herumtrieben und in der Stadt ein Blutbad anrichteten. Sie hatten sich am Donnerstagabend in einem 16 Kilometer vor Mmabatho liegenden Hotel gesammelt, um im Morgengrauen in die Stadt einzufallen. Als Generalmajor Turner das hörte, schickte er einen Untergebenen zu Terre'Blanche, um ihm nochmals zu befehlen, sich aus dem Territorium herauszuhalten, aber der AWB-Führer schickte den Mann voller Verachtung weg. Am nächsten Morgen versuchte Turner noch einmal, Terre'Blanche zur Raison zu bringen, und stimmte nach Stunden des Streits schließlich zu, seine Männer unter der Bedingung zu akzeptieren, daß sie sich unter Douw Steyns Kommando stellten. »Es war keine sehr gute Entscheidung«, sagt Steyn bedauernd. »Man kann nicht die Männer einer Einheit nehmen und sie jemandem unterstellen, für den sie keine Loyalität empfinden.«

Noch während des langen Streitgesprächs zwischen Turner und Terre'Blanche trafen weitere AWB-Gruppen, die den

Aufruf von Radio Pretoria gehört hatten, in Bophuthatswana
ein. Auch sie kamen in ihren Farmlastwagen, bewaffnet mit
Jagdgewehren, Schrotflinten und Pistolen. Sie fuhren durch
die Straßen Mmabathos, schrien den Einwohnern rassistische
Beleidigungen zu und schossen auf Menschenansammlungen,
es gab wieder Tote und Verwundete. Wie die afrikaans-spra-
chige Zeitung, *Beeld*, am nächsten Tag zornig berichtete, war
das Ganze für die Rassisten ein *kaffirskietpiekniek*, – ein
»Niggerjagdpicknick« –, und das erschütterte die ohnedies in
ihrer Loyalität wankende Armee von Bophuthatswana der-
maßen, daß sie meuterte. Gegen zehn Uhr am Freitag, dem
12. März, hatte sich Mangopes Armee der Rebellion gegen
ihn angeschlossen. Die Männer bestiegen ihre Truppentrans-
porter und fuhren durch die Stadt. Sie riefen ANC-Slogans
und eröffneten unter dem Jubel der Stadtbewohner das Feuer
auf die AWB-Banden. Die Volksfront-Truppe hatte nun
keine Chance mehr, die ihr versprochenen Waffen zu erhalten. Als Steyn selbst zu dem Arsenal ging, weigerte sich die
Wache, die Türen zu öffnen. Angesichts der Tatsache, daß
nur zehn Prozent seiner Männer bewaffnet waren und daß sie
einer feindselig gewordenen Armee und Bevölkerung gegenüberstanden, begriff Steyn, daß sie besser zusahen, so schnell
wie möglich aus Mmabatho herauszukommen. Er befahl seiner Truppe, sich zurückzuziehen. Er ließ seine 150 Bewaffneten auf dem Flugplatz zurück – sie sollten ihn später der südafrikanischen Armee übergeben – und fuhr mit seinen Freiwilligen unter ein paar Nachhutscharmützeln auf demselben
Weg wieder zurück.

Das AWB-Gesindel dagegen löste sich auf. Einige verirrten
sich und donnerten durch Dörfer und Townships, noch
immer auf die Menschen feuernd, an denen sie vorbeifuhren.
Einige trafen unterwegs auf Journalisten, verprügelten sie
und nahmen ihnen die Kameras weg. Ein Konvoi von zwanzig Pickups und Personenwagen kam eine Straße in Richtung auf die Nachbarstadt von Mmabatho, Mafikeng, herun-

ter. Vor ihm lag eine Straßensperre, in der Nähe befand sich
eine Polizeikaserne. Eine Gruppe von Menschen, darunter
einige Soldaten, stand in der Nähe der Sperre und drohte mit
den Fäusten, als der Konvoi auf sie zuraste und die Straßensperre durchbrach. Die Soldaten schrien Obszönitäten und
schossen auf den Konvoi, die AWB-Männer fluchten und
schossen zurück. Der letzte Wagen des Konvois war ein
alter, hellblauer Mercedes, und ein bärtiger Mann auf dem
Beifahrersitz feuerte durch das Seitenfenster. Die Soldaten
schossen, die Windschutzscheibe zerplatzte im Kugelhagel,
und der Wagen wurde langsamer und kam zum Stehen.
Während der Schußwechsel sich fortsetzte, ging die Wagen-
tür langsam auf, und der bärtige Mann fiel in den Staub, Blut
strömte pulsierend aus seinem Hals. Seine beiden Begleiter
krochen heraus und hockten, die Hände gehoben, neben seinem Körper.

Zwanzig Minuten lang lagen Alwyn Wolfaard und Fanie
Uys, beide aus Naboomspruit im Norden von Transvaal, im
Staub der Straße, während die Menge um sie herum sie ver-
höhnte und Polizisten aus der Kaserne drohend über ihnen
Wache standen. Uys lag an das Hinterrad des Mercedes
gelehnt da, Wolfaard auf dem Bauch. Beide bluteten. Der bärtige Mann, Nic Fourie, Besitzer einer Baufirma in Natal,
schien tot zu sein. Einige Reporter trafen ein, unter ihnen
Phillip van Niekerk vom *Observer*. Fernsehkameras richte-
ten sich auf die liegenden Männer. »Bitte, um Gottes willen,
helft uns, holt einen Arzt«, bettelte Wolfaard. Ein Reporter
sprach mit einem Oberst der Armee von Bophuthatswana,
der auf der Straße vorbeigekommen war. Er sagte, eine
Ambulanz sei auf dem Weg – aber sie kam nie. Ein junger
Polizist ging auf Uys zu und schrie ihn an: »Wer glaubt ihr,
wer ihr seid? Was habt ihr in unserem Land zu suchen? Ich
kann euch in einer Sekunde töten, wißt ihr das?« Als ein
Reporter versuchte, ihn zu beruhigen, schrie der Polizist:
»Wir wollen diese verdammten Hunde erschießen. Sie haben

Frauen umgebracht. Sie sind Tiere, keine Menschen.«*

Wenige Minuten später wurden sie wirklich wie Hunde
erschossen. Vor den laufenden Fernsehkameras trat ein weiterer wilderregter Polizist auf Uys zu, richtete sein Sturmge-
wehr auf ihn und drückte ab. Phillip van Niekerk, der noch
Momente zuvor mit den Männern gesprochen hatte,
beschreibt den Vorgang. »Es gab einen lauten Knall, und der
Mann (Uys) sank in sich zusammen. Der Kopf fiel ihm auf die
Brust. Noch Sekunden zuvor hatte er Fragen beantwortet.
Jetzt war er tot... Der Mann, der ihn erschossen hatte, zog am
Verschluß seines Gewehrs herum, wandte sich dann um und
sah den zweiten weißen Mann (Wolfaard) an, der hilflos auf
dem Bauch auf der Straße lag. Der Polizist ging zu ihm hinüber und richtete das Gewehr auf seinen Hinterkopf. Wieder
der Knall – wie ein Feuerwerkskörper. Der Kopf fiel leblos
nach vorn. Noch ein Schuß für jeden, nur um sicher zu
gehen... dann hielt der Mann das Gewehr triumphierend
über dem Kopf, wie eine Trophäe.«**

Zuhause in Naboomspruit saßen Ester Wolfaard und ihre
achtjährige Tochter Annalise an diesem Abend vor dem Fern-
sehgerät. Alwyn war seit mehr als sechs Stunden tot, aber die
AWB hatte nicht angerufen, und seine Frau und seine Tochter
wußten nichts von seinem Schicksal, bis sie seine Exekution
in den Sechs Uhr-Nachrichten sahen. Es war für sie und für
die weißen Rechtsextremisten im ganzen Lande eine traumatische Erfahrung, von enormer Auswirkung auf die Zukunft.
Die Bilder der Hinrichtung in ihrer ganzen Entsetzlichkeit
zerstörten einen alten Mythos, der die grundlegende
Annahme hinter Generationen des Kolonialismus und der
rassischen Unterdrückung gewesen war – daß die weiße Rasse
mit ihren überlegenen Waffen und ihrer besseren Ausbildung
die eingeborenen farbigen Menschen überall auf der Welt
dominieren könne. Das war das unausgesprochene Prinzip

---

* *Sunday Times*, Johannesburg, 13. März, 1994.
** *The Observer*, London, 13. März, 1994.

der Existenz von Volksfront und AWB. Jetzt aber war auf dem Fernsehschirm in krassen Bildern nachgewiesen worden, daß dieses Prinzip keine Gültigkeit mehr hatte. Auch schwarze Menschen hatten tödliche Waffen, und gegen sie in den Krieg zu ziehen, war kein Jagdausflug, kein fröhliches Abenteuer, bei dem man seine Überlegenheit demonstrieren konnte. Die vermeintlich heroische Neuinszenierung historischer Burenmythen brach an diesem Tag des Blutvergießens und der Demütigung zusammen.

Aber die Krise in Bophuthatswana war noch nicht vorbei. Noch mußte die politische Schlacht um die Kontrolle dieses beträchtlichen Territoriums, dessen Verwaltung zusammengebrochen war, geschlagen werden. Bis zur Wahl waren es nur noch sechs Wochen, der Regierung war sehr daran gelegen, Präsident Mangope bis dahin im Amt zu belassen – vorausgesetzt, er stimmte der Teilnahme an der Wahl zu und erlaubte freie politische Betätigung. Am Freitagmorgen, als die Entwicklung in Mmabatho außer Kontrolle geriet, flogen Constand Viljoen und Rowan Cronje mit einem Hubschrauber nach Pretoria, um de Klerk zu treffen, und sie scheinen sich dort auf diese Vorgehensweise geeinigt zu haben.

Der ANC hatte indessen einen anderen Beschluß gefaßt. Während der frühen Phasen der Krise hatte er sich de Klerks Einschätzung angeschlossen, nicht zu früh Truppen zu entsenden, aber als am Donnerstagabend die Nachricht eintraf, daß rechtsextremistische Kräfte in das Territorium eingedrungen waren, war der ANC alarmiert. Die Aussicht auf eine aufständische Streitmacht, die dort eine Operationsbasis zu errichten schien und offenbar den verdeckten Rückhalt großer Teile der Südafrikanischen Verteidigungsstreitkräfte hatte, war kein beruhigender Gedanke. Bei einer nächtlichen Konferenz von ANC-Führern in Nelson Mandelas Haus war man sich einig, eine härtere Gangart der Regierung zu erzwingen und Mangope abzusetzen. Er behinderte die Wahl, er hatte die Krise ausgelöst, er mußte weg.

Am nächsten Morgen gab es eine Serie hektischer Treffen –
das Kabinett de Klerks trat zusammen, das Nationale
Arbeitskomitee des ANC, das Arbeitskomitee des Über-
gangsrates, und de Klerk führte sein privates Gespräch mit
Viljoen und Cronje. Zu einem Zeitpunkt tagte das Über-
gangskomitee in einem Raum der Union Buildings, während
gleichzeitig ein bilaterales Treffen zwischen dem ANC und
der Regierung in einem Korridor vor diesem Raum stattfand,
Mitglieder beider Konferenzen liefen und hin und her. Die
Atmosphäre wurde gespannter, als die Nachrichten aus
Mmabatho langsam immer alarmierender klangen. Gegen
Mittag schlug Roelf Meyer Cyril Ramaphosa vor, daß Mac
Maharaj und Fanie van der Merwe, ein Beamter, der schon im
Komitee der Offiziellen bei den Gesprächen mit Mandela
dabeigewesen war, als Delegierte des Übergangsrates nach
Mmabatho geschickt werden sollten. Ramaphosa war einver-
standen. Es war eine wichtige Entscheidung, die den klugen,
geschickten Maharaj in die Lage versetzte, die Ereignisse, die
darauf folgten, mitzubestimmen.

Die beiden Männer landeten zusammen mit General Mei-
ring, Polizei-Commissioner Johan van der Merwe und einem
Staatssekretär aus dem Außenministerium, Rusty Evans –
dies als Geste des Respekts vor Bophuthatswanas nominellem
Status als selbständigem Staat –, um 15.30 Uhr in Mmabatho.
Sie fuhren sofort in die südafrikanische Botschaft, die von
einem Ring aus 600 SADF-Soldaten vor der sie umgebenden
Anarchie geschützt wurde. In der benachbarten Residenz des
Botschafters, Tjaart van der Walt, trafen sie General Turner,
den Kommandeur der Armee von Bophuthatswana. Meiring
bat Turner um einen Lagebericht, und der General redete
nicht lange drumherum: »Ich habe keine Kontrolle mehr über
meine Truppen. Meine Offiziere nehmen keine Befehle mehr
von mir entgegen.« Erregt forderte er Hilfe, er sagte, er habe
der AWB befohlen, das Land zu verlassen, und wenn die
SADF und Viljoens Männer ihm hülfen, glaube er, seine

Armee wieder unter Kontrolle bringen und Mangopes Position wiederherstellen zu können.

Als Turners Bericht beendet war, entwarf Meiring auf der Stelle einen Aktionsplan – die Armee von Bophuthatswana sollte stabilisiert, mit ihr Gesetz und Ordnung wiederhergestellt werden, sie sollte die Funktion der Polizei übernehmen. Aber Maharaj wandte sich in der ersten mehrerer scharfer Auseinandersetzungen zwischen den beiden Männern entschieden dagegen. Für ihn war eine Wiedereinsetzung Mangopes undenkbar, da sie den Rechtsextremisten die Möglichkeit geben würde, sich wieder zu sammeln, was erneut die Gefahr eines Stützpunktes der Rechten für destabilisierende Operationen, vielleicht sogar für einen Militärputsch heraufbeschwor. Er verwies darauf, daß er und Fanie van der Merwe als Repräsentanten des Übergangsrates da waren, und er insistierte, daß de Klerk und Mandela jede Aktion gemeinsam billigen mußten. Meiring argumentierte, daß Maharaj und van der Merwe lediglich als Beobachter geschickt worden seien, aber Maharaj blieb fest und gab seine eigene Lageeinschätzung ab. »Wie ich es sehe«, sagte er, »hat die Armee gemeutert, die Polizei hat die Kontrolle über die Stadt verloren, Recht und Ordnung sind zusammengebrochen, und es gibt keine effektive Verwaltung mehr im Lande. Ist jemand anderer Meinung?« Niemand war es. »Gut. Dann ist das der Bericht, den wir nach Pretoria schicken müssen.« Dann verließen er und van der Merwe den Raum, um ihren eigenen Bericht an das Exekutivkomitee des Übergangsrats zu schikken.

Viljoen war inzwischen von seinem Treffen mit de Klerk in den Union Buildings zurückgeflogen, um Mangope aufzusuchen, der in sein luxuriöses Landhaus in Motswedi geflohen war, siebzig Kilometer nördlich von Mmabatho. »Mangope war ziemlich durcheinander«, erinnert sich Viljoen. »Er begriff nicht, was da schiefgelaufen war, warum wir die Waffen nicht bekommen hatten. Ich glaube nicht, daß seine Leute

ihm vernünftige Berichte gaben.« Viljoen versuchte den Präsidenten zu beruhigen. Man könne, versicherte er ihn, mit
Meiring einen Handel abschließen: Wenn Mangope bereit sei,
sich an der Wahl zu beteiligen, würden die SADF das Homeland besetzen und die Ordnung wiederherstellen. »Ich sagte
Mangope: ›Ich fahr jetzt zu Meiring, und ich werd versuchen,
ihn dazu zu bringen, Truppen zu schicken, die in Zusammenarbeit mit der Armee von Bophuthatswana die Lage stabilisieren.‹ Ich sagte ihm, er werde Präsident bleiben, und ich versuchte ihn zu überzeugen, daß die südafrikanischen Truppen
sich neutral verhalten und nicht für den ANC oder die Regierung handeln würden. Ich sagte ihm: ›Sie können Meiring
trauen.‹ «

Von Motswedi flog Viljoen nach Mmabatho. Dort sah er
den Rest seiner Volksfronttruppen, die den Flughafen noch
besetzt hielten, während der größere Teil bereits auf dem
Rückzug war. Dann, noch immer begleitet von dem Verteidigungsminister von Bophuthatswana, Cronje, flog er mit dem
Hubschrauber zur südafrikanischen Botschaft. Er kam niedrig fliegend über die Baumwipfel herein, gerade als Maharaj
und Fanie van der Merwe das Botschaftsgebäude verließen.
Maharaj blickte auf, sah den weißen Hubschrauber und fragte
sich, wer das sein könne. Sie gingen zum Haus des Botschafters hinüber. Als sie sich den anderen Mitgliedern der Gruppe
wieder anschlossen, fiel ihm auf, daß General Meiring nicht
mehr dabei war. Ohne Aufsehen zu erregen, bat er Rusty
Evans zu überprüfen, wohin der General gegangen war.

Er war natürlich in die Botschaft gegangen, um sich dort
mit Viljoen, Cronje, Turner und Jan Breytenbach zu treffen,
dem Mann, der ursprünglich das Kommando der Volksfronttruppen hatte übernehmen sollen. Viljoen legte Meiring, dem
Oberbefehlshaber der Südafrikanischen Verteidigungsstreitkräfte, den Vorschlag vor, den er Mangope gemacht hatte.
»Ich legte ihn vor, und er sagte ja«, erinnert sich Viljoen. »Das
wollten sie machen. Sie wollten reingehen und mit Turner

zusammenarbeiten und versuchen, die Lage zu stabilisieren.« Nach Darstellung Viljoens war Meiring bereit, ihn und Rowan Cronje zu Mangope zu begleiten und ihm eine persönliche Garantie über die Rolle der südafrikanischen Truppen zu geben. In dem Augenblick kam Rusty Evans herein, hörte den letzten Teil der Unterhaltung mit und riet Meiring, de Klerks Zustimmung einzuholen, bevor er zu Mangope aufbrach. Evans kehrte zur Residenz des Botschafters zurück und sagte Maharaj, wo der General gewesen war.

Maharaj rief sofort die Union Buildings an, wo Ramaphosa ihm berichtete, daß die Regierung gerade den Vorschlag erhalten habe, Meiring, Viljoen und Cronje zu Mangope fahren zu lassen. »Ich sagte ihm, daß ich das für katastrophal hielt, daß es Teil eines Versuches war, Mangope wieder einzusetzen, und daß es, wenn es geschehe, der Rechten die Chance gebe, sich in Bophuthatswana neu zu gruppieren«, erinnert sich Maharaj. »Einige Momente später rief Cyril zurück, er sagte mir, Mandela habe mit der Faust auf den Tisch geschlagen, und de Klerk habe den Besuch untersagt.«

Dann kam Meiring ins Zimmer, um anzukündigen, daß es dunkel würde und sie in einer halben Stunde nach Pretoria abfliegen müßten. Für Maharaj war dies der Moment der Konfrontation. »Ich sagte: ›Setzen Sie sich bitte, General, ich möchte ein paar Dinge ansprechen.‹« Noch einmal betonend, daß er und Fanie van der Merwe den Übergangsrat repräsentierten, protestierte er dagegen, daß Meiring »hinter unserem Rücken« Gespräche geführt hatte. Er bestand darauf, daß es keine Entscheidung ohne einen umfassenden Bericht an die Union Buildings in Pretoria geben könne. Als Meiring dagenhielt: »Ich bekomme meine Befehle vom Staatssicherheitsrat«, fuhr Maharaj Fanie van der Merwe an: »Fanie, sagen Sie Ihrem Mann hier, daß er schon wieder einen Fehler gemacht hat. Sagen Sie ihm, daß er seine Befehle vom Staatspräsidenten bekommt – und diese Befehle de Klerks müssen von Mandela gebilligt werden.«

Das war das Ende des Versuchs, Mangope wieder einzusetzen. Am nächsten Morgen stimmte auch die Regierung im Komitee des Übergangsrates nach hitziger Debatte zu, daß Mangope abtreten müsse. Aus legaler Sicht war das alles nicht ganz einfach, aber der Übergangsrat entschied, daß es das Recht der südafrikanischen Regierung sei, in einer umkämpften Region einzuschreiten und den Menschen dort die Voraussetzungen einer freien Wahl zu schaffen, da sie nach dem neuen Gesetz in naher Zukunft alle Bürger von Südafrika sein würden. Das rechtfertigte sogar, daß Präsident Mangope im Interesse seiner eigenen Sicherheit unter Hausarrest gestellt wurde. Ohnedies war Südafrika das einzige Land der Welt gewesen, das Bophuthatswanas Unabhängigkeit anerkannt hatte – wenn es also die Anerkennung zurückzog, war es doch sicher auch mit dieser Unabhängigkeit vorbei.

Um 16 Uhr waren Mac Maharaj, Fanie van der Merwe und Georg Meiring wieder in der Luft, auf dem Weg zurück nach Bophuthatswana – dieses Mal begleitet von Außenminister Pik Botha, dessen unerfreuliche Aufgabe es war, dem Bop-Präsidenten klarzumachen, daß er abgesetzt sei. Sie flogen nach Mmabatho, wo die südafrikanischen Streitkräfte inzwischen eingegriffen und begonnen hatten, die Ordnung wiederherzustellen. Von dort flogen sie mit einer bewaffneten Eskorte in drei Hubschraubern weiter nach Motswedi. Als sie landeten, war es dunkel, und sie wurden in Mangopes mit schweren Vorhängen geschmücktes Wohnzimmer geleitet. Der alte Präsident mit seinen kummervollen Augen und dem zusammengefallenen Gesicht saß in einen Safarianzug gekleidet auf einem kleinen Thron. Rechts und links von ihm standen seine Söhne, Eddie, der davongejagte Rundfunkchef, und Kwenu.

Langsam und umständlich legte Pik Botha ihm dar, daß seine Regierung nicht mehr anerkannt sei und daß er daher nicht weiter regieren könne. Mangope versuchte noch einmal Zeit zu gewinnen: Man solle ihm bis Dienstag geben, damit er sich an sein Volk wenden und überprüfen könne, ob sein Parlament seiner Absetzung zustimmen würde, bat er. Botha schien dem zustimmen zu wollen, aber Maharaj fuhr scharf dazwischen. »Ihre Verwaltung ist zusammengebrochen«, sagte er Mangope. »Es gibt keine effektive Ordnung, keine Krankenhäuser, kein Fernsehen, kein Radio, keine funktionierende Beamtenschaft, die Sicherheitskräfte sind gespalten, Waffen werden geraubt, und niemand gehorcht irgendwelchen Befehlen. Der Übergangsrat hat eine Petition von 53 hohen Beamten Ihres Territoriums empfangen, die die Wiedereingliederung wollen, freie politische Betätigung, sichere Gehälter und Pensionen und die Wiederherstellung von Gesetz und Ordnung.« Während Maharaj noch redete, ging ein halbes Lächeln über Eddie Mangopes Gesicht. Er stand in einem New Orleans-T-Shirt neben seinem Vater und beugte sich jetzt zu ihm hinunter und sprach auf Setswana zu ihm. Offenbar sagte er ihm, daß es vorbei sei. Mit einem Seufzer brachte Mangope ein paar Sätze der Zustimmung hervor.

Es war vorbei. Noch an demselben Abend wurde Botschafter Tjaart van der Walt als Verwaltungschef des Territoriums installiert, später sollte sich ihm ein zweiter vom ANC gestellter Verwalter zugesellen, Job Mogoro. Inzwischen hatte Constand Viljoen, dessen Optionen auf die Alternative zwischen einem Bürgerkrieg und der Teilnahme an der Wahl geschrumpft waren, eine kühne Entscheidung getroffen. Nur zehn Minuten vor Ablauf der Frist ließ er eine Partei, die Freedom Front, eintragen, um an der Wahl teilnehmen zu können. Früher am selben Abend hatte er versucht, Hartzenberg dazu zu überreden, die Volksfront eintragen zu lassen, der aber weigerte sich hartnäckig, und Viljoen beschloß, seinen eigenen Weg zu gehen. Am folgenden Tag erklärten das Komitee der Generäle und verschiedene führende Mitglieder von Hartzenbergs Konservativer Partei, daß sie Viljoen folgen würden.

Zehn Tage später, am 22. März, traten die Beamten im

Homeland Ciskei in Streik, sie forderten die Zahlung ihrer
Pensionen vor der April-Wahl. Mit dem Beispiel Bophuthatswana vor Augen und Anzeichen einer bevorstehenden
Meuterei von Polizei und Armee, trat der Militärherrscher
Oupa Gqozo noch vor dem Ende des Tages zurück und forderte den Übergangsrat auf, eine Interimsverwaltung zu
bestellen.

»Zwei geschafft, jetzt noch einer«, jubelte Joe Slovo, als die
Nachricht von Gqozos Rücktritt das Hauptquartier des
ANC erreichte. Aber der Chef von KwaZulu, Buthelezi, war
eine härtere Nuß. Im Gegensatz zu Mangope und Gqozo
genoß er in seiner Region beträchtliche Unterstützung in der
Bevölkerung, und es war sehr viel unwahrscheinlicher, daß
die Polizei von KwaZulu meutern würde. Dennoch, er war
jetzt äußerst isoliert: Selbst Viljoen hatte eine Partei eingetra-
gen und wollte an der Wahl teilnehmen, was nur noch die
Inkatha und die Konservative Partei draußen ließ. Und der
Druck von außen nahm zu. Buthelezi hatte sich der westlichen Welt lange als die gemäßigte Alternative zum ANC dar-
gestellt, dem gewaltlosen Kampf, dem Antikommunismus
und der Demokratie verpflichtet, aber von 1990 an hatten die
Regierungen des Westens begonnen, diese Behauptungen in
Frage zu stellen. Im September 1993 bezeichnete »Africa
Watch«, eine Abteilung der weltweit geachteten »Human
Rights Watch«, KwaZulu als »traditionelle Diktatur«, als
»Einparteienstaat«, in dem die Meinungs- und Versamm-
lungsfreiheit unterdrückt werde. Die fortgesetzte Existenz
dieses Systems bedrohe »den Übergang zur Demokratie«,
schloß der Bericht.*

Als Buthelezi immer neue Gründe fand, warum er nicht an
der Wahl teilnehmen konnte, begannen sogar seine engsten
Freunde im Westen seinen Motiven zu mißtrauen. Hinzu
kamen die Untersuchungsberichte des Richters Goldstone,

---

* _Africa Watch_, Bd. 5, Nr. 12, Sept. 1993, S. 1-45.

die Inkatha-Offizielle und die Polizei von KwaZulu mit Aktivitäten der »dritten Kraft« in Verbindung brachten. Da Buthelezi nicht nur Chefminister von KwaZulu war, sondern gleichzeitig auch Polizeiminister, waren diese Enthüllungen für ihn besonders peinlich, denn die Männer, die Goldstone namentlich nannte, waren ihm direkt unterstellt. Obwohl er leugnete, irgendetwas über Aktivitäten der »dritten Kraft« zu wissen, und den Wahrheitsgehalt von Goldstones Untersuchungsberichten schlichtweg abstritt, verloren seine Kritiker keine Zeit, darauf hinzuweisen, daß Buthelezi die absolut dominierende Gestalt in seiner Partei und daß allgemein bekannt war, daß er sich selbst kleinste Entscheidungen vorbehielt.

Unter diesen Umständen trat ein problematischer Charakterzug Buthelezis besonders deutlich hervor: je stärker der Druck wurde, je harscher die Kritik, desto aggressiv verstockter wurde er. Das hatte de Klerk veranlaßt, sich von ihm abzuwenden, und nun trieb er sich selbst immer weiter in die Ecke. Seine Forderungen waren für alle anderen Parteien – außer für seine Cosag-Partner, die nun zusammengebrochen waren – inakzeptabel. Er bestand darauf, daß das Volk der Zulus das Recht auf Selbstbestimmung hatte, daß es seine eigene Verfassung entwerfen könne und daß das Homeland KwaZulu nicht aufgelöst werden dürfe, bevor es eine konstitutionelle Garantie gab, die ihm akzeptabel erschien. Das Problem lag erstens darin, daß die Verfassung, welche die Inkatha für die Natal-KwaZulu-Region vorschlug, auf Sezession hinauslief. Sie machte aus dem Territorium einen souveränen Staat, dessen Gesetze Vorrang vor denen Südafrikas haben sollten. Der Staat würde seinen eigenen Präsidenten bekommen, sein eigenes Verfassungsgericht, eine autonome Zentralbank und eigene Streitkräfte. Die südafrikanische Regierung würde nicht in der Lage sein, Truppen nach KwaZulu zu schicken, noch konnte sie ohne Zustimmung des Staates Steuern erheben. Leute, die Entschuldigungen für

Buthelezi suchten, argumentierten, daß dieser Vorschlag nur ein Eröffnungszug in den Verhandlungen sein könne, aber Buthelezi deutete in keiner Phase der Gespräche an, daß er zu Kompromissen bereit war. Stattdessen zog er die Inkatha aus den Verfassungsverhandlungen zurück und bestand darauf, daß er nur an den Wahlen teilnehmen werde, wenn man seine Forderungen erfüllte.

Das zweite Problem lag darin, daß die Inkatha nicht die Verkörperung des Zulu-Volkes war, in dessen Namen sie diese Forderungen aufstellte. Es war zweifelhaft, ob sie auch nur eine Mehrheit des Stammes hinter sich hatte. Buthelezi versuchte diese Schwierigkeit zu umgehen, indem er den König der Zulus, Goodwill Zwelithini, dazu brachte, sich mit diesen Forderungen zu identifizieren. Er war nicht immer mit dem König ausgekommen. Die beiden waren hart aneinander geraten, als der König im Jahre 1979 versucht hatte, in Kwa-Zulu eine Oppositionspartei aufzubauen. Buthelezi hatte ihn vor der Nationalversammlung scharf angegriffen und gedroht, ihm die Apanage zu streichen und die Verfassung von KwaZulu so zu verändern, daß dem König jede Einmischung in die Politik untersagt wurde. Aber jetzt spannte Buthelezi den König, seinen Neffen, für sein Anliegen ein. Manchmal wirkte es so, als ob Zwelithini keinen eigenen Willen mehr habe, ganz in der Macht des Inkatha-Führers sei.

Die beiden traten zusammen bei einer Reihe von *imbizos*, Stammesversammlungen, auf, die darauf zu zielen schienen, die Ängste der Zulus mit wilden Warnungen anzuheizen, daß die Verhandlungen eine »Intrige« seien, die darauf hinauslief, »die Zulu-Nation zu vernichten«. Sie müßten alle zusammenstehen wie nie zuvor, um ihr Überleben zu sichern. Buthelezi tat alles, um die Blutsverwandtschaft zwischen seiner Familie und der des Königs herauszustreichen. Bei einer Versammlung am 25. Juli 1993 in Johannesburg schien er sogar den Anspruch auf eine Vererbbarkeit der politischen Macht zu erheben. Er sei nicht nur Präsident der Inkatha Freiheitspartei und Chefminister von KwaZulu, sagte er, sondern: »Ich, Majestät, bin auch Ihr Premierminister. Ich wurde geboren, um einem Lebenslauf zu folgen, der von beinahe zwei Jahrhunderten Zulugeschichte bestimmt wurde.«

Da war noch mehr in dieser Tonlage. »Der König und ich reichen durch unsere Blutbindungen weit zurück in die Anfänge unserer Geschichte als Nation... Die Familie des Königs und meine Familie sind von der Geschichte unauflösbar miteinander verknüpft... Es ist das Blut, das uns verbindet... Ich habe das Recht und die Pflicht, für das Volk der Zulus zu sprechen, keine Macht auf Erden wird mir das nehmen können... Ich bin geboren zu führen, und ich wurde auch gewählt zu führen.« Es war die Litanei eines Mannes, der nicht gewillt war, anderen über die Unwägbarkeiten einer demokratischen Wahl die Führung von KwaZulu-Natal zu überlassen.

Die Versuche, die Inkatha mit sanftem Druck auf die Wahlen zuzusteuern, gipfelten in einem Treffen in Skukuza, einem Camp in Südafrikas bedeutendstem Wildreservat, dem Kruger Nationalpark. Es waren nur noch achtzehn Tage bis zu den Wahlen. Die Fristen für die Einschreibung waren lange überschritten, aber Mandela und de Klerk hatten zu erkennen gegeben, daß sie bereit waren, die Regeln sehr weit auszulegen, um doch noch eine umfassende Wahl zu bekommen. Also trafen sie sich am 8. April mit Buthelezi und Zwelithini und ihrem Gefolge von Gehilfen und Beratern im Camp des Nationalparks. Mandela ging mit einem Verhandlungspaket in das Treffen, von dem er hoffte, daß es Zwelithini in eine Einigung hereinlocken würde. Wenn der König durch Unsicherheit in einem Zustand der Hörigkeit gehalten wurde, dann mußte man ihm Sicherheiten versprechen. Sein Problem unterschied sich letztlich nicht sehr von dem der Beamten in Bophuthatswana und Ciskei: Wer würde ihn bezahlen, wenn die Verwaltung von KwaZulu nach dem 27. April nicht mehr existierte? Das Paket, das Mandela anbot, gab Zwelithini die Rolle eines konstitutionellen Monarchen

der Provinz Natal, er würde einen Sitz im Provinzparlament
haben, er würde die Parlamentssitzungen eröffnen dürfen, er
bekam eine Leibwache, seine Apanage wurde garantiert, und
alle seine Rechte und Privilegien sollten in der Provinzverfas-
sung festgeschrieben werden. Wie Mandela später sagte: »Ich
habe ihm einen konstitutionellen Status vergleichbar dem der
Königin von England und der gekrönten Häupter Europas
angeboten.«

Zwelithini, umgeben von den Helfern Buthelezis, antwortete nicht sofort. Er müsse seine Berater konsultieren, sagte
er. Nachdem er sich mit Buthelezi und seinen Assistenten
neunzig Minuten lang zurückgezogen hatte, ließ er durch
einen Boten ausrichten, die Vorschläge seien nicht akzeptabel. Als die Gruppe wieder zusammentrat, erklärte Buthelezi,
daß die Bedürfnisse des Königs nicht getrennt von den Forderungen der Inkatha behandelt werden könnten. Das Treffen
wurde aufgelöst, und der ANC und die Regierung kamen
überein, die Wahl ohne die Inkatha abzuhalten. Ein kleines
gemeinsames Komitee wurde bestellt, um die Diskussionen
mit der Inkatha fortzusetzen, aber, wie Ramaphosa es ausdrückt, von da an betrachtete man die Verhandlungen mit der
Inkatha als eine aussichtslose Angelegenheit, und die beiden
großen Parteien konzentrierten sich auf die Frage, wie im
feindseligen KwaZulu-Natal eine Wahl durchzuführen war.

»Unsere Hauptstoßrichtung war jetzt militärischer Art«,
sagt Ramaphosa. »Wir mußten Mittel finden, die Inkatha
unter Kontrolle zu halten, insbesondere die kleinen Kriegsherren und die Todeskommandos, und wir begannen, die
Lager zu identifizieren, wo sie ihre Leute ausbildeten.« Über
Natal wurde der Ausnahmezustand verhängt, und Truppen
begannen, in die Provinz einzurücken. »Ich glaube, das hatte
eine ernüchternde Wirkung«, sagt ein Regierungsbeamter.
»Nach dem, was in Bophuthatswana passiert war, vermittelte
es Buthelezi die Botschaft, daß die Regierung auch vor einer
bewaffneten Konfrontation nicht zurückweichen würde.«

Geheimdienstberichte sprachen von einer gesteigerten Aktivität in den geheimen Trainingslagern der Inkatha, und der Übergangsrat beauftragte eine Task Force mit der Untersuchung. Wieder einmal brachen Mac Maharaj und Fanie van der Merwe zu einer Hubschrauber-Expedition auf, dieses Mal begleitet von einem Polizeioffizier, Generalmajor Wynand van der Merwe aus Pietermaritzburg, und einem Mitglied der Goldstone-Kommission, Howard Varney. Der General flog mit einer kleinen Polizeieskorte vorweg und identifizierte ein Ausbildungslager namens Mlaba, tief im nördlichen Buschland von KwaZulu. Er versuchte, dort zu landen, aber eine Gruppe von Männern stürzte auf den Helikopter zu und zwang ihn, wieder aufzusteigen. Als er das tat, erkannte Generalmajor van der Merwe einen weißen Mann in der Menge – Phillip Powell, ein früherer Offizier der Sicherheitspolizei, der nun der Inkatha diente. Der Generalmajor kehrte zu seinem Stützpunkt zurück und ließ Powell mitteilen, daß er beabsichtige, das Lager zu durchsuchen. Zugleich befahl er, die Straßen um das Camp herum zu sperren. Aber als er am Abend mit Maharaj und Fanie van der Merwe wieder dort landete, war das Lager verlassen: die südafrikanischen Truppen hatten etwa 5.000 Inkatha-Kämpfer durch die Straßensperren entschlüpfen lassen. Der Suchtrupp fand große Mengen an Waffen und Munition. Die Männer waren entkommen, aber die Ausbildung war unterbrochen worden, und die militärischen Möglichkeiten der Inkatha waren nun eingeschränkter.

Buthelezi hatte noch eine Karte. Er bat um internationale Vermittlung in der Auseinandersetzung mit Regierung und ANC. Mandela und de Klerk, die immer noch hofften, ihn im letzten Moment zur Vernunft zu bringen, stimmten sofort zu. Eine Gruppe prominenter Ausländer, darunter Henry Kissinger und Großbritanniens früherer Außenminister Lord Carrington, wurde gebeten, als Vermittler zu fungieren. Ihre Rahmenbedingungen wurden noch diskutiert, als sie schon

nach Johannesburg unterwegs waren. Buthelezi bestand darauf, daß auch das Datum der Wahl wieder zur Diskussion
gestellt werden sollte. Er wollte eine Verschiebung, weil es für
die Inkatha zu spät sei, einen richtigen Wahlkampf zu führen,
aber die anderen durchschauten dies als ein weiteres Verzöge-
rungsmanöver. »Er hoffte, daß eine Verschiebung der Wahlen in KwaZulu seiner Regierung erlauben würde, unbe-
grenzt weiterzumachen«, sagt ein Offizieller der Regierung
heute. Das gemeinsame Komitee, das in Skukuza gebildet
worden war, hatte in der Tat zugestimmt, daß auch das
Datum der Wahl auf der Agenda der Kissinger-Carrington-
Gruppe stehen sollte, aber als Cyril Ramaphosa und Roelf
Meyer davon erfuhren, widersprachen beide. »Mir war klar,
daß der ganze Prozeß des Übergangs ins Stocken geraten
konnte, wenn wir in die Falle gingen, das Wahldatum in die
Vermittlungsgespräche einzubeziehen«, sagt Ramaphosa.
»Millionen von Menschen warteten auf ihre Befreiung, und
wenn es einen Versuch gegeben hätte, die Wahl zu verschieben, wäre das Land, glaube ich, explodiert.« Ramaphosa und
Meyer brachten ihre Chefs dazu, sich ihrer Meinung anzuschließen, aber Buthelezi war nicht zu bewegen, die Frage fallenzulassen. Damit war die Vermittlung schon gescheitert,
und die Vermittler flogen wieder nach Hause.

Buthelezi hatte jetzt keine Optionen mehr. Die Wahl
würde ohne ihn stattfinden, seine Beamten begannen unruhig
zu werden, da sie nicht wußten, woher sie ihr nächstes Gehalt
bekommen sollten. König Zwelithini ließ Mandela durch
einen Boten wissen, daß er um sein Leben fürchte und in
Wirklichkeit an dem Angebot von Skukuza interessiert sei. In
seiner Verzweiflung wandte sich Buthelezi an einen alten
kenianischen Freund, Professor Washington Okumu, der
zufällig zu dieser Zeit Südafrika besuchte. Der rundliche Professor machte aus seinem Herzen keine Mördergrube, in der
ber Offenheit sagte er Buthelezi, was Dutzende anderer ihm
auch schon gesagt hatten: wenn er an der Wahl nicht teil-

nahm, würde seine Regierung aufgelöst werden, und die Inkatha würde sich bedeutungslos am Rande des Geschehens wiederfinden. Es sei besser, teilzunehmen und sein Anliegen innerhalb des neuen Systems zu vertreten, riet Okumu. Diesmal hörte Buthelezi zu. Bloße sieben Tage vor den drei Wahltagen erklärte der Inkatha-Führer, daß er bereit sei, an der Wahl teilzunehmen.

War das noch möglich? 80 Millionen Wahlzettel mit den Namen der 18 an den Landes- und Provinzwahlen teilnehmenden Parteien waren bereits gedruckt: konnte die Inkatha noch rechtzeitig hinzugefügt werden? Es würde schwierig werden, aber, ja, es war zu machen, lautete die Antwort des Vorsitzenden der Unabhängigen Wahlkommission, Richter Johan Kriegler. 80 Millionen Aufkleber mußten gedruckt und in Handarbeit unten auf die Wahlzettel geklebt werden. Wenn die Druckerei die Nächte durcharbeitete und eine Sondersitzung des Parlaments am Montag, dem 25. April – einen Tag vor dem ersten Wahltag –, die gesetzlichen Voraussetzungen für eine verspätete Registrierung schuf, glaubte Kriegler, es gerade noch hinkriegen zu können.

Es war geschafft. Die Inkatha war dabei. Die Cosag-Rebellion war vollständig zusammengebrochen.

15. KAPITEL

Ein anderes
Land

Die Straße in die Zukunft
ist immer im Bau.
Graffito in einem Township von Port Elizabeth

Der 27. April war mehr als ein Wahltag. An diesem Tag wurde das neue Südafrika geistig wie konstitutionell geboren. Die Notwendigkeit, 80 Millionen Wahlzetteln den Inkatha-Aufkleber anzufügen und sie bei den Tausenden von Wahllokalen anzuliefern, verursachte Verzögerungen, Wähler mußten bis zu sechs oder sieben Stunden in langen Schlangen warten, die sich um Häuserblocks zogen und oft mehr als zwei Kilometer lang waren. Normalerweise reagierten Menschen gereizt auf so etwas. Aber nicht an diesem Tag. Millionen von Südafrikanern standen geduldig, gutgelaunt in den Schlangen, Schwarze und Weiße zusammen, Stunde um Stunde, teilten die Langeweile und die Unbequemlichkeit miteinander und zugleich das Gefühl, in einer großen Stunde vereint zu sein. Es hatte noch einen letzten verzweifelten Versuch weißer Rassisten gegeben, die Wahl durch eine Serie von Bombenanschlägen zu stören: eine Autobombe mit großer Sprengkraft detonierte am Sonntag vor dem Regionalbüro des ANC im Zentrum von Johannesburg, neun Menschen wurden getötet, 92 verletzt, Gebäude beschädigt; eine weitere Bombe explodierte in einer Taxikette in Germiston am Montag, zehn Menschen starben; Bomben wurden in sechs Wahllokale im Land geworfen; und jetzt, am Morgen des Wahldienstags, des 27. April, traf die Nachricht eines weiteren Bombenanschlags im Flughafen von Johannesburg ein. Absicht der Bombenleger war es offenbar, die Menschen von den Wahllokalen fernzuhalten. Das scheiterte vollständig. In den langen Schlangen gab es kein Gefühl der Furcht. Die Menschen schienen keinen Gedanken an die Attentäter zu verschwenden, das Empfinden, einen großen Tag zu erleben, überlagerte alles.

Eine Analogie dazu war wohl am ehesten die Stimmung der

großen Menge am Brandenburger Tor an dem Tag, als die Mauer fiel. Auch dieser Tag in Südafrika markierte den Zusammenbruch einer bösartigen Ideologie, die Elend über Millionen von Menschen gebracht hatte. Dennoch gab es hier nicht dieselbe Begeisterung, den Triumph. Dies war ruhiger, reflektierter. Die Menschen jubelten ebenfalls, aber es war ein privaterer Jubel, so als erführen sie etwas Tiefes in sich selbst. Es war, glaube ich, ein Gefühl persönlicher Befreiung. Für die Schwarzen Befreiung von der Unterdrückung; für die Weißen Befreiung von Schuld.

Alle waren Opfer des Apartheidsystems gewesen, das nun rituell exorziert wurde. Vor zwei Jahrhunderten hatte Hegel über die Dialektik von Herr und Knecht geschrieben, die beide unauflösbar aneinander band. Die Sklaverei erniedrigte sowohl den Knecht als auch den Herrn. Der Wärter wird zum Gefangenen seines Gefängnisses, er kann sich vom Geschäft der Unterdrückung nicht mehr lösen. In Südafrika waren Weiß und Schwarz in einem Netz der Destruktivität gefangen. Die Apartheid brutalisierte die Weißen und zerstörte die Selbstachtung der Schwarzen, beiden raubte sie die Humanität. Das gemeinsame Warten in der Schlange, um an der ersten demokratischen Wahl des Landes teilzunehmen, war in gewissem Sinne eine Wiederherstellung dieser Humanität. Das bestimmte die Atmosphäre. Es gab keinen Triumph, aber es gab Versöhnung. Der wahrscheinlich neue Präsident, Mandela, hatte es mit seiner gemessenen Stimme vor einer riesigen Menge so ausgedrückt: »Wir treten in einen Bund ein, eine Gesellschaft aufzubauen, in der alle Südafrikaner, schwarz oder weiß, aufrecht gehen können, ohne Furcht im Herzen, ihres unveräußerlichen Rechts auf menschliche Würde gewiß – eine Regenbogennation, die mit sich selbst und der Welt im Frieden ist.«

Und dem folgte das Versprechen des Mannes, der einst dem Richter, der ihn zu lebenslanger Haft verurteilte, gesagt hatte, er sei bereit, für das Anliegen der Rassengleichheit zu sterben:

»Niemals, niemals und niemals wieder soll es geschehen, daß dieses schöne Land die Unterdrückung des einen durch einen anderen noch einmal sehen und die Verachtung der Welt spüren muß.«

Ein wundervolles Versprechen, aber kann es gehalten werden? In einer Welt, die so sehr von ethnischen Konflikten zerrissen ist, und auf einem Kontinent, der von Tribalismus und Diktatur beherrscht wird, kann ausgerechnet Südafrika mit seiner langen Geschichte rassischer Intoleranz eine Ausnahme sein und zu einem wahrhaft nichtrassistischen, demokratischen Staat werden? Besteht nicht die Gefahr, daß sich das als ein Traum erweist, der die harten Realitäten der menschlichen Natur ignoriert? Und ist Demokratie nicht etwas, was nur in einer Handvoll entwickelter Staaten existieren kann, die einen hohen Grad an Homogenität und dem, was Pareto soziales Gleichgewicht genannt hat, besitzen?

Es gibt viele Menschen im Ausland und auch in Südafrika, die das glauben und die erwarten, daß das neue Südafrika sich bald als eine weitere verlorene Hoffnung erweisen und in dem wirtschaftlichen Verfall und der politischen Unterdrückung versinken wird, die Afrikas Schicksal zu sein scheint. Ich zähle nicht zu ihnen. Obwohl ich die Apartheid gehaßt habe, konnte ich mich nie der Sicht der moralisch Empörten anschließen, die glaubten, sogar hofften, daß sie in einem Blutbad enden müsse. Ebensowenig kann ich die Meinung der Zyniker teilen, daß das Land unweigerlich zu einem weiteren afrikanischen Elendsstaat werden muß, wenn nicht sogar zu einem Bosnien. Und beides aus demselben Grund. Das einzigartige Gleichgewicht von gegenseitiger Abhängigkeit, welches die Apartheid unmöglich machte und die streitenden Fraktionen gegen alle Wahrscheinlichkeit in eine friedliche Einigung trieb, wird die Nation weiter zusammenhalten und sie mit einer kreativen Spannung aufladen.

Gewiß ist Südafrika ein Land von großer ethnischer Diversität, es hat eine Vergangenheit voller Konflikte, aber es gibt bedeutende Gegengewichte. Das erste unter ihnen ist die Tatsache, daß eine ethnische Aufteilung keine praktikable Möglichkeit darstellt. Wir haben den entschlossensten Versuch der Geschichte, eine ethnische Trennung durchzuführen, gerade hinter uns: wenn er irgend möglich gewesen wäre, hätte ein halbes Jahrhundert der Apartheid ihn geleistet. Aber er schlug fehl – scheiterte vollständig. Das Land ist wirtschaftlich zu integriert, seine Rassen sind zu sehr aufeinander angewiesen, als daß eine ethnische Trennung je stattfinden könnte.

Aber der Hauptfaktor, der gegen eine erneute ethnische Politik spricht, ist die Tatsache, daß außer der Inkatha und dem rechten Flügel der Weißen keine der großen Parteien auf einer ethnischen Basis beruht – wie es sonst überall in Afrika der Fall ist. Von dem Tag an, als er 1912 gegründet wurde, ist der Afrikanische Nationalkongreß eine Bewegung gewesen, die ihre Mitglieder und Führer aus allen rassischen und ethnischen Gruppen des Landes zog. Die nichtrassische Politik ist die Grundlage seiner Philosophie. Der Gründer des ANC, Pixley ka Seme, war ein Zulu, ebenso wie Häuptling Albert Luthuli, der ihn führte, als er 1961 verboten wurde. Ihm folgten Oliver Tambo und Nelson Mandela, beide Xhosas. Mandelas aussichtsreichste Nachfolgekandidaten sind heute Thabo Mbeki, ebenfalls ein Xhosa, und Cyril Ramaphosa, Angehöriger von Südafrikas kleinstem Stamm, den Venda. Regierungspropagandisten versuchten angesichts der Gewalt in Natal den ANC als eine Xhosa-Partei hinzustellen. Das wurde von den Wahlergebnissen eindeutig widerlegt. Der ANC gewann 84 Prozent der Stimmen im Kernland der Xhosa, am Ostkap, aber er gewann auch 92 Prozent unter den Venda und den Sotho im Nordtransvaal, 83 Prozent bei den Tswanas der Nordwestprovinz, 81 Prozent bei den Pendos und Shangaans des Osttransvaal, und 77 Prozent bei den südlichen Sotho im Oranje Freistaat.

Auch die Bündnispartner des ANC, der Kongress der Südafrikanischen Gewerkschaften und die Kommunistische Partei, weisen denselben Mangel an ethnischer Geschlossenheit
auf. Gleiches gilt für seinen Hauptrivalen unter den Befreiungsbewegungen, den Panafrikanischen Kongreß. Der PAC
ist ein Ableger des älteren ANC und ebenso wie er ethnisch
nicht festlegbar. Dies bedeutet, daß keiner der Hauptbewer-
ber um die Macht an Stammesgefühle appellieren kann, wie es
in den meisten anderen afrikanischen Ländern geschieht.
Sollte Mandela einen Xhosa-Nationalismus anheizen, würde
er die Unterstützung aller Nicht-Xhosa verlieren – und die
stellen die Mehrheit in seiner Bewegung.

Verstärkt wird diese Garantie gegen den Tribalismus durch
die Tatsache, daß keine ethnische Gruppe stark genug ist, um
Südafrika politisch zu dominieren. Die Zulus sind mit 7 Millionen der größte schwarze Stamm, aber selbst sie kommen
nur auf ein Sechstel der Gesamtbevölkerung. Das bedeutet,
daß jede politische Partei, die sich in ethnischen Begriffen
definiert, wie es die Inkatha getan hat, sich selbst aus der
Anwärterschaft auf nationale Macht herauskatapultiert. Sie
kann lediglich die Macht in einer Region anstreben. Der klar-
ste Nachweis dessen ist die Tatsache, daß der Inbegriff aller
ethnischen Parteien, die Nationalpartei, die mit ihrer Apartheidpolitik an die Macht kam, aus ihren ethnischen Grenzen
ausbrechen und multirassisch werden mußte, um im Spiel zu
bleiben. Der erste demokratische Wahlkampf erlebte das
bemerkenswerte Schauspiel eines F. W. de Klerk und seiner
früheren Apartheid-Kämpfer, die mit großem Einsatz um
Stimmen in schwarzen, farbigen und indischen Townships
rangen.

Das soll nicht heißen, daß man die Realität des ethnischen
Denkens ignorieren darf. Am Ende dieses schrecklichen Jahrhunderts, dem die Explosionen des Nationalismus, Rassismus und der religiösen Heuchelei soviel Elend gebracht
haben, wäre das Torheit. Der Ethno-Nationalismus mag

nicht wieder zur treibenden Kraft in der Politik Südafrikas werden, aber er bleibt ein Teufel des Landes, den man scharf beobachten muß. An sich ist ein Gefühl des Nationalbewußtseins und des Stolzes auf das eigene kulturelle Erbe eine harmlose, sogar eine gesunde Erscheinung, und es gibt keinen Grund, warum in einem Land wie Südafrika eine Vielzahl von Kulturen nicht friedlich koexistieren sollte. Aber die Geschichte hat gelehrt, daß jeder Ethno-Nationalismus gefährlich werden kann, wenn er einen Groll entwickelt oder eine kollektive Demütigung hinnehmen muß, ob diese nun real oder eingebildet ist. Dann schlägt er in Aggression um. Der Oxforder Philosoph Isaiah Berlin hat ein Bild Friedrich Schillers gebraucht, um den Nationalismus mit einem gebogenen Zweig zu vergleichen. Wenn der Zweig zu weit gebogen wird, warnt Berlin, schnellt er mit erbitterter und aggressiver Selbstbehauptung zurück.*

In anderen Worten, der Nationalismus einer Gruppe wie der Afrikaaner kann harmonisch in einem multikulturellen Südafrika existieren, solange er nicht unter Druck gerät oder sich bedroht oder erstickt vorkommt. Die Gefahr liegt darin, daß er die Drohung, kulturell überflutet zu werden, sich nicht mehr selbst bestimmen zu können, subjektiv empfinden kann. Die Ablehnung des »Volksstaates« könnte diesen Zweig bereits zu weit biegen und den Ethno-Nationalismus der Afrikaaner gefährlich machen. So sehr die Führer des neuen Südafrika vor allem zurückschrecken, das nach einem Wiederaufleben der Apartheid riecht, sie sollten diese Gefahr sehen. Das Problem liegt natürlich darin, daß es kein Afrikaaner-Quebec oder Schottland oder Wales oder auch KwaZulu gibt. Es gibt kein Territorium, in dem Afrikaaner eine Mehrheit darstellen – und es ist unvorstellbar, daß Südafrika jemals zu einem System zurückkehren würde, unter dem farbige Menschen entgegen ihrer Bürgerrechte umgesiedelt würden, um einen weißen Staat zu schaffen.

* Isaiah Berlin: *Das krumme Holz der Humanität*, Frankfurt 1993.

Die Antwort mag darin liegen, den Volksstaatlern selbst die Beweislast aufzubürden, indem man eine Region ausweist, in der sie – etwa für zehn Jahre – aufgrund eines zu ihren Gunsten gewichteten Wahlsystems die Möglichkeit hätten, die Kontrolle auszuüben. Nach Ablauf der Frist würde dieses besondere Wahlsystem wegfallen. In der Zeit läge es an den Volksstaatlern, dafür zu sorgen, daß genug ihrer Anhänger sich in der Region niederließen, um eine normale Mehrheit herzustellen: Je größer die Region, desto schwieriger wäre das. Wenn sie scheiterten, würden sie die nächste Wahl verlieren. Aber sie hätten zumindest die Gelegenheit gehabt, ihr Ideal zu verwirklichen, und sie könnten sich nicht verletzt fühlen, wenn sie ihr Ziel nicht erreichten.

Neben der ethnischen Frage gibt es noch eine ganze Reihe von Gründen, warum ich glaube, daß das neue Südafrika nicht wie andere afrikanische Staaten auf ein Desaster zusteuern wird. Der erste unter ihnen ist die Tatsache, daß dies das letzte afrikanische Land ist, das den Befreiungsprozeß durchlaufen hat. Es kann von den Fehlern der anderen lernen. Namibia hat bereits gezeigt, daß viele dieser Fehler vermieden werden können, und Südafrika hat weit bessere Voraussetzungen als Namibia, seine Zukunft erfolgreich zu gestalten.

Zweitens deutet das Fehlen einer rassischen Animosität auf seiten der überwiegenden Mehrheit der schwarzen Südafrikaner – verkörpert in Mandela, der auch nach 27 Jahren Haft erstaunlicherweise keine Bitterkeit zeigt – darauf hin, daß die Apartheid kein Erbe eines Gegenrassismus oder Rachegefühls gegen die weiße Bevölkerung hinterlassen wird.

Drittens mögen schwarze und weiße Südafrikaner noch immer gespalten sein, aber sie teilen eine tiefe Verantwortung für ihr Land. Das wurde schlagartig deutlich, als die politischen Gegner, die einander seit Jahren bekämpft hatten, schon bei ihren ersten Geheimtreffen im Ausland Heimweh und Liebe zu ihrem Land offenbarten – die Vermittler fühlten sich da oftmals wie Außenseiter.

Viertens sollte der Pragmatismus der ANC-Führung eine gemäßigte und vernünftige Politik garantieren. Und die unangreifbare Glaubwürdigkeit der Bewegung in der schwarzen Bevölkerung sollte sie in die Lage versetzen, diese Politik auch in einer durch überzogene Erwartungen erzeugten Krise, die sicher kommen wird, durchzuhalten.

Fünftens wird die Tatsache, daß der ANC eine breite Volksbewegung mit vielen unterschiedlichen Tendenzen ist, dafür sorgen, daß alle Streitfragen innerhalb der Organisation ausführlich diskutiert werden. Dies hat eine demokratische Kultur begründet, die sich auch gegen autoritäre Tendenzen durchsetzen sollte, welche nun, da die Bewegung an der Macht ist, durchaus auftauchen können.

Sechstens gibt es nach vier Jahren harter Verhandlungen auf allen gesellschaftlichen Ebenen so etwas wie eine »Verhandlungskultur« in Südafrika. Von der Vielparteienkonferenz, welche die neue Verfassung entwarf, bis zur Vereinigung vorher getrennter Sportverbände, Organisationen und Gewerkschaften sind in Südafrika eine Expertise und ein Vertrauen in Verhandlungslösungen auch der schwierigsten Fragen entstanden.

Siebtens ist die neue Verfassung eine gute Grundlage für die Zukunft. Zwar wird sie von einigen liberalen Puristen als fehlerhaft angesehen und von niemandem als vollkommen, aber sie hat das einzigartige Verdienst, aus einem Kompromiß zwischen den wichtigsten Repräsentanten des Volkes entstanden zu sein. Sie ist ein Produkt der Zusammenarbeit und daher auch eine Anleitung für zukünftige Zusammenarbeit.

Achtens wird die neue Regierung ihre Wirkung im großen und ganzen durch die Bürokratie des alten Regimes hindurch entfalten müssen. Dies hat einerseits Nachteile, weil es auch zu Verzögerung oder Verhinderung führen kann, aber es zwingt auch zu einer Zusammenarbeit über die rassischen und politischen Grenzen hinweg. Das mag dazu beitragen, Wunden zu heilen und Toleranz aufzubauen. Wichtiger noch, es bedeutet, daß die Regierung der schwarzen Mehrheit sich auf eine erfahrene und effiziente Verwaltung stützen kann – eine in Afrika einmalige Voraussetzung. Das Fehlen einer solchen Verwaltung ist in vielen afrikanischen Staaten die Ursache des gesellschaftlichen Niedergangs gewesen.

Neuntens gibt es in Südafrika starke zivile Institutionen – von unabhängigen Medien und einer unabhängigen Justiz bis zu starken Gewerkschaften, Universitäten, Kirchen, Sportverbänden, Kulturinstitutionen, Frauenverbänden und Studentenorganisationen. Sie alle werden ihre Mitglieder und Interessen schützen, und es wird für jede Regierung schwer sein, einfach über sie hinwegzugehen. Es war gerade das Fehlen solcher institutioneller Kräfte, die in vielen anderen Ländern Afrikas zu Einparteien-Diktaturen führten, da die Befreiungsbewegung oft die einzige bedeutende Institution in diesen Staaten war und mit ihren Ernennungen das Vakuum füllte, das bei Abzug der Kolonialmacht entstand.

Schließlich – und vielleicht alles andere überragend – ist Südafrika bei weitem das entwickeltste Land in Afrika, das einzige, das eine volle industrielle Revolution hinter sich hat. Es besitzt eine hochentwickelte wirtschaftliche Infrastruktur, und seine Arbeiter und Angestellten sind besser ausgebildet als ihre Kollegen in den anderen afrikanischen Staaten. Das gibt Südafrika die reale Chance, der Motor der Rettung dieses in vielen Schwierigkeiten steckenden Kontinents zu werden.

Neben allen Vorteilen Südafrikas gibt es aber auch eine alles überschattende Herausforderung: Die Apartheid hat eine in der Welt wohl einmalig breite Kluft zwischen Reich und Arm hinterlassen. Diese Kluft muß geschlossen werden, da sie sonst politisch explosiv werden wird. Zugleich gibt es in Südafrika ein Bevölkerungswachstum, das schwer zu verkraften ist. Aus den jetzt im Lande lebenden 41.688.000 Menschen werden innerhalb der nächsten anderthalb Jahrzehnte wahrscheinlich 59.000.000. Das heißt, daß die Wirtschaft deutlich schneller wachsen muß, als in den letzten zwanzig

Jahren, wenn die bereits jetzt bedrohliche Arbeitslosenrate
von 45 Prozent der arbeitsfähigen Bevölkerung nicht ebenfalls zu politischem Dynamit werden soll.*

Angesichts zurückgehender Reserven können die Goldminen nicht auf Dauer der wichtigste Devisenbringer des Landes bleiben. Südafrika muß schneller industrialisieren und
international konkurrenzfähiger werden. Um die riesigen
Bedürfnisse der Zukunft zu befriedigen, wird mehr Investiti-
onskapital gebraucht, als im Lande zur Verfügung steht. Das
heißt, daß Südafrika ausländisches Kapital anziehen muß. Es
wird das aber nur tun können, wenn Lohnkosten und Stand-
ortbedingungen für ausländische Investoren attraktiv sind.
Eine Gefahr liegt darin, daß sich die Erwartungskrise, die
unvermeidlich ist, in Arbeitskämpfen und Streiks manife-
stiert und die Löhne so hochschraubt, daß Südafrika international nicht mehr konkurrenzfähig ist. Dies ist die erste große
Herausforderung für die ANC-Regierung. Dabei könnte sich
die Tatsache, daß der Gewerkschaftsbund ein politischer
Alliierter des ANC ist, als Vorteil erweisen.

Wie wird dieses neue Land aussehen? Bei einem Besuch in
einem Vorort von Boksburg, Dalpark-6, kurz vor der Wahl,
meine ich, einen Blick auf seine zukünftige Gestalt geworfen
zu haben. Es war ein unwahrscheinlicher Ort für solche futu-
ristischen Einsichten, denn selbst für südafrikanische Ver-
hältnisse ist Boksburg ein Name, den jeder mit dem Rassismus verbindet. Es ist ein altes Bergwerksstädtchen am Gold-
reef von Witwatersrand, östlich von Johannesburg, aber die
Goldminen sind längst erschöpft und geschlossen. Die Menschen dort mußten sich anderen Industrien zuwenden und
geringere Einkommen akzeptieren, eine Atmosphäre der
Resignation und Enttäuschung liegt über der Stadt.

* Diese Einschätzung berücksichtigt den informellen Sektor, die »Schattenwirtschaft«,
nicht, in der bis zu 30 Prozent der arbeitsfähigen Bevölkerung beschäftigt ist. Die südafrikanische Regierung muß sehr behutsam vorgehen, um diesen Sektor nicht durch Besteue-
rung zu zerstören – andererseits werden die Steuern natürlich gebraucht.

Während der Unruhen der 80er Jahre tauchte Boksburg mehrfach in den Nachrichten auf, da weiße Extremisten sich hier heiße Schlachten mit Schwarzen lieferten, die die öffentlichen Parks zu benutzen begannen. Die Stadt wurde endgültig berüchtigt, als die weißen Bewohner des Vororts Dalpark-6 im Juli 1991 eine »Berliner Mauer« erbauten, um Schwarze aus einem nahegelegenen Squatter Camp mit Namen Tamboville aus ihrem Vorort herauszuhalten.

Dann begann eine bemerkenswerte Wandlung, die eine gesellschaftliche Veränderung illustrierte, welche sich in aller Stille im Schatten der dramatischen politischen Verhandlungen vollzog. Dalpark-6 ist heute der rassisch integrierteste Vorort Südafrikas. Es fing ironischerweise mit dem Mann an, der für den Bau der Mauer verantwortlich war. Frank Erasmus, dessen Haus dem Lager der Squatter am nächsten lag, hatte eine Petition formuliert, die er von all seinen Nachbarn unterschreiben ließ. Damit war es ihm gelungen, den Stadtrat zu zwingen, die Mauer zu bauen. »Zu der Zeit war ich sehr zornig«, sagt Erasmus heute, »aber dann begriff ich irgendwann, daß diese Leute nicht weggehen würden. Man mußte einfach damit leben. Und ich dachte, wenn sie weiter in meiner Nähe wohnten, wär es besser, sie mal kennenzulernen.«

Also nahm Erasmus mit Abe Nyalunga, dem Vorsitzenden eines Bürgerkomitees in Wattville, dem benachbarten schwarzen Township, Kontakt auf. Nyalunga, ein gewitzter 34jähriger, lud die Weißen ein, seine Gemeinde zu besuchen. Fünf Weiße fuhren ziemlich nervös an einem Sonntagabend nach Wattville. Dort wurden sie in einer Kirche von etwa 400 singenden, jubelnden Schwarzen willkommen geheißen. Was folgte, war eine seltsame Mischung aus verlegener Herablassung der Weißen und der warmen Reaktion der Schwarzen, welche das Leben der Weißen veränderte. Weitere Treffen folgten, und die beiden Gemeinden beschlossen eine gemeinsame Müllbeseitigungsaktion. Sie wollten den 100 Meter breiten Streifen zwischen sich säubern.

Der Tag wurde zu einer außerordentlich freundlichen
Begegnung zwischen den Rassen. Nachdem sie den Müll ein-
gesammelt hatten, pflanzten die Einwohner einen Friedens-
baum, wechselten einander beim Ausheben der harten trok-
kenen Erde ab, während die anderen einen Kreis bildeten,
sich an den Händen hielten und sangen: »Come together,
people of Africa.« Schließlich ließen sich alle zu einem Picknick an der Mauer nieder.

Das war 1992. In den folgenden Monaten zogen viele der
unbelehrbaren Weißen, die die gemeinsame Aktion abgelehnt
hatten, in eine ihnen »gemäßere« Umgebung um. Die Immo-
bilienpreise sanken, und junge schwarze, farbige und indische
Familien kauften die plötzlich preiswerten Häuser. Der Vorort verwandelte sich völlig. »Wir sind die Rassisten losgewor-
den, es war wie eine Säuberung«, sagt Andrew Loader, der
mit seiner Frau Annetjie und ihren zwei Kindern in der Tafelboomstraße 14 geblieben ist. »Ein paar sind noch übrig, aber
sie bleiben unter sich. Sie sind eine Minderheit.« Die Loaders
sagen, daß die Integration des Vororts ohne Zwischenfälle
vonstatten ging. In ihren Augen ist es ein Wandel zum Besseren. »Die Atmospäre ist jetzt viel besser«, sagt Andrew, ein
extrovertierter Mann, der alle in der Tafelboomstraße zu kennen scheint und seinen Rasenmäher an seine schwarzen und
farbigen Nachbarn ausleiht. »Damals war es tot hier. Die
Leute lebten zurückgezogen. Jetzt grüßt jeder jeden. Alles ist
viel freundlicher.«

Als ich durch die Straßen von Dalpark-6 schlenderte und
mit Einwohnern aller Rassen plauderte, fiel mir auf, wie sehr
sie einander ähnelten – im Alter, in ihren Anschaffungen,
ihren Jobs, Einstellungen und Hoffnungen. Dies war eine
vielrassische Mittelklasse aus Bankangestellten, Lehrern,
Computerprogrammierern und Vorarbeitern, die meisten in
den frühen Dreißigern, mit Toyota Corollas in den Garagen
und gepflegten Vorgärten. Ihre Kinder besuchten dieselbe
gemischtrassische Grundschule, sie spielten zusammen Fuß-

ball auf der Straße, gingen ins örtliche Café, um eine Cola zu trinken und an der Pinball-Maschine zu spielen. Sie redeten alle davon, was sie sich für ihre Zukunft erhofften, die Erziehung ihrer Kinder, ein größeres Haus – wenn ihr Besitz seinen Wert bewahrte. Das war ihre Sorge. Die Mauer war weg, aber Tamboville war noch da, es war näher an sie herangerückt und noch voller, und diese Leute der Mittelklasse, schwarz und weiß, waren sehr besorgt darüber, was das für den Wert ihrer Häuser bedeutete. Und über die Bedrohung der Kriminalität, die von dort kam.

Das war mein Blick in die Zukunft. Ein Blick auf eine neue Klassenordnung, die allmählich begann, sich über die alten rassischen Schichtungen Südafrikas zu legen, ohne die alten Grenzlinien zu beseitigen. Sie verwischten sie und fügten ihnen eine neue Dimension mit sich kreuzenden Einflüssen hinzu. Die oberste Schicht dieser neuen Klassenstruktur wird die vorwiegend weiße wirtschaftliche Aristokratie bilden, die Industriekapitäne, zu denen sich vielleicht ein paar schwarze Unternehmer gesellen werden, die es bis an die Spitze schaffen. Dann wird es eine große vielrassische Mittelschicht geben, gefolgt von einer Arbeiterklasse aus Handwerkern, Bergleuten und Fabrikarbeitern. Dieses Proletariat wird vorwiegend schwarz sein, aber mit einem signifikanten weißen Anteil, da die unausgebildeten Weißen den privilegierten Status verlieren werden, den ihnen die Apartheid gab. Die Arbeiterklasse wird noch als Teil der wirtschaftlichen Elite gelten, da ihre Angehörigen Menschen mit einer Arbeitsstelle sind, umgeben von einem Ozean von Arbeitslosen. Diese Arbeitslosen bilden die große Unterschicht, die Außenseiter, die Squatter, die landlosen Bauern und zunehmend die Stammestraditionalisten, die von der industrialisierten Gesellschaft ins Abseits gedrängt werden.

Im Laufe der Zeit wird sich sicher auch die Politik entsprechend der veränderten gesellschaftlichen Schichtung umformen, Parteien werden versuchen, den neuen Interessen

bestimmter Gruppen zu entsprechen. Ebenso logisch ist es,
so scheint mir, daß die breite Sammlungsbewegung des ANC
sich in seine Bestandteile auflösen wird. Es ist wahr, daß dies
schon oft vorhergesagt worden, aber nie eingetreten ist. Die
Bewegung hat eine außerordentliche Integrationskraft bewiesen, zum Teil aufgrund ihrer Elastizität, die jeder Gruppe im
Rahmen der breiten Allianz Raum gegeben hat, aber vor
allem aufgrund der gemeinsamen Ziele im Kampf gegen die
Apartheid. Diese Motive des Zusammenhalts werden nun
durch die Ämterpatronage ersetzt werden. Eine Bewegung,
die im Exil solange ihre Einheit bewahrt hat, wird nicht so
schnell auseinanderfallen, wenn sie an die Macht kommt und
Ämter und Privilegien zu verteilen hat.

Dennoch werden sich die zentrifugalen Kräfte und Interessen letztlich durchsetzen, die verschiedenen Fraktionen werden auf sie verschieden reagieren, und wenn die alles überra-
gende Gestalt Nelson Mandelas als Bindekraft wegfällt, wird
auch der ANC zerfallen. Wenn das geschieht, könnte sich ein
Teil der Bewegung mit den jüngeren Köpfen der Nationalpartei verbinden, um eine afrikanische Variante der europäischen christdemokratischen Parteien zu bilden. Sie wird ihre
Wählerschaft in der Wirtschaftselite und der wohlhabenderen
vielrassischen Mittelklasse finden. Ein anderes Element des
ANC wird sich wahrscheinlich mit dem Gewerkschaftsbund
und Teilen der Kommunistischen Partei zusammenschließen,
um eine sozialdemokratische Partei zu bilden, die sich den
Interessen der Arbeiterklasse und der weniger wohlhabenden
Mittelschicht zuwenden wird. Schließlich wird es eine Partei
geben, die ihre Wählerschaft in der großen Unterschicht fin-
det, eine Partei, welche die enttäuschten Hoffnungen und die
Entfremdung der Außenseiter ausbeutet. Mir scheint, daß
dies die natürliche Wählerschaft des radikalen Panafrikanischen Kongresses wäre, aber man sollte nicht überrascht sein,
wenn sich ihm auch die Inkatha Freiheitspartei anschlösse.
Das mag auf den ersten Blick ein sehr ungleiches Paar sein,

aber beide haben Zugang zu Außenseitern der neuen südafrikanischen Gesellschaft, und der Traditionalismus der Inkatha hat durchaus Anklänge an die afrikanistische Philosophie
des PAC. Für den PAC, der bei der April-Wahl schlecht
abschnitt, könnte dies eine starke Basis in Südafrikas größtem
Stamm bedeuten, für die Inkatha einen Ausweg aus dem
Stammesghetto, in das sie sich selbst eingeschlossen hat.

So mag das neue Südafrika aussehen, wenn es sich dem
Beginn eines neuen Jahrtausends stellt. Ein neues Land mit
neuen Horizonten – und neuen Spaltungen. Es wird gewaltige neue Herausforderungen geben, aber hoffentlich auch die
demokratischen Strukturen, die sie bewältigen können. Denn
wie das Graffiti sagt, eine neue Nation aufzubauen, insbesondere eine große Nation – und Südafrika könnte eine große
Nation werden – ist ein kontinuierlicher Prozeß. Die Bauar-
beiten sind nie zu Ende.

EPILOG

Die Geister
von Gestern

Viva Verwoerd!« Unter allen Ironien, denen man im sich wandelnden Wertesystem des neuen Südafrika begegnet, ist keine erstaunlicher als dieser Ruf auf einer ANC-Demonstration, der einen Namen pries, der mehr als jeder andere mit der Apartheid identifiziert wird. Hendrik Verwoerd, Premierminister von 1958 bis 1966, als er den Tod durch die Hand eines Attentäters fand, war sowohl der Architekt als auch der härteste Umsetzer der Doktrin, die Südafrika zum Weltsymbol rassischer Unterdrückung machte. Er war der Karl Marx und Stalin der Apartheid zugleich.

Aber in der Mitte des Jahres 1993 trat sein Enkel, Wilhelm, mit seiner Frau Melanie dem ANC bei, und bei einer Versammlung in Kapstadt wurde dann wenig später dieser erstaunliche Ruf skandiert. Lang lebe Verwoerd!

Das ist kein Einzelfall. Als der Wandlungsprozeß voranschritt, begann die Gemeinde der Afrikaaner, die beinahe ein halbes Jahrhundert lang eine der solidesten politischen Monolithe gebildet hatte, die irgendwo in der Welt zu finden waren, plötzlich aufzubrechen wie eine Eisscholle nach einem langen Winter. Wilhelm Verwoerd war einer von einem Dutzend Namen aus den Rängen der nationalistischen Aristokratie der Afrikaaner, die zum ANC überliefen, während andere, oft Angehörige derselben hochgestellten Stammesfamilien, sich in die entgegengesetzte Richtung bewegten und sich den Parteien der extremen Rechten anschlossen. Es war, als ob der alte Überlebensimperativ, der das Denken der Afrikaaner schon immer bestimmt hat, sie zu einer Entscheidung drängte – entweder Sicherheit im Anschluß an die dominierende Mehrheit zu suchen oder ins Lager des Widerstands zu gehen.

Aber für Wilhelm Verwoerd gab es noch ein anderes, per-

sönlicheres Motiv – die Wiedergutmachung von Schuld.
»Das ist das persönliche Kreuz, das ich trage«, sagt er, auf
seinen Nachnamen verweisend. »Das ist etwas, dem ich
nicht entkommen kann. Ich muß mich den Geistern stellen.«
F.W. de Klerks Beharren darauf, daß die Südafrikaner die
Vergangenheit vergessen sollten, macht ihn zornig. »Das
geht auf gar keinen Fall«, sagt Verwoerd. »Wenn wir uns der
Vergangenheit nicht stellen und auf das blicken, was damals
geschehen ist, werden diese Geister uns weiter verfolgen. Es
muß alles heraus, damit das Sonnenlicht die Wunden heilen
kann.«

Wilhelm Verwoerd war zwei Jahre alt, als sein Großvater
dem Attentat zum Opfer fiel, und er wuchs mit einem ideali-
sierten Bild des alten Ideologen auf. »Ich erinnere mich, daß
immer wieder Menschen auf meinen Nachnamen reagierten
und mir erzählten, was für ein großer Mann mein Großvater
gewesen sei, wie alles in Südafrika anders gelaufen wäre, wenn
er länger gelebt hätte.« Aber als er älter wurde, setzten sich
andere Eindrücke durch.

Die frühe Laufbahn des jungen Verwoerd folgte der seines
Vorfahren mit bemerkenswerter Genauigkeit: er studierte
zuerst Theologie an der Universität Stellenbosch, ging dann
für weiterführende Studien ins Ausland, um danach wieder in
Stellenbosch zu lehren – der alte Mann als Psychologe, der
Enkel als Philosoph. Aber während Hendrik in den 30er Jahren auf die »Rassenkunde« nationalsozialistischer Akademiker in Leipzig stieß, ging der junge Verwoerd nach Utrecht in
Holland, wo er mit im Exil lebenden Südafrikanern zusam-
mentraf, die dort studierten. Es war für ihn eine harte Erfahrung. Sie ließen ihm seine Rationalisierungen im Sinne der
Parteilinie nicht durchgehen, und allmählich begann sich
seine Perspektive zu verschieben. Von Utrecht ging Wilhelm
als Rhodes Scholar nach Oxford, wo weitere Begegnungen
mit Exilanten und das Philosophiestudium die Wende herbei-
führten, die in seinem ohnedies scharfen Verstand wahr-

scheinlich längst angelegt war. Dann begann seine Pilgerfahrt, die Konfrontation mit den Geistern von gestern.

Wilhelm selbst war bei den April-Wahlen kein Parlamentskandidat des ANC, da er seine Studien fortsetzen wollte. Aber seine Frau stellte sich – und sie gewann. So gibt es jetzt eine Verwoerd auf ANC-Bänken in jenem Saal, in dem die Verwoerd-Doktrin der Rassentrennung in ihrer bösartigen Gründlichkeit verabschiedet wurde und in dem Hendrik den ANC 1960 verbot. Der Kreis ist geschlossen. Das ist die Lehre des Forellenhakens.

ANHANG

ANMERKUNG DES AUTORS

Dieses Buch ist in vieler Hinsicht eine Fortsetzung von *The Mind of South Africa*, in dem ich den Aufstieg und die Krise der Apartheid festgehalten habe. Es erschien 1989, einige Monate, bevor F.W. de Klerk seine epochale Rede hielt, in der er das Verbot der Befreiungsbewegung aufhob und den Verhandlungsprozeß einleitete, der vier Jahre später zur Mehrheitsherrschaft und zur Geburt eines neuen Südafrika führte. Dies ist nun die Geschichte dieses außerordentlichen Prozesses, der in Wirklichkeit bereits in aller Heimlichkeit fünf Jahre zuvor begonnen worden war. Viele Südafrikaner werden davon zum ersten Mal gehört haben.

Bei der Abfassung dieses Berichts über eine der bemerkenswertesten politischen Wandlungen der modernen Geschichte haben mir viele Menschen geholfen, denen ich danken möchte. Vor allem den wichtigsten Schauspielern in diesem großen Drama, die mir mit überraschender Offenheit entgegenkamen. Einige waren Freunde aus der Anti-Apartheid-Bewegung, andere waren Mitglieder des alten Regimes, die sehr daran interessiert waren, daß die Geschichte dieser erstaunlichen Jahre korrekt festgehalten würde und die mir diese Ehrlichkeit zutrauten, obwohl sie wußten, aus welcher Perspektive ich die Geschehnisse sah.

Ein Teil dieser Geschichte wurde am 13. April 1994 im *New Yorker* veröffentlicht, und ich bedanke mich dafür und auch für die strenge Überprüfung aller Fakten, die bei diesem Blatt üblich ist. Mein Dank gilt auch einer Anzahl von Kollegen und Freunden: Hugh Lewin, meinem Mitarbeiter am Institute for the Advancement of Journalism in Johannesburg, der das Manuskript mit professionellen Augen gelesen und viel wertvollen Rat gegeben hat; Phillip van Niekerk vom *Observer*, der mitgeholfen hat, einige Lücken aufzufüllen und Fakten zu überprüfen; Braam Viljoen, der dasselbe tat; Joan Schumann, die Verwaltungschefin des Instituts, die das Manuskript ausdruckte und verschickte; und Lo Sue, meiner Frau, deren sehr bestimmte Kritik und immerwährende Unterstützung mir in dieser sehr herausfordernden Aufgabe eine große Hilfe waren.

ANMERKUNG DES ÜBERSETZERS

Allister Sparks macht im englischen Text einen Unterschied zwischen »Boers« und »Afrikaners«. Um seiner Differenzierung zu entsprechen, wurden in dieser Übersetzung die Begriffe »Buren« und »Afrikaaner« für die ursprünglich holländischen Siedler Südafrikas benutzt.

M. F.

REGISTER